JN423283

탐 정 학

(Private Investigation)

강영숙 · 박승현 · 조동운

도서출판 진영사

탐정학

강영숙 · 박승현 · 조동운

2022년 2월 11일 초판 인쇄
2022년 2월 15일 초판 발행

발행인 박 진 영
발행처 도서출판 진영사
인천광역시 부평구 주부토로 236번지 인천테크노밸리 U1 지식산업센터 B동 1507호
전화 : 032)505-4207
팩스 : 032)505-4206
E-mail : 0183734207@hanmail.net
신고번호 : 제2007-000001호

ISBN 978-89-6541-561-9 93350
값 17,000원

저자와의 합의로 인지첨부를 생략합니다.
저작권법의 보호를 받는 저작물입니다.
내용과 구성의 무단 전제 및 도용을 금합니다.

머리말

사람들의 탐정에 대한 최초의 동경이나 관심은 소설이나 영화 같은 픽션(Fiction)의 세계에서 본 것이 대부분이다. 그러나 이젠 탐정에 대한 흥미도 좋지만 탐정직업에 대한 전문성과 사회적 책임과 함께 탐정이 사회에 존재하는 의미를 먼저 생각해야만 한다.

미국, 호주, 프랑스, 영국 등의 선진 외국을 비롯한 대부분의 OECD국가에서는 탐정제도를 인정하는 가운데 수요자 부담에 의하여 국민의 권익보호, 불법 및 위법사례 방지, 국가수사능력 한계의 보완 등 사회 전반적인 문제해결의 역량을 높이고 있으며, 반면에 사생활 침해 등의 부작용과 폐해를 방지하기 위하여 면허제, 신고 등록 등 엄격한 국가 관리체계를 갖추고 있다.

우리나라의 탐정업은 아직 제도화되지 못한 가운데 정치, 역사, 사회적으로 많은 변화의 과정을 거쳐 오면서 탐정활동에 대한 수요공급 체제가 우리사회 전체에 왜곡되어 있어 불법적 · 부정적 · 음성적이라는 인식을 벗지 못하고 있는 실정이다.

우리는 그동안 불법 심부름업체들의 불법행위로 인한 국민들의 폐해 증대, 국가 사법기관의 업무부담 증가, 치안서비스의 미흡, 탐정업의 국제경쟁력 저하 및 편법적 정보획득, 국민의 국가기관에 대한 불신 및 준법의식의 해이 등의 부정적 악순환들이 계속되어 왔다.

그동안 불법적 영역으로 인정되던 '탐정용어의 사용과 상업적 이용'은 신용정보법의 개정으로 2020년 8월부터 탐정사무소 개업과 탐정명칭 사용이 가능해지면서 많은 관심이 모아졌지만 자유로운 탐정업 운영과 함께 탐정업의 난립과 불법행위의 우려는 디욱 기진 상황이다. 이제 우리는 탐정제도의 도입은 언제라는 관점보다는 어떻게 도입 · 시행하여야 하는가의 큰 과제를 안고 있으며, 탐정업이 전문적 영역으로 정착하기 위해선 탐정제도의 입법화와 도입초기의 원활한 시행, 각종 인권침해 · 부작용 · 불법행위의 사전 예방 및 대책 등의 과제들을 해결해 나가야 할 것이다.

탐정학의 영역이 분명하게 정해져 있는 것은 아니지만 탐정학을 공부한다는 것은 인간과 사회의 모든 현상을 알아가기 위해 노력하는 것이라 할 수 있다.

탐정공부를 하거나 관련 업무를 시작하기 전에 탐정은 실체적 진실을 발견하고 조사하는 업무를 함으로써 우리사회에 거짓과 부정을 밝히고 사회정의를 실현한다는 사명감과 책임감을 갖고 끈기 있게 세상에 대한 공부와 훈련을 쌓아 나가는데 게을리 하지 말아야 할 것이다.

이 한권의 책이 광범위한 탐정영역을 모두 다루는 데에는 한계가 있지만 우리사회에서 탐정업에 대한 인식 전환과 올바른 탐정제도를 정착시키는데 필요한 기초적인 자료와 밑거름이 되었으면 하는 마음으로 작업하였고 부족한 점은 추후 계속적인 연구로 보완할 것을 약속드린다.

그동안 대학 강단과 강의현장에서 열정적으로 활동할 수 있도록 항상 학문적 용기를 주셨던 많은 교수님, 학문적 밑거름이 되어주셨던 기라성 같은 여러 분야의 전문가들께 감사의 마음을 지면으로 대신 전하며, 끝으로 이 책의 멋진 출판을 위해 특별한 수고를 해 주신 도서출판 진영사의 박진영 사장님과 직원 여러분께 깊은 감사를 드린다.

2022년 1월

저자 드림

목 차

제1장 탐정의 개요

제2장 외국의 탐정제도 운용실태

제3장 한국 탐정업계의 실태

제4장 탐정의 직업윤리와 이상적 자세

제5장 정보수집의 기본적 이해

제6장 탐정의 탐문조사

제7장 탐정의 관찰묘사와 기억훈련

제8장 탐정의 잠복 · 미행기법

제9장 탐정의 가장(假裝)과 변장(變裝)기법

제10장 탐정의 증거수집 촬영기법

제11장 인간심리와 행동표출의 이해

제 1 장

탐정의 개요

1. 탐정의 개념
2. 탐정의 분류
3. 탐정제도의 사회적 기능
4. 탐정의 영역별 주요 조사업무

제1장 탐정의 개요

1. 탐정의 개념

1) 사전적 의미

- 사전적 의미의 탐정이란 용어는 '숨겨진 일이나 사건 따위를 추적하여 알아내는 일[1], 의뢰자의 요청에 따라 사건, 사고, 정보 등을 조사하거나[2] 또는 그 일에 종사하는 사람을 뜻하며 탐정소설의 유포에 따라 오늘날에는 주로 사설탐정(私設探偵)을 의미하게 되었다.
  일반적으로 탐정 업무는 국가수사기관에 의한 강제적인 체포나 압수 등을 제외한 민간영역(Private sector)의 차원에서 의뢰인을 대리해 수행하는 정보수집 서비스를 의미한다.[3]
- 'Investigation'이란 '추적하다, 수색하다, 조사하다. 정보나 사실들을 수집하다'는 뜻으로 세밀하고 주의 깊은 조사를 통해 증거를 찾아내거나 혹은 어떤 것을 조사하기 위해 증거나 단서를 추적하고 추리하는 것을 의미하는 것으로 조사(Investigation)에 관한 기술과 방법은 전문 탐정뿐만 아니라 우리 인간생활의 모든 면에서 매우 중요하다고 할 수 있다.[4]
  탐정(探偵)을 의미하는 영어로는 'Private Investigator, Private Detective, Detective, Private eye' 등 여러 가지로 쓰이고 있는데, 미국에서는 지역에 따라서 경찰권을 가진

1) Daum국어사전, https://dic.daum.net/word/view.do?wordid=kkw000268436&supid=kku000342516 (검색: 2021.08.12.)
2) 위키백과, https://ko.wikipedia.org/wiki/%EC%82%AC%EB%A6%BD%ED%83%90%EC%A0%95(검색: 2021.08.12.)
3) http://100.naver.com/100.nhn.
4) Karen M. Hess · Henry M. Wrobleski, Introduction to Private Security, fourth edition, West Publishing Company, 1992, p.339.(강영숙, 탐정학개론, 2015, P.15)

사람을 가리킬 때만 'Detective Agency'라는 용어를 사용하는 등 의견차이가 분분하지만 통상적으로 'Private Investigator'와 'Private Detective'를 구분 없이 사용하기도 한다.

- **탐정의 현대적, 종합적 개념**

  탐정(PI: Private Investigator)의 현대적인 개념을 정리하면 "수익자 부담원칙에 의해 의뢰인으로부터 계약에 의한 보수를 받고 위법하지 않은 범위 내에서 위임받은 업무의 조사활동을 통하여 의뢰인에게 필요한 자료 및 정보를 수집하고 분석하여 사실대로 제공하는 업무를 수행하는 활동 또는 그러한 일을 수행하는 자"로 정리할 수 있다. 그러나 탐정제도가 아직 법적, 제도적으로 명문화되지 않은 우리나라의 현실에서는 법적으로도 정형화 된 명확한 용어가 정해지지 않은 상태이므로 사회적으로 탐정, 사립탐정, 공인탐정, 민간조사(PI) 등 다양한 용어들이 사용될 수 있다.

2. 탐정의 분류

1) 국가자격 기준에 의한 분류

탐정의 유형은 국가에서 규정한 자격기준에 의해 '공인탐정'과 '일반탐정'으로 구분할 수 있으며 탐정 각각의 권한과 한계에 따라 업무범위에도 차이가 있다.

(1) 공인탐정

국가에서 제도적으로 인정한 자격요건인 '면허(Licence)취득'을 조건으로 전문가로서의 자격과 지위가 인정되는 탐정이다.

즉 공인탐정은 탐정업을 할 수 있는 자격을 정부 또는 정부로부터 위임받은 단체로부터 일정한 자격시험과 교육을 거쳐 취득한 자로서, 국가에서 규정한 모든 사건에 대한 조사업무를 수행할 수 있는 자격을 갖춘 탐정을 의미한다.

특히 미국의 공인탐정 직군은 의사, 변호사 등과 같은 전문직으로 분류되며, 탐정의 업무범위를 광범위하게 인정하여 전문 분야별 업무영역을 세분화하고 있다.

우리나라의 경우 아직 제도 도입이 이루어지지 않은 상태임에 따라 사회경제적 지위의 평가는 현실적으로 어렵다고 하겠으나 추후 국가가 공인탐정법 제정과 함께 공인탐정 자격시험을 통한 엄격한 자격요건을 정할 경우에는 법무사, 공인회계사, 세무사, 공인중개사 등과 같이 전문직으로서의 사회경제적 지위를 인정받을 수 있을 것으로 전망된다.

(2) 일반탐정

일반탐정은 국가에서 규정한 자격을 취득하지 않은 채, 면허를 가진 공인탐정회사에 소속하여 회사의 지시에 의해서만 일을 할 수 있으며, 단독으로 일을 하거나 계약 혹은 상담을 할 수 없는 등 업무범위와 권한에도 공인탐정과 큰 차이가 있다.

미국에선 공인탐정이 아닌 일반 탐정의 자격증은 면허(License)라고 부르지 않고 취업을 할 수 있는 취업허가증(Employee Registration Card, Investigator permit)이다.[5)]

우리나라의 경우 아직까지 탐정제도가 법제화되지 않음에 따라 국세청의 과세를 위한 업종분류상 '탐정 조사서비스'(분류코드: 749200)로 분류하고 있으며, 통계청의 한국표준산업분류상으로는 '탐정 및 조사서비스업'(분류코드: 75330)으로서 흥신소·사설탐정 서비스, 필체감정·지문조사서비스 또는 거짓말 탐지기 서비스를 제공하는 산업으로 정의되어 있는 것이 특징이다. 공인탐정의 입법화에 있어서 중요한 요소로서, 탐정이 가지는 업무의 사회적 특수성을 고려할 때 권한의 남용이나 부작용을 최소화할 수 있도록 전문성, 윤리성, 자격과 책임을 갖추는 것이 매우 중요하다.

2) 전분 업무 영역별 분류

전문가란 특정분야에 대한 일정한 자격 취득, 교육을 이수하였거나 오랜 경력과 경험을 보유한 사람이므로 탐정업무도 자신의 전문성에 따라 다음과 같은 영역으로 분류할 수 있다.

(1) 법률탐정(Legal Investigator)

법원의 소송사건을 전문으로 하며 변호사와 계약을 맺어 소송을 위해 필요로 하는 증거나 자료를 수집하거나 피고의 변호를 돕기 위해 증인을 확보하고 경찰 및 사건에 관계된 자들과 면담을 하며 증거를 수집, 검토하거나 사진촬영을 하면서 스스로 법정에서 증언을 하기도 한다.

5) 강효흔, 「탐정은 벤처보다 낫다」, 서울: 동아일보사, 2000, pp.240~241.(강영숙, 탐정학개론, 2015, P.16)

(2) 기업탐정(Corporate Investigator)

조직이나 기업재산에 대한 절도, 상품선적, 사기 · 비용지출 내역의 허위사실 등 의뢰 회사의 내 · 외부 문제에 대한 범죄사실이나 음모를 조사하여 이에 연루된 직원들을 찾아내는 일을 한다.

(3) 재정탐정(Financial Investigator)

다양한 조직의 금전과 관련된 횡령, 사기 사건들을 전문으로 한다. 자신의 전문 회계지식을 이용하여 회사의 재무상태나 횡령당한 자금의 소재파악이나 추적을 할 수 있으며, 주로 투자은행이나 변호사들과 함께 자금거래에 연루되어 있는 회사나 개인들에 대한 다양한 정보를 수집, 보유한다. 특히 법원 등에서 사기 피의자에 대하여 변제 판결을 했음에도 불구하고 재산을 타인 명의 등으로 감추고 있을 때 이를 추적하여 은닉재산을 찾아내는 일 등을 주로 한다.

(4) 보험탐정(Insurance Investigator)

보험과 관련된 조사 업무로서 보험금을 노리고 보험사기 등을 행하는 자들에 대한 증거수집을 하거나 사고, 재해의 적정한 피해보상 등과 관련된 업무를 전문으로 하며 보험회사 혹은 관련 의뢰인이 보험사기로 입게 될 피해를 미리 예방하거나 방지하는 역할을 한다.

(5) 경비탐정(Store Investigator)

주로 백화점이나 대형 마트 등의 대규모 판매시설회사에 소속되어 물건의 절도나 소매치기 등을 검거하거나, 사기행위 · 내부직원의 부정행위 등을 적발하거나, 직원의 고객에 대한 서비스 등의 근무태도를 감시하는 일을 주로 한다.

(6) 사이버탐정(Cyber Investigator)

기존의 탐정들 역시 인터넷을 통한 자료수집 등을 하고 있으나 사이버탐정은 주로 On-Line 상에서 이루어지는 사기, 불법행위 등의 범죄피해를 입은 의뢰인과의 계약에 의하여 각종 자료의 수집, 불법행위의 감시, 위법행위자의 IP추적 등의 임무를 주로 사이버 공간에서 수행하게 되는 탐정을 말한다. 현재 기존의 정보보안업체에서 사이버보안원이 이러한

역할을 수행하고 있지만 공인탐정제도가 도입될 경우 이들의 전문성과 활약이 클 것이다.[6)]

이 외에도 자신의 전문분야에 따라 현상수배범 소재파악전문(유럽 등지에서는 세계적인 수배범을 전문으로 찾아내는 소위 '헌터'들이 활동 중이다), 뺑소니 차량 추적 · 해외도피사범 소재파악 전문 등 여러 형태의 탐정이 있으며 탐정 자신의 능력이나 탐정회사의 규모에 따라 여러 가지 업무를 동시에 할 수도 있다.[7)]

3. 탐정제도의 사회적 기능

1) 국가제도의 일반적 기능

국가가 시행하는 제도는 국가적인 강제로 실현되는 규범인 법제정 하에 규범이나 가치체계를 바탕으로 형성되는 복합적인 사회규범의 체계라고 말할 수 있다.

그러나 하나의 제도는 마치 고무풍선과 같아서 한 곳을 누르면 또 다른 많은 곳이 압력을 받게 되는 것과 같이, 어느 제도나 그것을 준비하거나 시행하는 단계에서 사회질서유지, 인권보장, 복지향상 등의 순기능과 인권탄압, 사회적 갈등심화, 위법행위, 현실을 반영하지 못하는 입법과정 등의 역기능이 모두 제기될 수 있다. 또한 그 제도의 취지가 아무리 좋아도 제도의 부작용까지 막을 수는 없기 때문에 야기될 수 있는 부작용에 대해서는 신중하게 대비할 필요가 있는 것이다. 이때, 역기능 대비 순기능이 크다면 그 제도를 채택하되, 역기능을 최대한 줄여갈 수 있는 방안을 함께 모색하고 제도 시행 시 부정적, 긍정적 요인을 충분히 분석한 후 활용방안을 제시하는 것이 정책 입안자 및 국가의 정책실현 의지에 있어서 바람직한 모습일 것이다.

따라서 탐정법제정을 통한 탐정제도의 시행은 국가 권력에 의한 강제력과 관리를 통해 사회질서 유지, 사회정의 추구, 제도시행 시 갈등을 해결하는 공식적 기준 및 사회적 필요를 충족시켜 주는 기준 및 환경을 제시해 줄 것이다.

---

6) 김원태, "민간조사원의 권한남용 방지대책에 관한 고찰", 대한민간조사학회학술세미나. 대한민간조사학회, 2006.12. p.41.

7) 이동영, 전게서, pp.22~23.

2) 탐정제도의 사회적 기능

탐정제도는 수요와 공급에 따른 시장성의 원리에 입각하여, 수요자 부담원칙에 의해 개인 및 단체 등의 의뢰에 의하여 국가기관이 아닌 국가에서 인정한 자격있는 민간영역의 조사업무서비스로 우리나라에 현재 조사 및 수사업무를 수행하고 있는 경찰이나 심부름센터, 신용정보업자 등의 활동과 구별되는 것으로써, 이러한 측면에서 다음과 같은 순기능과 역기능을 정리할 수 있다.

〈자료 1-1〉 탐정제도의 순기능과 역기능

구분	내용
순기능	◦ 의뢰인의 실질적인 피해구제 및 권익보호 ◦ 국가수사기관의 과중한 사법업무 및 비용부담 경감 ◦ 불법의뢰 및 불법 탐정업무행위 근절 ◦ 우수 전문 인력의 유입·활용, 전문적 직업군 인정 ◦ 국제탐정업무서비스의 국가경쟁력 향상
역기능	◦ 사생활 및 개인의 인권침해 ◦ 국가기관 및 현행 관련법과의 상호충돌 가능성 ◦ 국가의 관리 미흡 시 탐정관련업체들의 불법행위를 합법적으로 방치할 가능성 ◦ 미비한 입법 과정, 부실한 국가 관리로 인한 부작용

(1) 탐정제도의 순기능

① 의뢰인의 실질적인 피해구제 및 권익보호

우리사회의 다양하고 광대한 사실관계를 조사하고 관련 정보를 수집하는 탐정활동의 수요는 급증하고 있으나 경찰·검찰 등 공식적 국가기관의 행정서비스 및 복잡한 구제절차로 이를 충족시키기에는 한계가 있다. 따라서 탐정활동에 대한 공급 망을 확대함으로써 신속·다양하고도 적합한 탐정서비스의 제공이 이루어진다면 의뢰인의 실질적인 피해구제 및 권익보호가 더욱 용이할 수 있다.

② 국가수사기관의 과중한 사법업무 및 비용부담 경감

공인탐정제도의 도입은 국민의 피해구제의 절차인 고소·고발의 급증에 따른 국가수사기관의 과중한 사법업무 및 비용부담을 경감시킬 수 있다.

③ 불법의뢰 및 불법 탐정업무행위 근절

법제정과 자격제도가 시행이 된다면 탐정업에 대한 과거의 부정적인 이미지에서 벗어날 수 있으며 의뢰인 입장에서도 국가의 엄격한 관리 하에 탐정업체를 선별할 수 있고, 관련업체들의 불법탐정행위 방지 및 근절 또한 가능하여 국가와 사회의 전체적 투명성이 높아질 것이다.

④ 우수 전문 인력의 유입 · 활용, 전문적 직업군 인정

새로운 영역의 전문적 직업군으로서 인정받게 되면 경찰 · 검찰 등의 다양한 영역의 우수한 조사 전문 인력의 유입 · 활용으로 실업난 해소 및 경제활동에도 큰 도움이 될 것이다.

⑤ 국제탐정업무서비스의 국가경쟁력 향상

세계에서 탐정만큼 연대감이 강한 직업군은 없다. 국제탐정협회 등 세계기구에 소속된 탐정들은 국적을 불문하고 상당한 고급정보까지 서로 공유하고 협력한다. 국경을 넘나드는 교류로 정보는 더욱 정밀해지고 사용목적에 맞게 가공돼 간다. 탐정들은 이런 식으로 정보의 부가가치를 키운다.

그러나 한국은 이런 세계적 흐름에서 소외돼 있다. 한국의 한 대기업이 남미에 자동차수출을 하면서 막대한 액수의 사기를 당한 것과 같은 일은 '정보마인드'가 정착돼 있는 나라에선 일어나기 힘든 사례이다. 또 한국기업이나 한국인 근로자에 대한 외국의 불신은 '이들의 이력서가 사실'이라고 검증해줄 만한 '시스템'이 없기 때문이라는 지적도 있다.[8] 우리나라의 세계적 정보역량은 해외탐정들과의 연계 및 공조체계가 가능하고 또한 사회적 감시와 국가의 규제로 불법요인에 대한 국가 관리시스템의 기반을 갖출 수 있으므로, 국제적으로도 많은 부분에서 국가경쟁력을 높일 수 있을 것이다.[9]

(2) 탐정제도의 역기능

공인탐정제도의 도입 시 예상되는 역기능에 대해선 신중하게 대비하여야 하므로 역기능에 대해 살펴보면 다음과 같다.

① 사생활 및 개인의 인권침해

탐정업무는 개인정보에 밀접하게 관련된 조사업무를 수행하는 활동이므로 의뢰인의 조사대상자에게는 사생활 등 개인 인권침해의 가능성이 높다.

---

8) http://kin.naver.com/qna/detail.nhn?d1id=13&dirId=130102&docId=37490098&qb=7IS46rOE7J2YIO2DkOygle2ZnOyVveyCrOuhgA==&enc=utf8&section=kin&rank=1&search_sort=0&spq=0&pid=SxT4bdpySElssbgBhiVssssssN-509114&sid=OGQ/34EQTwu1/Cm/CbJ4SA%3D%3D

9) 나영민, "민간조사업의 도입전망과 대응", 한국경호경비학회 제16회 학술세미나, 한국경호경비학회, 2006, pp.25-26.

② 국가기관 및 현행 관련법과의 상호충돌 가능성

탐정업은 여러 현행 법령 및 국가기관의 임무와 상호 충돌할 가능성이 있다. 따라서 제도 시행에 대한 명확한 법 규정을 마련하여 차후 발생하게 될 충돌이나 부작용을 대비하여야 한다.

③ 국가의 관리 미흡 시 탐정업체들의 불법행위를 합법적으로 방치할 가능성

탐정제도 및 그 업무에 대한 국가의 관리가 제대로 이루어지지 않을 경우 일부 심부름센터 및 흥신소 등의 유사 탐정관련업체들의 불법행위를 합법적으로 방치할 수 있는 개연성이 있다.

또한 직업적 특성상 불법행위, 사회의 부정적인 인식, 탐정수요의 은밀성으로 인해 기존의 일부 불법업체들이 더욱 음성화하여 존속할 가능성이 높다.

④ 미비란 입법, 부실한 국가 관리로 인한 부작용

공인탐정제도 입법이 이루어질 경우 자격요건이나 그 밖의 규정사항에 대하여 강력 집단의 이익을 중시한 나머지 기회균등 · 공정성을 상실하여 현실을 반영하지 못한다면 공익침해 뿐만 아니라 탐정의 합법적 활동제약 가능성도 우려할 수 있다.

예를 들면 탐정업무 자체의 가장 큰 우려로 지적되고 있는 사생활 침해에 대한 대비책으로 개인정보의 보호에만 치우친 나머지, 사회적으로 허용되는 개인정보의 이용에 관한 사회적 합의가 부족하여 탐정의 합법적인 활동에 많은 제약을 받을 수 있어서 진정한 탐정제도의 본질이 왜곡될 수 있다.

또한 신뢰성을 갖춘 전문 인력 및 국가가 인정한 탐정관련 교육기관, 탐정업무서비스에 대한 소비자분쟁 시 조정기관을 확보하지 않으면 제도시행 시 실패할 가능성과 많은 부작용을 초래하기가 쉽다.

4. 탐정의 영역별 주요 조사업무

1) 탐정의 업무영역

탐정의 업무영역은 인간의 삶 모든 영역에 해당되며 그 수요와 범위가 매우 넓고 다양하다. 탐정업에 대한 수요는 앞으로도 다른 직업에 비해 매우 급속히 증가할 것으로 전망하고 있는데, 여기에는 다음과 같은 여러 요인들이 내재하고 있다.[10)]

① 범죄의 두려움, 소송 증가, 모든 종류의 재산과 비밀, 정보보호의 필요성 증대.

② 정보화 시대에 사이버 상의 다양한 범죄증가와 명의도용, 이메일 방해, 불법 다운로드로 인한 저작권 침해 등의 인터넷 범죄의 확산.

③ 다양한 직업들이 급속히 증가하는 현대에서의 종업원 채용 시 기본적이고 필수적인 종업원의 신상 및 배경조사.

④ 경쟁회사의 모니터링, 기업비밀 유출 및 산업스파이 방지, 기업들의 세계적 성장으로 인한 내적, 외적인 재정상의 손실관리

또한 탐정회사들의 대규모화, 전문화경향도 점차 두드러져 규모가 크고 첨단 기술을 보유하고 있는 탐정회사들이 작은 규모의 탐정사무소들을 합병하는 추세도 나타나고 있어서 앞으로의 탐정업의 판도에도 큰 변화를 일으킬 것으로 전망되고 있다.

국가별로 탐정제도를 법적으로 공인하고 있는 나라는 법률에서 규정한 업무영역에 따라 차이가 있지만 탐정업무는 크게 국가수사기관의 공공영역(Public sector)과 탐정에 의한 민간영역(Private sector)으로 분류할 수 있는데 두 영역에서의 조사업무는 소송문제 발생 시 각각 형사소송과 민사소송으로 발전하게 되는 중요한 차이점이 있다.

탐정에 의한 민간영역의 조사결과는 보통 재판 시 원고나 피고의 이익을 위해 제공되며, 공공기관의 의뢰나 위임 및 요청으로 공공영역(Public sector)을 대신하거나 정부기관에 고용된 때에는 공공범죄 조사업무, 형사사건 및 행정사건에 대한 조사 등 공공영역을 대신해 증거를 수집할 수 있다. 영미법 국가의 국가기관의 범죄수사와 탐정조사의 특성을 비교하면 다음의 〈자료 1-2〉와 같다.

〈자료 1-2〉 범죄수사와 탐정조사의 특성 비교

구 분	범죄수사 (Criminal Investigations)	탐정의 조사 (Civil Investigations)
원 고	• 국가 및 주(공공영역)	• 개인 및 비영리 단체(탐정업체)
조 사	• 주(State)나 정부에 의하여	• 피해자의 의뢰에 의하여
목 적	• 구치소, 교도소 • 벌금 • 특정 교정활동 등의 처벌	• 피해자에 대한 손해배상 • 교정 행동
유죄판결	• 무죄라고 여길만한 합리적 의심의 여지가 없을 때.	• 증거가 우세할 때

10) http://www.bls.gov/oco/ocos157.htm#outlook.

구 분	범죄수사 (Criminal Investigations)	탐정의 조사 (Civil Investigations)
	• 자신을 항변할 수 있는 증거자료가 없을 때(cctv, 알리바이, 사진 등)	
항소여부	• 피고에 의해 가능	• 상대방(의뢰인)에 의해 가능

* 자료 : Robert D. McCrie, Security Operations Management, Butterworth Heinemann, 2001, p.271.

탐정의 조사업무영역은 법률이 허용하는 범위에서 〈자료 1-3〉의 내용과 같이 구분할 수 있다.11)

〈자료 1-3〉 탐정의 영역별 조사업무

업무영역	내용	비고
조사분야	• 미제사건 조사 • 보험 · 의료분쟁 · 사이버범죄 조사 • 각종 사기사건, 교통사고 등의 조사 • 사람 찾기(실종자, 도피사범, 미아 등) • 은닉재산 조사 및 확인	고문변호사 수임
분석수임분야	• 유전자(DNA)조사 • 필적감정분석 • 인장 감정 분석 • 영상, 음성 분석 • 부검 및 임상 병리 • 화학적 분석	특수분야 전문가 수임
수사협조분야	• 수사 및 공개 수배자 검거 및 협조 • 도주차량 증거 수집 협조 • 피의자 검거 인계 • 증거물 보관	경찰청, 검찰 등의 국가기관 업무 수임
탐지업무분야	• 도 · 감청 탐지 확인 • 몰래 카메라 탐지 업무 • 거짓말 탐지 업무	장비업자 임대
일반행정업무	• 민원에 의한 행정절차 업무	법무사, 행정사 연계업무

2) 전문 영역별 조사업무 유형

(1) 기업(조직)영역 조사업무 유형

• 부정비리 조사 업무

11) Charles P. Nemeth, JD,LIM, Private Security and the Investigative Process Second Edition, Butterworth-Heinmann(USA), 2000, pp.7~8.

- 자금세탁방지 업무
- 기업 및 개인에 대한 일반 공개정보 조사 업무
- 법정회계 업무
- 내부 제보시스템 구축 업무
- 임직원 채용 스크리닝 업무
- 계약업체, 하청업체의 진실성, 효율성 조사
- 인터넷보안 업무
- 준법감시 및 내부통제 시스템 진단 및 컨설팅 업무
- 개인정보보호업무
- 기업의 각종 내외부적 위해요소관리
- 기밀누설, 기업정보 유출 및 산업스파이 조사업무
- 통신보안, 시설보안을 위한 도감청장비탐지
- 이미지 저하 및 손상 방지업무
- 언론 및 소비자 대응 업무
- 각종 기업환경 저해 및 경영여건 침해 방지업무
- 기업 관련 각종 영업권 침해 증거자료 수집(지적재산권, 산업재산권 등)
  - 불법 위조상품, 밀수품 역추적, 생산·출하 유통경로 파악 등
- 부정, 낭비, 부주의, 비효율성, 고의적 태만, 안전규칙위반, 종업원차별, 저하된 윤리의식, 사보타지 및 기타 불법행위 조사

(2) 보험영역 조사업무 유형

- 보험사와의 업무 협조
- 보험가입자 언더라이팅[12)]
- 생명, 사고, 의료과실, 배상 등의 보험사건 조사

12) 언더라이팅은 보험가입물건의 위험(loss exposure)을 평가하여 이에 부합하는 보험요율 결정과 보험약관조항을 검토하여 이를 인수하는 경우 보험사의 담보력에는 어떠한 영향이 있는지를 평가하는 업무를 말한다. 다시 말해 보험회사의 언더라이팅 업무는 보험상품개발, 마케팅, 재산운용업무 등의 경영요소 중 가장 중요한 부분에 해당한다. 따라서 보험사의 언더라이팅 업무가 회사내부의 통제체계가 잘못되어 종사자의 임의적인 판단에 의한 경우는 보험사에게는 엄청난 파급효과를 가져올 수 있다. 그 파급효과는 회사의 브랜드파워에 손상을 주고 계약자들의 신뢰를 상실할 수도 있다. 더 나아가 거대위험을 인수하였으면서도 적절한 위험분산을 하지 않은 상태에서 그 사고가 발생하면 경영을 포기해야 하는 상황에 도달할 수 있다. 보험개발원, http://www.kidi.or.kr/instrend/column/data

- 보험범죄혐의자 소재확인
- 각종 보험사고 사실여부 확인 및 증거자료 수집
- 손해사정사의 업무 외 보험사고 및 차량사고 등에 대한 피해사실 조사

(3) 법률영역 조사업무 유형[13)]

- 변호사의 의뢰를 받아 증인 · 목격자 소재 확인 및 증거 · 정보 수집
- 범죄수사, 심판위원회, 중재, 민 · 형사재판에 사용될 증거 확보
- 친고죄에 관한 사건 조사(비 친고죄의 경우 발견 시 수사기관에 신고)
- 이혼소송에 따른 법정 증거자료 수집
- 자녀 양육권 등 가사 소송에서 상대방의 의무 위반 행위, 소재 등 확인 조사
- 증인이나 참고인 등에 대한 신뢰도 조사
- 교제, 결혼 시 사기 예방을 위한 배우자의 행적조사 등

(4) 사람 찾기 조사 업무

① 사람 찾기 대상자

- ■ 남북이산가족, 해외이산가족 및 입양인 찾기
  - 생활고로 인하여 사회복지 시설에 양육 위탁 후 연락이 단절된 입양인 찾기.
  - 광복 전후나 전쟁 전후 이산가족, 해외이민 후 연락두절, 그리운 사람 찾기.
  - 가출이나 길을 잃어 귀가하지 못하고 세월이 흘러버린 이산가족 찾기.
  - 사정상 피신하다 가족을 잃은 이산가족 등
- ■ 경제사범의 해외도피 시 신원소재 파악 및 송환서비스
  - 가정, 회사에서 문제야기한 해외도피자 추적, 신원소재 파악 및 송환 서비스.
  - 가정과 재산에 큰 피해를 주고 도피중인자의 신원 소재 파악이 필요한 경우.
  - 수배자에 공권력이 미치지 못해 자구 노력이 필요할 때.
- ■ 행방불명, 실종자 찾기
  - 해외 행방불명 및 실종자 찾기
  - 경제적, 가정적 사정으로 헤어진 사람, 잠적한 사람, 기타 필요한 사람 찾기.

---

13) 이점인, 공인탐정법(안)의 주요쟁점에 대한 고찰, 동아법학 제78권, 동아대학교 법학연구소, 2018, P. 159.

② 조사업무 유형

- 의뢰 대상에 대한 탐문조사, 정황증거수집
- 실종자, 미아 등의 소재파악
- 가출청소년, 자녀의 이성관계, 가족문제 등 사생활 보호가 필요한 사건 조사
- 국내, 국외 PI(Private Investigator)들과의 협조 및 네트워크를 통한 조사 및 기획
- 국내 및 국외 현지탐색(Local search)
- 현지 인터폴 담당자 업무협력 (Cooperation with the local interpol officer)
- 현지 대사관 업무협력(Cooperation with a embassy)
- 해외도피사범 및 송환 작업 및 도피재산의 소재에 대한 사실 조사
- 주인, 상속인 없는 재산의 소유자, 부동산 상속자 소재파악

(5) 사람의 특성 및 행동조사

- 신용, 평판 및 명성조사
- 거주지, 주거형태, 주소확인
- 혼인상태, 평소습관
- 수입, 재정 및 신용도
- 현재 및 과거의 경력이나 사회적 관계 및 사업적 관계 조사
- 경찰처분, 전과 기록 및 기타 의뢰인의 요구사항들의 구체적 조사
- 행동(동향)포착, 태도, 근무태도, 생활방식 및 기타
- 개인적 상해사건의 청구자 행동에 관한 증거자료의 비디오 녹화업무

(6) 의료영역 조사업무

- 의료과실 발생 시 대처방안 제시
- 의료과실 입증을 위한 사실여부조사 및 증거자료 수집
- 공인의료기관, 의료전문박사 혹은 Medical Private Investigator의 심형분석 판정

(7) 교통사고 영역 조사

- 교통사고의 원인에 대한 분석조사감정
- 사고목격자 추적

- 교통공학 분석 후 시뮬레이션기법으로 사고 상황 재현 및 분석
- 가해자와 피해자 판단을 위한 증거자료 수집
- 뺑소니 차량 및 차주 추적

(8) 도청기, 몰래카메라 탐색업무

사실 적은 금액으로 인터넷 전자상거래 등을 통해 강력한 도청장치나 몰래카메라가 공공연하게 판매되고 있는 실정이므로 도청이나 몰래카메라로부터 사생활 및 기업정보 등을 보호하기 위해서는 정기적으로 점검을 해야 할 뿐만 아니라 사전에 도청 등을 예방하는 활동이 필수적이다.

- 도청기 탐색
- 몰래카메라 탐색
- 도청기, 몰래카메라 예방 컨설팅

(9) 부동산영역 조사업무[14)]

① 부동산중개업분야

- 매매, 임대차 등 거래 시 진정한 소유권자 조사업무
- 불법 중개업자 조사
- 불법 떴다방 조사
- 상습사기 중개보조원 조사

② 분양사업분야

- 불법 상가분양업자 조사
- 허위, 과장광고 조사 등

③ 전문사기단 조사 분야

- 기획부동산
- 소송사기단 등

④ 부동산 개발업 분야

- 개발대상 필지의 소유권자 소재 및 인적사항 파악
- 불법 알박기 투기자 파악 등

14) 강동욱 · 윤현종, 탐정과 부동산거래, 박영사, 2020, p.257.

⑤ **건설업 분야**

• 건설자재 도난 및 손실 원인조사

• 불법 유치권자 조사 등

(10) 법과학영역 조사업무

① **법 과학분야**

- 화재원인분석, 부정유류 감정 및 검사, 폭약 및 폭발물분석, 독극물 검사 및 분석, 약품 · 식품 등의 성분 분석 및 감정, 환경오염감정 및 검사

② **법 생물학분야**

- 유전자 (DNA)검사 및 감정, 정액 검사 및 감정, 익사체 원인 규명, 사체의 사인 규명. 지문 족적 혈흔 신체분비물 등의 분석 및 감정, 플랑크톤, 식물 등

③ **법 물리학분야**

- 인영(印影) 감정 및 분석, 교통사고의 역학적 분석, 총기 사고의 역학적 분석, 음성 감정 및 분석, 위조상표 도용 제작 등의 분석 및 감정 등

④ **법의학분야**

- 사인규명(부검), 질 내 검사(정액채취 검사), 두개골 (골격검사), 복부절개 검사, 부분 변사체의 신원확인, 백골화 변사체의 원형복구, 친자확인 검사 등[15]

(11) 사이버(Civer)영역 조사업무

인터넷 사용이 활발한 만큼 개인정보의 유출과 도용이 많아지고 각종 물품의 판매, 은행거래, 의견제시, 비방 · 명예훼손 등 사이버 공간에서 사기나 불법행위는 급속도로 증가하고 있다.

물론 국민의 안전과 범죄단속 및 범인검거를 위해 각종 컴퓨터, 웹, 사이버 관련 범죄의 수사를 담당하는 경찰청 소속의 사이버수사대가 있다. 또한, 국가정보원 사이버안전센터에서 근무하는 국가사이버안전요원들은 공공기관이나 국가의 주요 전산망을 무력화시키기 위한 각종 사이버테러에 대응하고, 사이버상의 국가기밀 유출을 방지하기 위한 업무를 담당하고 있다. 그러나 이들은 국민의 안전과 국가의 안전을 위한 공적인 영역에서 사이버 보안 역할을 하지만 사이버 전문탐정은 계약을 맺은 의뢰인의 사적인 피해회복, 권리구제 및 경찰에 신고를 위한 증거자료 확보를 위한 정보수집 활동을 할 수 있는 것이다.

15) http://www.sossearch.com

사이버 전문 탐정은 증거가 될 만한 디지털자료를 수집하고, 확보한 디지털자료가 그 가치와 생명력을 잃지 않도록 유지, 보관, 인계하고 필요 시 법정 증거자료로 작성하고 제출할 수 있어야 한다.

사이버영역의 정보수집전문가는 컴퓨터나 인터넷상에서 증거를 수집하고 분석하는 등의 업무를 수행해야 하기 때문에 분석적이고 꼼꼼한 사람에게 적합하며, 또한 정보통신분야는 계속해서 신기술이 나오므로 이러한 기술들을 습득하고 최신의 동향 등을 파악하기 위해 계속해서 공부하는 자세가 필요하다.

- 온라인상에서 의뢰인이 요청한 자료의 수집 및 분석
- 특허, 실용신안 침해, 디자인 불법 복제품 · 위조상품 등의 온라인 유통조사
- 명예훼손 등 온라인상 불법행위 감시

제 2 장

외국의 탐정제도 운용실태

1. 미국의 탐정제도
2. 영국의 탐정제도
3. 일본의 탐정제도
4. 프랑스 탐정제도
5. 호주의 탐정제도

제2장 외국의 탐정제도 운용실태

영미국가의 형사재판제도는 시민의 권리가 사법재판부 결정에 의해서 수동적으로 지켜지는 것이 아니라, 재판을 받는 국민이 소추하는 국가기관을 상대로 자신의 정당한 이익을 법정에서 직접 주장하는 절차를 어느 정도 보장하는 당사자주의적 소송구조이다.

그러므로 국민 스스로 또는 변호인을 통해 자신에게 유리한 증거를 법정에 적극적으로 제시할 수 있는 권리가 보장된 소송구조에서는 사실문제가 유무죄를 가리는 핵심문제이기 때문에, 이에 필요한 사실과 정보 등의 증거자료를 찾아주는 사립탐정의 필요성과 탐정제도의 사회적 공인은 자본주의 사회의 발전과 함께 법률문화에 자연스럽게 기인되어 있다.

미국 대부분의 주와 프랑스, 스페인, 캐나다, 독일, 벨기에, 호주, 싱가포르 등 상당수의 국가들이 엄격한 자격시험과 고도의 훈련을 거쳐 취득한 면허나 자격을 부여하는 공인탐정제도를 채택하고 있는가 하면, 영국과 일본의 경우처럼 누구나 탐정영업을 할 수 있도록 국가가 특별한 규제를 하지 않다가 여러 가지 사회적 폐해가 심각해지자 최근 탐정관련법을 제정하여 국가자격증이 아닌 민간자격증으로도 제도화하는 국가도 있다.

경제협력개발기구(OECD) 회원국 중 우리나라를 제외한 모든 국가에서 탐정제도를 운영하고 있다. 미국에서는 약 4만 명, 일본은 약 6만 명, 독일은 약 2만2300명의 탐정이 활동하고 있는 것으로 집계되고 있고, 그 밖에 프랑스나 영국에서도 1만 명이 넘는 탐정이 활약하고 있다.

나라별 탐정의 활동 분야도 다양하다. 미국의 탐정은 일반 수사기관처럼 직접적으로 범죄나 부정행위 증거를 확보하는 일을 담당하는데 재판 과정에서 배심원들에게 호소할 수 있는 사실관계 등을 제시하면서 변호사들을 조력하고 있다. 일본에서는 특정인의 소재나 행동조사업무를 비롯해 치매 노인 문제와 고독사 증가에 따라 실종자와 관련된 업무도 늘고 있다. 독일의 탐정들은 노동법·시민법에서부터 특정 인물의 혼인관계 및 가족사 등을 조사하는 역할을 한다.16)

본 장에서는 일부 주요 외국의 공인탐정제도에 한정하여 고찰하기로 한다.

1. 미국의 탐정제도

미국은 전 세계에서 탐정제도가 가장 발달되어 있고 거의 모든 사건에 탐정이 관여될 정도로 광범위하게 활용되고 있는 나라이다. 특히 미국의 소송에 있어서 가장 근본이 되는 측면은 사실문제를 제대로 알아내어 배심원에게 호소력 있게 제시하는 것이므로 변호사와 더불어 소송을 유리하게 전개하기 위해서는 탐정들이 사실관계와 증인, 증거로 사용될 사안에 대해 얼마나 많이, 정확히 파악하느냐에 달려있으며 정보경쟁이라고 할 수 있는 소송에 있어서 단순히 법률적 지식으로 무장한 변호사 혼자서는 소송을 감당할 수 없기 때문에 미국의 변호사들에게는 어떤 분야의 사람들 보다 탐정이 중요한 협력자이다[17].

미국의 탐정제도는 각 주별로 상이한 체계를 가지고 있어 수사구조가 중앙집권화 된 대륙법계인 우리나라와는 달라서 일률적으로 설명하기는 곤란하므로 탐정관련 법 규정이 있는 주(State)들의 일부 공통적인 사항과 특성에 대해서만 정리하기로 한다.

1) 미국의 탐정면허제도

현재 미국에는 6만 여명의 공인탐정들이 활동하고 있는데, 전문직인 의사, 변호사, 공인회계사와 마찬가지로 탐정을 전문직으로 인정하고 있으며 대부분 주(State) 정부의 해당 면허를 취득하도록 규정하고 있고, 일정액의 책임보험에도 가입하도록 하고 있다.

그러나 Alabama, Alaska, Colorado, Idaho, Mississippi, Missouri, South Dakota에서는 주 정부의 면허가 필요 없기도 하고, 또 몇몇 주에서는 사업자등록만 하면 영업을 할 수 있도록 최소한의 요건을 규정하고 있다.

그러나 탐정면허제가 없는 주라고 해서 탐정제도 자체를 부정적으로 받아들이는 것은 아니며 해당 주가 대도시에 있는지, 농촌지역인지, 기반산업이 무엇인지 등의 특성을 고려하여

16) 문화일보, http://www.munhwa.com/news/view.html?no=2020080501031721340001(검색: 2021. 08.16.)

17) 강효흔, '외국의 사설탐정제도의 활용사례와 법적 고찰', 수사연구(4월호), 2001, p.27.

탐정제도에 대한 사회적 필요성 여부에 따른 차이라 볼 수 있다.[18]

미국에서 탐정회사의 정식명칭은 'Private Detective Agency'이며, 단어 그대로 일반인이 계약, 고용할 수 있는 사설 조사기관이다.

미국의 탐정제도는 각 주 정부마다 약간의 차이는 있으나 회사에 탐정면허를 부여하는 것이 아니고 회사의 운영자에게 면허를 부여하는데, 탐정회사는 영업허가만 가질 뿐 활동을 하는 모든 탐정들은 자격을 소유하여야 하며 면허가 있는 공인탐정에게 소속된 조사원들도 주(State) 당국에 등록되어야 한다. 예를 들면 탐정회사의 형태에 따라 차이가 있으나 개인회사의 경우 소유주가, 파트너십은 파트너 모두가, 법인일 경우는 회사의 운영권을 가진 사장, 부사장 등 임원 중 최소 1명이 공인탐정면허를 보유하고 있어야 하며, 면허가 없는 사람은 회사의 운영에만 관여할 뿐 탐정업무는 할 수 없는 것이다.

미국에서 공인탐정이 되려면 일정기간 수사나 조사관련 계통의 경력을 쌓은 후 전문 면허국이 실시하는 면허시험에 합격하여야 하며, 영업을 하기 위해서는 주 정부가 요구하는 일정액의 책임보험을 보유해야 한다.

일반탐정은 면허를 가진 공인탐정회사에 속해 회사의 지시에 의해서만 일을 할 수 있으며 단독으로 일을 하거나 계약 혹은 상담을 할 수 없다.

일반탐정의 자격은 면허(License)라 부르지 않으며 취업을 할 수 있는 취업허가증(Employee Registration Card, Investigator permit)이다.

일리노이 주(Illinois State)의 일반탐정의 경우는 전문 면허국에서 허가를 받아 설립된 탐정학교를 졸업해야 하며, 시험 및 신원조회를 거쳐 취업허가증을 받게 된다.

워싱턴(Washington)의 경우엔 일반탐정과 공인탐정의 구분 없이 공인탐정면허시험에 합격해야만 탐정업무를 할 수 있도록 탐정규정이 엄격한 곳이 있는가 하면 신원조회만을 거쳐 면허국에 등록하고 교육은 회사에서 책임지도록 하는 곳도 있다. 플로리다 주(Florida State)의 탐정면허의 종류를 예를 들면 다음의 〈자료 2-1〉과 같다.

18) Occupational Outlook Handbook, U.S. Department of Labor, Bureau of Labor Statistics, http://www. bls. gov/home. htm.

〈자료 2-1〉 플로리다 주(Florida State)의 탐정면허 종류

구 분		내 용
개인 면허 (For Individuals)	C(Private Investigator)	탐정
	CC(Private Investigator Intern)	인턴 탐정
	M, MS(Manager of a Private investigative Agency)	탐정회사 경영자
회사면허 (For Agencies)	A(Private Investigative Agency)	탐정회사
	AA(Private Investigative Agency Branch Office)	탐정회사지점(지사)

* 자료 : http://licgweb.doacs.state.fl.us/investigations/types.

탐정면허규정이 있는 주에서는 주 정부의 전문면허국에서 면허를 발급하고 관리하는데, 탐정이 되려면 일반적으로 주 정부 전문면허국의 교육면허를 가진 교육기관에서 일정기간(보통 2주~3개월) 기본교육을 마친 후 시험을 통해 취업허가증을 발급받으면 된다. 그러나 이 취업허가만으로는 독자적으로 일을 할 수 없으며 공인탐정이나 인가된 탐정회사나 사무소의 지휘·감독 하에 일을 할 수 있다.

캘리포니아 주(California State)의 경우 일반탐정은 고용된 탐정회사에서 교육을 하도록 위임하는 반면, 독일계 유럽인들의 정착으로 이루어진 다소 보수적인 위스콘신 주(Wisconsin State)의 경우는 수사행위를 하는 모든 탐정들은 면허시험을 통해 공인탐정면허를 획득해야만 한다.[19]

2) 탐정의 자격요건

(1) 일반적 자격 요건

미국에서 탐정활동을 하려면 모든 요건을 갖춘 자가 소정의 서류를 제출하면 주 정부의 집행기관 및 FBI에서 범죄경력을 조사하여 면허를 발급하여 주고 있지만, 실제로 탐정을 하려는 사람은 전직 수사관 출신들이 대부분이기 때문에 아무런 경험도 없는 18세 이상의 일반인이 사립탐정을 한다는 것은 거의 불가능하다.

미국탐정협회에서는 가급적 자격요건을 법적으로 보다 더 까다롭게 설정하고, 상당기간 동안 전문교육과정을 이수한 자에 한하여 자격을 부여하며, 탐정의 윤리강령도 제정하여 위반 시 자체적인 징계가 가능하도록 하는 등 탐정이나 탐정업의 인가요건들을 매우 엄격하고

19) 강효흔, 「탐정은 벤처보다 낫다」, 동아일보사, 2000, pp.235~237.

다양한 법률규정을 요구하고 있다[20].

미국에서 탐정자격을 취득하기 위한 일반적인 자격 요건을 정리하면 다음과 같다.

- 미국시민일 것. 이러한 요건이 없는 주에서는 외국인도 자격을 취득할 수 있다.
- 대부분의 주에서는 전과가 없어야 한다.
- 자격정지 이상의 범죄경력이 없을 것
- 도덕적 성격에 이상이 없는 자(좋은 품성을 갖고 있어야 한다)
- 정신병이나 알코올 남용, 재산낭비자가 아니어야 한다.
- 나이 제한은 대부분 까다롭지는 않지만 규정되어 있는 곳도 있다.
- 탐정자격을 획득하기 위해서는 시험 및 연수과정을 거쳐야 하는 곳이 많다.
- 대부분의 주(州)에서 관련 경력을 요구하고 있다.
- 관련법규나 규제가 주(State) 차원에서 전혀 없는 곳도 있으나, 군(County)이나 시(City) 단위의 지방자치단체별로 규제를 하고 있는 경우도 많다.

(2) 면허시험 응시자격

탐정(Licensed Detective)면허에 응시하기 위한 공통 조건은 다음과 같다.

첫째, 일반인은 지난 5년간 최소 3년 이상 6천 시간을 공인탐정사무소를 통해 주(State) 정부 면허국에 등록한 후 탐정업무경력이 있어야 하며, 경찰수사관이나 군 수사관 등은 3년 이상 근무를 했으면 6천 시간의 경력으로 인정하여 탐정면허시험을 치를 수 있는 자격이 부여된다. 그러나 New Jersey, Indiana, Florida, Maryland State 등의 일부지역은 면허시험 없이 2년~5년의 일정기간 경력이 있고, 규정에서 정한 결격사유만 없으면 면허를 발급하고 있다. 그 외 면허시험이 없는 주들은 대부분 신청자격을 그 지역 거주자로 제한하고 있으며, 이와 같은 무시험으로 취득한 면허는 시험제도가 있는 주에서는 그 자격을 인정하지 않는다.

둘째, 범죄기록이 없어야 한다. 업무와 관련이 없는 경범죄 전과의 경우는 보통 집행유예 등 형량이 모두 끝난 후 5년이 경과하면 응시자격이 부여된다. 물론 마약복용, 알코올 중독, 정신이상자는 당연히 응시자격이 없으며, 음주운전은 중범죄에 속하므로 일부 주 정부에서는 음주운전 기록자도 부적격자로 분류하기도 한다. 또한 군, 경찰, 공무원 등 국가기관에서

---

20) Occupational Outlook Handbook, U.S. Department of Labor, Bureau of Labor Statistics, http://www. bls. gov/home. htm.

불명예 퇴직한 자나 업무와 관련하여 징계를 받은 자도 법원의 결정에 따라 부적격자로 취급될 수 있다.

(3) 탐정면허시험

면허시험 응시자는 주 정부의 규정에 의한 일정기간의 실무경력을 우선적으로 요구하므로 실무경력의 요건을 채우면 실기시험 없이 필기시험만 치른다.

시험과목으로는 헌법, 연방법, 주법, 형법, 민법, 탐정법, 무기휴대 및 사용관리법, 사건처리, 범죄수사기법(살인, 방화, 절도 등), 범죄심리학, 상황판단 및 대처능력, 보고서작성, 상담, 법정증언, 증거수집 및 보존, 정보수집능력, 고객관리업무능력 등 보통 1백문항을 객관식으로 광범위하게 출제되며 이 가운데 70점 이상 점수를 획득하면 합격이 된다. 탐정필기시험을 위한 예상문제집 참고서는 전혀 없고, 면허시험을 위한 교육학원도 없지만 해당 법령은 법전으로 공부할 수 있으며 실무에 관련된 서적이 분야별로 많이 출간되어 있다. 전체적으로 면허국이 추천하는 책이 있는 경우에는 시험공부에 시간절약을 할 수 있다.

미국의 탐정학교는 기본적인 수사방법을 가르치기만 할 뿐 탐정시험 준비를 시키지는 않는다. 왜냐하면 이처럼 출제범위가 광범위하여 이를 모두 가르치려면 최소 수년이 소요될 것이기 때문이다. 게다가 수사기법이나 상황판단 능력 테스트 등은 경험 없이는 실제 수사상황에 대해 답을 하기가 어렵게 되어 있다. 변호사 시험의 합격률이 80%이상인 데 비해 탐정면허시험은 20~30%로 아주 낮으며 보통 수차례, 심지어는 10회 이상 시험을 치르는 응시자도 있다. 탐정면허시험은 대부분 경험을 요구하는 관계로 대부분의 응시자는 전, 현직 수사관이며 은퇴를 앞둔 수사기관의 국장급 등 고위간부도 상당수일 정도로 경찰들의 퇴직 후 선호직업으로 많이 지망하고 있고 경찰과의 업무협조도 순조롭게 이루어질 수 있다.[21)]

(4) 탐정면허의 정지 및 취소근거

탐정업의 면허를 허가 받았다고 하더라도 허가받은 탐정 당사자나 직원, 조합원, 관리자, 경영자 등이 다음 사항의 행위를 하였을 경우 법령 하에 발급된 인가를 정지 또는 취소할 수 있는데 미시건 주(Michigan State)의 법률규정을 예를 들어 설명하면 다음의 과 같다.

- 인가 신청 또는 갱신이나 회복의 목적으로 거짓진술을 하거나 잘못된 정보 제공.
- 본 법령 또는 본 법령 하에서 공표된 규칙 위반.

21) 강효흔, 전게서, pp.239~241.

- 부정행위 또는 사기를 수반한 경범죄 또는 중범죄, 정보나 증거의 무허가 누설 또는 매매
- 미연방 또는 각 주 정부기관의 경찰관이나 직원을 사칭
- 위험무기의 불법 사용, 운반, 소지

면허국에서 인가 정지 혹은 취소를 통보한 후 24시간 내에 인가를 받은 자는 면허국에 인가와 신분증을 반환하여야 한다. 이 법에 따라 인가 반환을 불이행할 경우 경범죄에 해당한다. 면허국은 수수료 징세에서 실수, 부주의, 과실이나 법률에서 규정한 기일 내에 불이행하는 등의 책임이 없는 이상 인가 수수료를 반환하지 않는다[22].

3) 공인탐정의 권한

공인탐정은 조사원이나 일반탐정을 고용인으로 두고 탐정회사를 운영할 수 있으며, 의뢰인에게 상담서비스 등을 제공할 수 있다. 또한 제한적이긴 하지만 정부기관의 기록 열람 및 수사기관들의 협조를 받을 수도 있으며 정부로부터 사건의 하청을 받을 수도 있다. 현재 많은 탐정들이 경찰과 공조를 하거나 관선변호사, 검찰은 물론 군 수사기관에 까지 계약을 맺고 일하고 있다.

미국 검찰청의 경우는 매년 공개입찰을 통해 탐정들과 하청계약을 체결하며 법정 증언 시 전문인 자격을 인정받는다. 또 일부 정부기관 및 수사정보 자료회사들로부터 각종 정보를 제공받을 수 있다 탐정은 수사목적을 위해 정부기관원이나 수사기관 요원을 제외한 교사, 기자, 우체부 등 어떤 신분으로도 위장할 수는 있지만 감청이나 계좌추적 등 사생활을 침해할 수 있는 부분은 수사기관과 마찬가지로 법원의 수색영장을 발부받아 합법적으로 실시하지 않으면 안 된다.

4) 직원(탐정, 조사원)의 고용조건

미국 대부분의 주(State)에서는 모든 사립탐정이나 탐정회사는 일단 신뢰를 기반으로 시민들에게 봉사하는 것을 원칙으로 하며, 비전문가나 소정의 훈련을 받지 않은 사람이나 업체, 또는 비도덕적인 성품의 사람들은 공공의 안전이나 복지에 해를 끼친다고 보아 이러한 사람들은 탐정업무를 할 수 없다고 일반적으로 인식하고 있다. 즉 미국사회에서 사립탐정은 자유

---

22) Private detective license Act, Act 285 of 1965, legislativ council, State of Michigan, http://www.legislature.mi.gov.

업이지만, 공공의 복지에 봉사하고 또한 이에 적합하여야 한다는 최소한의 공적인 의무가 주어져 있다고 보기 때문에 주(State)정부는 탐정이나 탐정회사의 업무 및 행동들이 공공의 이익(Public Interests)과 조화를 이루는지의 여부를 항상 체크할 수 있는 법적인 근거가 되고 있다[23].

탐정면허를 소유한 개인이나 법인 및 탐정회사는 관련 업무와 사업 운영의 보조를 위해 필요한 직원(조사원, 탐정)[24]을 고용할 수 있는데, 뉴저지 주(New Jersey State)의 탐정관련 규정을 예를 들면 다음과 같다[25].

공인탐정 및 탐정회사가 사업과 관련하여 직원을 고용하였을 경우에는 고용주는 직원의 행동 및 운영에 대해 책임을 져야 한다. 만일 공인탐정이나 탐정회사가 거짓진술이나 거짓으로 일반탐정이나 조사원을 고용하였다고 할 경우, 인가 취소 사유가 되며, 인가를 받은 탐정회사에 탐정으로 고용되었다고 거짓 혹은 허위진술을 하는 자는 경범죄의 책임이 있다. 공인탐정이나 탐정회사에 고용되었던 자는 주(State)의 법 규정이 요구하거나 주 경찰청장의 인가를 받은 자에 대한 조사 관련 경우를 제외하고는 고용기간동안 획득한 정보를 고용주를 제외한 타인에게 누설해서는 안 된다. 이러한 규정을 위반하는 자 및 소속 탐정회사나 고용주에게 고의로 거짓보고나 거짓진술을 하는 자 또한 경범죄의 책임이 있다.

뉴저지 주(New Jersey State)의 "The Private Detective Act of 1939"에 따라서 발급받은 탐정이나 탐정회사는 아래에 해당하는 중범죄나 위반사항을 범한 자와, 즉 그로 인해 초래되는 법률상 실격자를 고의로 고용해서는 안 된다.

- 권총이나 기타 위험무기의 불법사용, 운반 또는 소지
- 강도용 흉기 제작 또는 소지
- 장물 취득
- 타인의 건물 불법침입
- 탈옥수 지원
- 습관성 마약의 불법소지 또는 유통
- 위의 항에서 상술한 범죄나 위반의 유죄선고의 이유로 주 경찰청장이나 다른 주의 행정기관이 탐정 또는 조사원의 인가를 취소 및 거부한 자.
- 탐정면허 소지인이 거짓진술이나 허위진술로 위의 사항에 해당하는 자를 고용하였을 경우

23) 황정익 외, 전게서, p.30.
24) 주(State)에서 규정한 법령에 의해 발급한 탐정면허 소지인이어야 할 필요는 없다.
25) "The Private Detective Act of 1939", http://www.state.nj.us/lps/njsp.

또한 공인탐정이나 탐정회사가 고용한 자는 다음과 같은 사항에 대해 입증진술서(employee's statement)를 고용주에게 작성 및 제출하여야 한다.

- 성명, 나이, 주소, 출생일과 출생 장소.
- 국적.
- 진술 작성 직전일 까지 5년간 종사한 사업 또는 직업, 종사한 장소와 고용주의 성명(가능할 경우) 기재.
- 중범죄, 부도덕한 행위를 포함한 범죄, 이 항에 규정된 경범죄나 위반사항이 없음
- 주(State) 경찰청장은 진술을 작성하는 자의 인격, 능력, 성실성을 나타낼 수 있는 그 이상의 정보를 규칙으로써 명령할 수 있음.

위와 같은 진술의 입증 즉시, 그를 고용한 탐정 및 탐정회사는 주(State) 경찰청장이 규칙으로 규정한 방식대로 피고용인의 양손의 지문 3부를 채취하여 기록으로 남겨야 한다. 직원을 고용한 탐정 및 탐정회사는 즉시 피고용인의 진술과 각 지문의 채취서류에 성명과 나이, 탐정면허의 인가 번호를 날인하여야 한다.

지문 제출 후 5일 내에 주(State) 경찰청장은 그 지문을 주(State)의 신분 확인사무소(State Bureau of identification)에 보관되어 있는 지문과 대조하도록 해야 하고, 기타 이 주 혹은 해당 주(State) 외의 다른 공식적인 지문채취 파일에 대하여 지문을 체크하도록 한다. 만약 지문을 채취한 자가 중범죄나 이 항에서 규정한 범죄의 유죄선고를 받은 사실을 발견한 경우 즉시 고용주에게 통보해야 하며 또한 피고용인이 거주하는 주(State)의 담당 검사에게 문제 사항을 조회하여야 한다. 주(State) 경찰청장은 탐정 관련 법률규정에 의해 직원이 소속된 탐정이나 탐정회사가 보유한 지문을 항상 입수·검열할 수 있다.

5) 탐정의 업무범위

미국에서의 탐정은 자유업이지만, 탐정도 공공의 복지에 봉사하고 또한 이에 적합하여야 한다는 최소한의 공적인 의무가 주어져 있다고 할 수 있다. 그러므로 탐정이 할 수 있는 업무범위를 성문의 규정을 통해 정해 놓고 있는데 Pennsylvania, New Jersey, California, Florida State를 비롯한 대부분 주(State)에서는 비슷한 내용으로 규정되어 있으며, Pennsylvania State에서 규정한 탐정의 업무범위[26]를 살펴보면 다음과 같다.

26) 'The Pennsylvania Private Detective Act of 1953', § 12. Definitions, http://www.pali.org/papdact.htm.

- 미국 연방이나 주(State) 혹은 미국에 속한 영토에 대해 발생되거나 위협이 되는 범죄나 불법행위 등에 대한 조사
- 특정 개인이나 단체, 협회, 조직, 사회분야, 동료, 법인 등의 확인된 습관, 제휴, 관계, 거래, 평판, 특성 등에 대한 조사
- 증인 및 그 밖의 사람들에 대한 신뢰성 조사
- 실종자의 소재파악
- 분실 및 도난재산의 회복 및 소재파악
- 화재, 명예훼손, 비방, 손해, 사고, 신체장애, 부동산 혹은 동산에 대한 책임의 원인과 근거 등의 파악
- 특정인, 특정조직, 사회, 협회, 법인, 직원 등과 관련된 사실 확인
- 파업으로 인해 일을 그만둔 사람이나 그 당시 고용주에 대한 사실관계 조사
- 종업원, 관리인, 계약자, 하도급자들의 행위, 정직, 효율, 충성 또는 활동에 관한 사실 조사
- 형사재판, 민사재판 시 조사위원회, 판정위원회, 중재위원회의 판정 및 조정 전에 사용될 증거자료의 사전 확보

미국은 각 주마다 서로 다른 법규와 제도를 유지하기 때문에 주 경계를 넘어서 사립탐정의 업무를 수행해야 할 경우에는 일반적인 주 경찰과 마찬가지로 관할의 문제가 발생하게 된다. 이러한 문제를 해결하는 방법은 다른 주와 조약을 맺어 해결하는 경우가 대부분인데 예를 들면, 2003년 4월 16일 Florida주 정부는 다른 주와 상호조약을 맺어 탐정들이 다른 주에서 탐정면허를 다시 발급받지 않고도 자신의 주 경계를 넘어 업무를 원활히 수행할 수 있도록 하고 있으며, 이러한 상호조약으로 인해 불필요한 관료주의적 간섭을 제거할 수 있어서 탐정산업의 발전은 물론 공공의 이익에도 부합되고, 탐정의 수사비용까지 감소시키는 역할을 하고 있다.

〈자료 2-2〉 Florida State의 탐정 상호조약
(Private Investigator Reciprocity)

<table>
<tr><th>구 분</th><th colspan="2">내 용</th></tr>
<tr><td>상호조약 규정
(Provisions of the Reciprocity Agreements)</td><td colspan="2">• 탐정이 다른 주에서 조사활동을 하기 위해선 사건조사는 자신의 주에서 의뢰받아 시작되어야 한다.
• 탐정은 다른 주에서 조사할 동안 한 사건 당 30일을 초과할 수 없다.
• 탐정은 다른 주에서 조사활동을 하는 동안 사업체 신청, 설립 및 거주지 정착은 금지된다.
• 이 상호조약은 체결한 주에서만 효력이 있다.</td></tr>
<tr><td>상호조약 체결 주
(List of Reciprocity States)</td><td>California
Georgia
Louisiana
North Carolina</td><td>Oklahoma
Tennessee
Virginia</td></tr>
</table>

* 자료 : http://licgweb.doacs.state.fl.us/investigations/reciprocity.html

2. 영국의 탐정제도

민주주의의 선도국이라 할 수 있는 영국은 각 지역별로 자치경찰을 발전시켜 주민참여 및 치안서비스의 확대를 도모하는 경찰체제가 정착되어 있는데, 탐정들의 활동은 이러한 경찰력의 공백을 메우며 경찰의 동반자로서의 역할을 훌륭히 수행하고 있다.

영국에서 탐정사업의 성공여부는 다른 사업과 마찬가지로 개인의 능력과 노력 여하에 달려 있고, 다른 산업과 마찬가지로 업종의 전문회와 분업화가 이루어지고 있다. 영국에서 탐정의 능력을 갖춘 사람들이 선택할 수 있는 또 다른 직업은 소위 상업정보회사(Commercial Intelligence Agency)에서 일을 하는 것이다. 약칭 CIA라고 불리는 이러한 상업정보회사들은 기본적으로는 탐정과 비슷한 일을 하지만 국내 및 해외 도피범이나 도피자산 추적, 비즈니스 정보수집, 잠입근무 등의 경제관련 업무를 전문적으로 처리하는 회사들이다[27].

1) 탐정의 자격요건

영국에서는 조사업무나 법에 대한 지식을 갖춘 전직 경찰, 군인 출신들이 탐정의 다수를

27) 이동영, 전게서, pp.107~108.

차지하고 있다.

영국에서는 탐정업무 수행을 위한 관련지식, 실무기법 등을 교육하는 탐정학교들이 많으므로 이러한 교육을 통하여 국가의 면허국에서 발급하는 국가직업인증(NVQ : National Vocational Qualification)을 취득할 수 있다.

국가직업인증(National Vocational Qualification)이란 특정 직업별로 대상자가 어느 수준 이상의 기술과 지식을 보유하고 있다고 국가가 인증해 주는 제도로서 조사업 국가직업인증을 보유하는 쪽이 없는 쪽보다는 영업하기에 수월할 수 있다.

〈자료 2-3〉 National Vocational Qualification의 단계별 능력기준

능력기준
• 1단계 - 매일 되풀이되는 일을 할 수 있는 능력수준
• 2단계 - 개인이 혼자, 혹은 팀의 일원으로서 책임감을 갖고 일을 할 수 있으며, 보다 복잡한 일을 할 수 있는 능력수준
• 3단계 - 복잡한 여러 가지 일을 수행할 수 있으며, 동시에 다른 사람을 지도할 수 있는 능력수준
• 4단계 - 전문적인 기술이나 능력이 요구되는 일을 할 수 있고, 다른 사람을 지도하며 방법과 정보를 전달할 수 있는 능력수준
• 5단계 - 다양한 업무환경에서도 여러 가지 업무를 수행할 수 있으며, 자신의 업무 뿐만 아니라 다른 사람의 일을 계획하고 체크할 수 있는 능력수준

* 자료 : 손상철, 「민간조사학개론」, 백산출판사, 2005, p.116.

'The Private Security Industry Act 2001'의 규정에 의하면 영국에서 탐정업무를 하고자 하는 자는 면허를 취득하여야 하는데[28], 조사를 하는 탐정 개인뿐만 아니라 탐정회사를 운영하려는 탐정사업자도 면허를 취득하여야 한다. 'The Private Security Industry Act 2001'이 적용되는 민간 시큐리티 서비스업에 대한 면허의 교부권·인가권은 공공기관인 보안업면허국(SIA : Security Industry Authority)에 있기 때문에 탐정 면허 역시 SIA에 의해 관리되고 있다. SIA는 본연의 목적달성을 위한 역할 수행 시 법령 및 본 법령의 부속법의 규정 변경에 대하여 국무장관에게 제안할 수 있으며, 경비업 서비스 및 경비 활동을 포함하는 다른 서비스에 관계된 조사 수행을 착수하거나 혹은 재정 및 기타 수단의 준비나 보조를 지시할 수 있다.

탐정면허의 기본적인 요건은 신원증명서(Proof of identification), 범죄경력이 없음을

28) 'The Private Security Industry Act 2001' Section 3.

증명하는 서류, 탐정으로서의 적합한 능력을 보유하여야 한다.

SIA는 처음에 보다 높은 수준의 능력기준을 정할 것을 고려하였지만 2006년 시행개시까지 시간이 매우 부족하고 또한 반면에 면허를 필요로 하는 사람(탐정 등)들이 많다는 이유로 면허에 필요한 능력의 기준을 다소 낮게 설정하고 있다. SIA는 점점 그 수준을 높이기 위하여 제도적으로 면허의 유효기간을 3년마다 갱신하도록 하도록 하였으며, 법 시행 이후에는 무면허 탐정에게 조사 의뢰를 하는 자체도 위법으로 간주하여 면허를 취득한 탐정들의 리스트를 공개할 계획을 갖고 있다.

2) 탐정의 업무 내용

영국의 'The Private Security Industry Act 2001'에 규정된 탐정의 업무내용은 다음과 같다.

- 특정인물의 활동이나 소재에 대한 정보수집,
- 손실된 재산 또는 그로 인한 피해 등에 대한 정보를 얻기 위해 감시, 조회, 조사[29].

  영국에서의 탐정의 구체적인 업무내용에서, 그 대상은 개인고객도 있지만 주된 고객은 보험회사나 금융기관의 사무변호사(Soliciter)[30]들이며 고객 유형별 주요 업무는 다음과 같다.
- 보험회사 대상 주 업무

  교통사고조사, 산재조사 등을 하면서 보험금의 부정취득에 대한 조사를 하거나 그 증거를 수집 하는 등 주로 보험사기를 방지하기 위한 조사가 많다.
- 기업 대상의 주 업무

  합병이나 인수 등의 제휴 예정인 기업들의 신용조사나 직원 고용 시 배경조사를 주로 한다.

---

29) 'The Private Security Industry Act 2001' 제4조.

30) 사무변호사(Soliciter) – 법정변호사(barrister)와 함께 영국의 두 유형의 실무변호사 가운데 하나로 사무변호사는 대부분의 법률사무를 수행하며 법정변호사는 사무변호사를 통해서만 변론 의뢰를 받는다.
사무변호사는 소송준비작업, 의뢰인의 사건 설명을 법정변호사에게 전달, 의뢰인과 협의하거나 절충을 하며, 자문제공 · 문서작성 · 공판준비 등의 법률사무를 행한다. 또한 전문적인 사항에 대해 자문을 받거나 상급법원에서 특정사건(파산사건)의 변론을 맡기 위해서 개업한 법정변호사를 채용하기도 한다.
사무변호사는 모든 심급에서 소송대리인 또는 의뢰인의 대표자로서 소송을 수행할 수 있는 권리를 가지며, 재판 시 법원직원으로 간주 되며, 단지 하급심에서만 변호사로 출정할 수 있다. 사무변호사의 활동이 변호사 사무의 많은 부분을 차지하게 되자 숫자상으로 개업한 법정변호사를 훨씬 능가하게 되었다.

- 변호사사무실 의뢰업무
  사무변호사의 의뢰는 변호사가 담당하는 민사 · 형사재판의 변호자료가 되는 증거나 정보 수집을 하는 일이 주 업무가 되며, 피고를 변호할 수 있는 증인 및 목격자를 찾아내거나 피고인에게 법률문서 전달 등을 하기도 한다.
- 개인고객
  개인고객들의 의뢰 업무는 매우 다양한데 유산상속을 위한 유족 · 친족의 탐색이나 도망간 사람의 수색, 친부모를 찾거나 배우자의 부정사실 등의 조사업무가 주로 많다.

3) 탐정의 의무

영국의 탐정은 경찰과 같이 피의자를 체포하거나 조사할 수 있는 특별한 권한이 부여된 것은 아니다. 탐정들이 조사업무 수행 과정에서 주로 협박 · 공갈(금전요구 등) · 재판방해 · 우편문 절취 및 훔쳐보기 · 도청 등의 위법행위가 매우 많은데 이러한 위법행위들은 탐정의 면허제 도입 등 관련 규제법을 제정하게 된 직접적 원인이 되었으며, 관련법에 의한 면허제의 시행으로 위법행위는 감소할 것이다.

또한 영국탐정협회(ABI : The Association of British Investigators)에서는 탐정업의 전문성과, 책임성, 윤리성을 높이기 위해 탐정의 의무에 해당하는 윤리규정을 제정하여 영국탐정협회 및 탐정업계의 명예를 손상시키는 행위를 한 탐정을 제명 처분하는 등 엄격한 관리와 자정 노력을 하고 있다.[31]

※ 영국탐정협회의 윤리규정[32]

- 최상의 도덕적 원칙에 따라 직업적 의무를 수행하며, 탐정개인의 직업과 탐정협회에 비난을 초래하는 잘못을 결코 하지 않는다.
- 조사를 수행하기 위해서는 의뢰인들의 증명서, 도덕성, 합법성을 검증한다.
- 의뢰인의 비밀과 합법적인 일은 존경한다.
- 부주의로 인한 개인정보의 누설에 대한 보호와 비밀보호에 대해 확실히 보증한다.
- 탐정업무를 조력하는 고용인 및 그 밖의 다른 사람들에게도 윤리규정을 고수하며, 그에 따른 책임을 인정하도록 한다.

31) http://www.psiact.org.uk/act.htm.
32) Association of British Investigators's Code of Ethics.

- 적법성, 도덕성, 직업적 윤리성의 범위 안에서 모든 조사를 수행한다.
- 전문적이고 숙달된 능력을 유지함으로써 의뢰인을 존경하고, 유리하거나 불리하든 조사 과정에서 확인된 일은 모두 의뢰인에게 보고하며, 법규에 위반 된 계약은 응하지 않는다.
- 협회의 가장 높은 직업적 목표의 성취에 대한 본 협회의 모든 회원과 함께 일하며, 진실, 정확, 신중함의 교훈을 준수한다.

3. 일본의 탐정제도

1) 일본탐정업의 연혁과 실태

일본에서 근대산업으로서의 탐정업이 성립된 것은 명치유신(明治維新) 이후라고 할 수 있다. 일본은 명치유신 이후 근대화로 산업이 급속히 발전하여 주식회사의 설립이나 증권거래소의 증권거래가 활발해지고 기업의 신용이 산업발전의 중요한 문제가 됨에 따라 명치(明治)20년대~30년대(1887년~1897년대) 사이에 흥신소 등이 설립되기 시작하다가, 제2차 세계대전 후에는 전쟁 후의 경제부흥과 함께 흥신소, 탐정업체가 급속도로 성장하게 되었다.

국가에서 오래 동안 관리가 제대로 되지 않은 탐정업의 방치상태는 탐정사, 흥신소, 조사회사 등의 다양한 명칭 사용과 함께 전화번호부에서도 같은 탐정업체가 여러 개의 상호로 영업하는 등 업종의 난립현상을 보였는데 탐정업체의 숫자는 전국에 5,000여 곳 이상으로 추정되지만 실제 정확한 숫자는 파악이 힘든 상황이다.

또한 일본사회에서는 1960년대 까지 미개발 빈민지역이라 할 수 있는 특정지역인 동화지구(同和地区) 출신에 대한 사회적 차별문제가 매우 심각하였는데, 결혼 상대자나. 기업・직장 등의 취업 대상자가 해당지역 출신인지 그 여부를 알아보기 위한 조사를 흥신소 등의 탐정업체에 의뢰를 했기 때문에 탐정업계의 차별조사사건은 사회적으로도 큰 파장을 일으켰으며, 최근까지도 유사사건들이 계속 성행, 적발되고 있다.

이러한 사회적 영향으로 인해 1985년 오사카부(府)의 경우 유일하게 조사 회사나 흥신소 등의 탐정업체들의 부당한 차별조사를 금지하기 위한 취지로 조례[33]를 제정하여 탐정업자들

33) 大阪府 '部落差別事象に係る調査等の規制等に關する條例'

의 불법행위를 제지하려 했지만 법률이 아닌 지방조례에 불과했으므로 시행상의 강제성은 없었다. 일본 탐정업계의 불법행위가 계속 성행하여 심각한 사회문제화 됨에 따라 탐정업계도 스스로 자정 운동과 탐정업계를 일체화하려는 움직임이 활발해지면서 당시 탐정업계 4개의 단체가 통합된 것이 모태가 되어 1988년 정부의 인가를 받은 '일본조사업협회'가 설립되었다. '일본조사업협회'는 경찰청을 주무관청으로 하는 일본 탐정업계의 유일한 전국조직으로 공인된 공익법인으로서 그 하부조직으로 23곳의 지역협회가 정비되어 있으며, 600여개의 탐정업체(탐정사무소, 조사회사, 흥신소)가 가맹되어 있다. '일본 조사업협회'의 주요 설립 목적과 사업내용은 〈자료 2-4〉와 같다.[34)]

〈자료 2-4〉 일본 조사업협회의 목적과 사업내용

명　　칭	사단법인 일본조사업협회
소관 관청	경찰청 생활안전국 생활안전기획과
설립연월일	소화(昭和)63년(1988년)9월5일
설립목적	조사업무의 적정한 운영을 확보하여 조사업의 건전한 발전을 기함으로써 국민의 권리 및 자유의 확보, 기타 공공의 안전과 질서유지에 기여하는 것을 목적으로 한다.
사업내용	① 정회원이 운영하는 사업에 대한 지도 및 연락 ② 탐정(조사원)교육 담당자 및 탐정에 대한 교육훈련 및 자격 부여 ③ 탐정업의 적정화에 관한 자율 규제 ④ 탐정업에 관한 고충 처리 ⑤ 탐정업자에 대한 연수회 개최 ⑥ 탐정업에 관한 홍보 및 계발(啓發) ⑦ 탐정업에 관한 조사연구 및 통계 ⑧ 탐정업에 관한 물품제작 및 배포 ⑨ 탐정업자 및 탐정의 복리 및 후생 ⑩ 관공서 등의 공공기관에서 실시하는 방범활동, 폭력배제활동 등의 협력 ⑪ 이상 각 항의 내용 외에 설립목적을 달성하기 위해 필요한 사항.

* 자료 : 社團法人 日本調査業協會

일본에서 탐정의 역할은 다른 나라와 거의 비슷하다고 볼 수 있는데 비밀리에 조사하거나, 범죄를 범한 사람을 찾아내는 사람 또는 그 행위를 지칭하며, 탐정사무소나 흥신소 등에 속하는 조사원들을 주로 말란다.

일본은 관할 관청에 서비스업으로 신고만 하면 영업을 할 수 있는 상황으로 수많은 탐정관

34) http://www.nittyokyo.or.jp/gaiyou/index.htm

련업체와 탐정아카데미들이 난립하였는데, 한 예로 1954년에는 탐정경비사양성소와 같은 민간단체에서 탐정교육과정을 이수한 자에게 '탐정학사'라는 민간자격을 부여하기도 하였다.[35)]

또한 생활 속의 다양한 의뢰와 탐정 수요의 증가, 일본의 장기간 경기침체 속에서 한건의 의뢰만 있어도 수입이 괜찮다는 인식이 확대되면서 자기직업이 있으면서 퇴근 시간 이후, 주말 등을 이용해 부업으로 탐정업을 하는 사람들도 매우 많다. 또한 주말이나 야간이 아니면 할 수 없는 조사업무나 여성이 아니면 할 수 없는 일들도 많기 때문에 젊은 여성, 주부, 대학생, 회사원, 장년층 등 다양한 계층의 사람들이 부업탐정으로 활동하고 있는 실정이다.

탐정에게 주어진 특별한 권한은 없고 일반인과 동일하다. 즉 탐정 활동을 하다 위험한 상황에 처해도 최소한의 정당방위권 정도밖에 보장해주지 않으며, 체포 등의 사법경찰 권한은 일체 사용할 수 없다.

일본에서 어느 정도 규모가 있는 탐정회사에서는 '탐정학교'라는 명목으로 연수센터도 운영하는 경우가 많은데, 거기에서 배우는 내용이 조사테크닉 그 자체보다는 대부분이 조사활동 중에 어떤 행위가 불법에 해당하는지, 합법적인 테두리 안에서 최대한 활용하는 요령에 대한 내용이라고 한다.

변호사나 기업과 계약을 맺고 조사활동을 진행하는 탐정들은 대부분 탐정회사소속이다. 그 이하 소규모 회사나 개인으로 움직이는 탐정은 대부분 불륜 뒷조사 같은 불법과 합법을 줄타기하는 의뢰로 먹고 산다.

일본에서는 2006년 제정된 "탐정업 업무의 적정화에 관한 법률" 시행 이후 탐정업체가 양적인 성장을 하였다.

탐정업자들의 증가는 다양한 탐정서비스 제공, 상호경쟁에 따른 의뢰비 절감 등의 긍정적인 효과를 기대할 수 있지만, 그러나 해당 업자들의 과도한 경쟁과 위법행위 등의 각종 부작용도 발생하고 있다. 특히 관할 공안위원회의 신고도 없이 불법적으로 탐정업을 행하고 있는 무허가업자의 양적 증가와 이들의 위법 조사행위 및 이들의 부실관리는 소비자인 국민에게 많은 피해를 끼치게 되므로 사회공익추구를 목적으로 하고 있는 탐정업의 발전과 성장에 매우 큰 저해요소로 지적되고 있다.

35) 김태환 · 강영숙 역, 「프로탐정의 테크닉」, 백산출판사, 2004, pp.170~175.

2) 일본 탐정업법의 주요 내용

일본 탐정업계의 불법행위가 오랫동안 지속되어 심각한 사회문제화 됨에 따라 이들을 규제할 법 제정의 필요성에 따라 2006년 '탐정업 업무의 적정화에 관한 법률(이하 탐정업법이라 함)'의 제정되었다.

이 법에서는 주로 탐정업에 대한 실태 파악을 위한 신고제 실시, 업무운영의 적정화, 계약의 적정화, 교육 및 감독, 벌칙부분 등 개인의 권리와 이익보호에 관한 것을 목적으로 경찰의 관리 하에 규제와 불법행위에 대한 강제성을 규정하였다.

〈자료 2-5〉 일본 탐정업법의 개요

• 업무의 적정화	기본원칙의 명확한 규정으로 불법행위금지, 비밀엄수의무 규정의 명확화
• 계약의 적정화	중요사항의 설명, 조사결과 취급방법의 규정 명확화.
• 신고제	효과적인 단속과 규제를 위한 신고제 도입
• 결격사유	탐정업무로부터 폭력단원 등의 배제
• 교육 및 감독	소속종사원 교육, 감독 등의 규정 제정.
• 벌칙	필요한 벌칙 제정.

* 자료 : '探偵業の業務の適正化に関する法律案(2007)'

(1) 탐정업무의 적정화

① 용어의 정의

- '탐정업무'란 타인의 의뢰를 받아 특정인의 소재파악 또는 행동에 관한 정보에 있어서 해당 의뢰에 관계되는 것을 수집하는 것을 목적으로 면접에 의한 탐문, 미행, 잠복 기타 이와 유사한 방법으로 실제 조사를 행하여 그 조사결과를 해당 의뢰인에게 보고하는 업무를 말한다.
- '탐정업'이란 탐정업무를 행하는 영업을 말하며 단, 방송기관, 신문사, 통신사, 기타 보도기관[36]의 의뢰를 받아 당해 보도용으로 제공할 목적으로 행해지는 것은 제외한다. 이 법률에서 탐정업자란 규정에 의한 신고를 하여 탐정업을 운영하는 자를 말한다.

---

36) 보도기관(報道機關) 보도: 불특정 다수자에게 객관적 사실을 사실로 알려주는 것을 말하거나, 이것에 기초한 의견 또는 견해를 진술하는 것을 업(業)으로 행하는 개인을 포함

② 명의 대여 금지 및 탐정업무 실시의 원칙

일본 탐정업법 규정에 의해 탐정업 신고를 한 자는 자신의 명의로 타인에게 탐정업을 영위하게 해서는 안 된다. 또한 탐정업자 및 탐정업자의 업무에 종사하는 자(이하 '탐정업자 등'이라 함)는 탐정업무를 행함에 있어서 탐정업법에 의해 다른 법령에 금지 또는 제한되어 있는 행위를 할 수 없음에 유의함과 동시에 다른 사람의 생활의 평온을 저해하는 등 개인의 권리이익을 침해하는 일이 없도록 하여야 한다.

③ 불법행위금지

탐정업자는 당해 탐정업무에 관계된 조사결과가 범죄행위, 사회에서 위법으로 규정한 차별적 취급, 기타 위법행위에 사용되는 것을 안 때에는 당해 탐정업무를 수행해서는 안 되며, 이러한 경우 탐정업자는 탐정업무를 다른 탐정업자에게 위탁해서도 안 된다.

④ 비밀 준수 등

탐정업무에 종사하는 자 혹은 종사했던 자는 정당한 이유 없이 그 업무상 알게 된 다른 사람의 비밀을 누설해서는 안 된다.

탐정업자는 탐정업무에 관하여 작성하거나 취득한 문서, 사진, 기타 자료(전자적 기록 포함-전자적 방식, 자기적 방식, 기타, 다른 사람의 지각에 의해서는 인식할 수 없는 방식으로 작성된 기록)에 대하여 그것의 부정 또는 부당한 이용을 방지하기 위하여 필요한 조치를 취하여야 한다.

(2) 계약의 적정화

① 중요 사항의 설명 의무

탐정업자는 의뢰인과 탐정업무 수행의 계약을 체결할 시 의뢰인으로부터 해당 탐정업무에 관계된 조사결과를 범죄행위, 사회에서 위법으로 규정한 차별적 취급, 기타 위법한 행위를 위해서 사용하지 않는다는 취지를 표명한 서면을 교부받아야 한다.

② 서면(書面)의 교부

탐정업자는 의뢰인과 탐정업무 계약체결 시 미리 당해 의뢰인에게 해당 사항의 서면을 교부하여 설명하여야 하며, 또한 의뢰인과 탐정업무 수행의 계약을 체결한 때에는 지체 없이 해당하는 사항에 대해 해당계약의 내용을 명확히 기재한 서면을 당해 의뢰인에게 교부하여야 하며 그에 대한 내용은 다음의 〈자료 2-6〉과 같다.

(3) 탐정업의 신고

탐정업을 영위하려는 자는 내각부령에서 정하는 바에 따라 영업소마다 해당 영업소의 소재지를 관할하는 도도부현(都道府縣) 공안위원회(이하 '공안위원회'라 함)에 다음에 해당하는 사항을 기재한 신고서를 제출하여야 한다. 이 경우 해당 신고서에는 내각부령에서 정한 서류를 첨부하여야 한다.

a. 상호(명칭), 성명 및 주소
b. 영업소의 명칭 및 소재지와 함께 해당 영업소가 주된 영업소인 경우에는 그 취지.
c. 전(前)항목에 의해 게재한 상호(명칭), 성명 및 게재한 명칭 외에 해당 영업소의 광고 또는 선전을 할 경우에 사용하는 명칭이 있는 경우의 그 해당 명칭.
d. 법인에 있어서는 해당 임원의 성명 및 주소.

탐정업을 폐지한 때, 또는 전항에 해당하는 사항에 변경사항이 있을 때에는 내각부령에서 정한 바에 따라 공안위원회에 그 취지를 기재한 신고서류를 제출하여야 한다. 이 경우에 있어서 당해 신고서에는 내각부령에서 정한 서류를 첨부하여야 한다(단 업무 폐지 시에는 제외한다).

이 경우 공안위원회는 당해 신고를 한 자에 대하여 신고가 접수되었다는 것을 증명하는 서류를 교부하여야 한다.

(4) 결격사유

① 성년피후견인(成年被後見人), 피보좌인(被保佐人) 또는 파산자로 복권되지 아니한 자.
② 금고이상의 형, 또는 이 법률규정에 위반하여 벌금형에 처해져 그 집행을 종료 또는 집행을 받지 아니하기로 한 날부터 기산하여 5년을 경과하지 아니한 자.
③ 최근 5년간 영업정지 명령, 영업폐지 명령의 처분을 위반한 자
④ '폭력단원에 의한 부당한 행위의 방지 등에 관한 법률(1991년)' 제2조6항에 규정한 폭력단원 또는 폭력단원이 아닌 날로부터 5년을 경과하지 아니한 자.
⑤ 영업에 관하여 성년자와 동일한 능력을 보유하지 않은 미성년자로 그 법정대리인이 전조(前條) 1~4까지의 어느 하나에 해당하는 자.

⑥ 법인에 소속된 종업원 중 위의 제1항에서 제4항까지의 각 항목에 해당하는 자가 있을 때.

(5) 교육 및 감독

① 교육 및 명부의 비치

탐정업자는 그 사용인 기타 종업원에 대하여 탐정업무를 적정하게 실시하기 위해 필요한 교육을 실시해야 한다.

또한 탐정업자는 재각부령에서 정하는 바에 따라 영업소마다 사용인 기타 종사자의의 명부를 비치하여 필요한 사항을 기재하여야 하며, 법 규정에서 정한 서면을 해당 영업소의 잘 보이는 장소에 게시하여야 한다.

② 감독(보고 및 입회검사 · 지시(指示) 및 위임)

공안위원회는 탐정업법의 시행에 필요한 한도 내에서 탐정업자에 대하여 그 업무상황에 관하여 보고 또는 자료의 제출을 요구하거나 또는 담당 경찰관에게 탐정업자의 영업소에 출입하여 업무의 상황 또는 장부, 서류 기타 물건을 검사하거나 관계자에게 질문하게 할 수 있다.

이 경우 담당경찰관이 현장에 출입하여 검사하는 때에는 그 신분을 보이는 증명서를 휴대하고 관계자에게 제시하여야 하며, 담당 경찰관의 출입검사의 권한은 범죄수사를 위한 것으로 인정되는 것으로 해석해서는 안 된다. 공안위원회는 탐정업자 등이 탐정업법 또는 탐정업무에 관하여 다른 법령의 규정에 위반한 경우 탐정업무의 적정한 운영이 현저히 저해될 우려가 있다고 인정될 때에는 당해 탐정업자에 대해 필요한 조치를 취할 것을 지시할 수 있다.

탐정업법의 법률규정에 의해 도(道)공안위원회의 권한에 속하는 사무는 정령(政令)으로 정하는 바에 따라 지역공안위원회에 위임할 수 있다.

(6) 영업정지 및 벌칙

① 영업정지

공안위원회는 탐정업자 등이 이 법률 또는 탐정업무에 관하여 다른 법령의 규정에 위반한 경우에는 탐정업무의 적정한 운영이 현저히 저해될 우려가 있다고 인정될 때 혹은 전조(前條)의 규정에 의한 지시에 위반한 때에는 당해 탐정업자에 대하여 당해 영업소의 탐정업무에 대해 6개월 이내의 기간을 정하여 그 전부 또는 일부의 정지를 명할 수 있다. 또한 공안위원회는 제3조 각호(결격사유)에 해당하는 자가 탐정업을 운영하고 있는 때에는 그 자에 대하여 영업의 폐지를 명할 수 있다.

② 벌칙

탐정업에 관한 벌칙은 〈자료 2-6〉과 같으며 법인의 대표자 또는 법인, 대리인, 사용인, 기타 종사자가 당해 법인 또는 개인 탐정의 업무에 대해 제3조(결격사유)의 위반행위를 한 때에는 행위자를 벌함과 동시에 해당 법인 또는 개인에 대해서도 각 규정에 의해 벌금형을 부과한다.

〈자료 2-6〉 일본 탐정업법의 벌칙사항

위반사항	벌칙 내용
* 법률 제15조의 규정(영업정지)에 의한 처분에 위반 된 자	1년 이하의 징역 또는 100만 엔 이하의 벌금
a. 제4조1항(탐정업의 신고)규정에 의한 신고를 하지 않고 탐정업을 영위한 자. b. 제5조의 규정(명의대여금지)에 위반하여 타인에게 탐정업을 운영하게 한 자. c. 제14조의 규정(지시)에 의한 지시를 위반한 자.	6개월 이하의 징역 또는 30만 엔 이하의 벌금
a. 제4조(탐정업의 신고) 1항의 신고서 또는 첨부서류 제출 시 허위기재한 자. b. 제4조 2항의 규정에 위반하여 신고서 또는 첨부서류를 제출하지 않거나 동항의 신고서 또는 첨부서류 제출 시 허위기재한 자. c. 제8조(중요사항의 설명 등) 1항 또는 제2항의 규정에 위반하여 서면을 교부하지 않거나 이 규정에서 규정한 사항을 기재하지 않은 서면 또는 허위로 기재한 서면을 교부한 자. d. 제12조(명부의 비치) 1항에서 규정한 명부를 비치하지 않거나 명부에 필요한 사항을 기재하지 않거나 또는 허위로 기재한 자. e. 제13조(보고 및 입회검사) 1항의 규정에 위반하여 보고를 하지 않거나 자료의 미 제출, 보고 또는 자료제출 시 허위로 보고하거나 허위자료를 제출한 자, 동항의 규정에 의한 입회검사를 거부, 방해 또는 기피한자.	30만 엔 이하의 벌금

* 자료: '探偵業の業務の適正化に関する法律案'

3) 일본 탐정업의 주요 조사항목

일본의 탐정업무는 조사항목은 매우 다양하지만 주로 개인의 소행조사·불륜조사 등의 행동조사와 기업들로부터의 조사 의뢰가 대부분으로서 개인 및 소규모 회사와 대규모 회사에 따라 다소 차이가 있다.

대규모 탐정회사들은 신용, 채무·채권관계, 재판 증거조사, 신원확인 등의 일을 맡지만 영세한 소규모 사무실을 운영하는 탐정들은 배우자의 부정, 자녀감시, 미아 찾기, 행방불명자 찾기 등의 일을 한다.[37]

일반적인 조사업무를 정리해 보면 다음과 같다.

(1) 행동조사

미행·잠복 등에 의한 조사대상자의 행동이나 행선지 파악

- 불륜조사
  - 배우자, 애인의 이성관계 등에 관한 문제의 조사와 증거 확보
  - 특정인물의 행동이나 행선지, 교우관계 파악.
- 소행조사(행동조사)
  - 외근 영업사원들의 외부활동을 추적, 확인하여 객관적인 평가
  - 기업의 위기관리에 관한 종업원의 비밀누설이나 금품 등의 수수
  - 근무시간 외의 취업유무 확인
  - 횡령 등의 조기발견과 증거취득
  - 산업폐기물 등을 불법 투기하는 차량이나 인물, 회사의 적발.

(2) 사람 찾기 및 소재파악

- 가출인·실종자·첫사랑·옛 친구·은인·원거리(遠距離) 특정인 등의 소재 파악
- 특정인의 근무처 확인 등.

(3) 신용조사

- 개인신용조사 - 특정인의 자산이나 부채 등의 조사

37) 이동영, 「21세기, 공인탐정이 뛴다」, 굿인포메이션, 1999, pp.122~123.

• 기업신용조사 - 거래처의 신용도, 현재 재무상태, 부채회수 리스크 등의 조사.

(4) 사생활보호조사

• 도청, 몰래카메라 등의 발견 및 조사.
• 수상한 인물, 스토커에 대한 제 문제 해결.
• 방범 컨설팅 등
• 컴퓨터나 네트워크의 시큐리티 문제의 해결.

(5) 인연, 적성조사

• 교제상대, 애인, 결혼상대자에 대해 우려사항 및 신상조사.
• 채용 예정자나 인사이동대상 등의 직업에 관한 조사.

(6) 재판 증거자료 수집 등[38)]

4) 일본의 탐정 의뢰비

일본의 탐정업은 고소득 직종에 속해 개인적으로 영업하는 탐정일 경우 한 달에 한건의 조사만으로 먹고 살 수 있다고 알려 지면서, 최근에는 경제 불황으로 인해 평범한 직장을 다니는 사람이나 직업을 구하지 못한 사람들이 탐정업에 뛰어들고 있다.

이러한 현상은 의뢰인(계약자)에 대한 서비스 저하는 물론 부당요금 청구, 협박 등 여러 가지 사회적 문제를 일으켜 왔다. 과거 몇 년 동안 일본탐정협회에 실제로 문의 및 순위별 의뢰내용과 업무별 일반적인 조사요금을 정리하면 아래 자료와 같다.

그 가운데에는 탐정이 의뢰자와의 구두 약속을 지키지 않거나, 고액요금 청구, 실제로 조사를 하지도 않은 채 조사요금만 받는 등 의뢰요금과 관련 된 요금분쟁이 증가함에 따라 일본 탐정업계에서는 협회를 중심으로 의뢰비 기본규정을 제시하여 의뢰자가 참고하도록 하였다.

38) 東京都調査業協會

〈자료 2-7〉 조사 의뢰내용 순위

① 부부나 연인관계에 있는 상대방의 행동 조사.
② 거처조사, 가출조사(시대배경에 따라 원인은 조금씩 변하지만 금전문제가 포함 됨)
③ 범죄조사 (직원, 아르바이트의 업무횡령에 관한 부정조사, 절도 등)
④ 개인 · 신용조사(상업거래 등에 관하여 자료로 불분명한 개인의 신용도 조사)
⑤ 어린이의 행동조사.
⑥ 괴롭힘, 해명조사(이지메, 스토커, 중상모략, 괴문서 등 종류가 많고 기업의뢰도 많음)
⑦ 교제, 결혼에 관련된 조사.
⑧ 임원, 사원의 행동조사(인사(人事)에 관한 자료나 영업직 사원의 행동조사)
⑨ 도청기 발견조사 (회사 · 개인은 물론 어떤 정보가 제3자에게 흘러들어갈 가능성이 있는 곳이나 도청당할 염려가 있는 경우)
⑩ 문제대책조사(사건의 당사자가 상대의 문제를 입증, 대책을 세우기 위한 조사)

* 자료 : 日本探偵協會

〈자료 2-8〉 일본탐정협회의 조사요금표(일례)

조사항목	요금(엔)	조사내용
결혼 등 조사	10만~15만	* 본인의 경력, 성격, 품행, 근무상황, 기타 * 부모, 형제자매, 집안내력, 재산관계 등
품행조사	10만~30만	* 이성관계, 부부간의 불륜 * 교우관계, 교제정도, 결혼상대방의 품행, 기타
미행	15만~20만	* 도보미행 1일, 1일 8시간 이내(제 경비 포함) * 차량사용의 경우(제 경비 포함)
잠복	2만~3만	* 주간의 경우 1시간 당 2만엔 * 23시 이후-다음날 7시까지 1시간 당 3만엔
가출조사	20만~	* 생존유무, 가출인 조사
소재파악	20만~	* 소재불명
고용신용조사	10만~20만	* 법인 · 기업신용조사 * 개인의 내외의 신용, 대표자의 내외의 신용 및 재산정도
범죄조사	20만~	* 절도, 사기, 횡령, 기타 각종 범죄 실태
증거수집	20만~	* 민사재판의 증거수집, 대인, 대물
특수조사	30만~	* 도청기발견 업무 등
시장조사	10만~20만	* 상품판매에 대한 시장상황조사 * 판매전략 입안 및 기타 마케팅 리서치

* 자료 : 日本探偵協會

4. 프랑스 탐정제도

프랑스에서는 '안전확보를 위한 사적 업무에 관한 법률(Loi No.83-629 de 12 juillet 1983, Loi re glementant les activite s prive es de se curite)'이 2003년 3월18일 '국내치안에 관한 법률(Loi No.2003-239 de 18 mars pour la se curite inte rieure)'에 의해 개정되면서 경비업과 함께 탐정업도 규정하고 있다. 프랑스 탐정업에 관한 법 개정의 배경은 2001년 9.11테러로 인해 세계적으로 국가 및 개인의 전반적인 시큐리티에 대한 의식이 높아지고, EU국가들의 탐정업법 제정움직임에도 그 영향을 받았다고 할 수 있다. 프랑스의 '1983년 개정법'에서는 종래 신고제도 대신 탐정업의 허가제도, 탐정의 인가제도, 자격제도 등을 규정하고 있다[39].

1) 탐정의 자격과 종류

프랑스의 탐정업은 2003년 'Loi No.83-629 de 12 juillet 1983'이 개정되면서 탐정업을 운영하고자 하는 개인 사업자나 법인사업자는 개인탐정의 인가를 먼저 취득하여야 하는데 개인탐정의 인가 요건은 〈자료 2-9〉의 내용과 같이 전과기록이 없어야 하고, 불미스러운 행동으로 인해 면책이나 지위박탈을 받은 경험이 있는 자는 대상에서 제외된다. 이러한 자격요건은 탐정사무소의 소장과 일반직원 모두에게 해당되는 조건이며 일반직원은 외국인이어도 관계없지만 탐정사무소 소장의 경우는 반드시 프랑스인이어야 한다. 자격요건을 갖추지 못한 자가 탐정활동을 할 경우에는 400~5,000프랑의 벌금이나 탐정면허 취소 또는 탐정사무소의 영업활동 정지 등의 처벌을 받게 된다.[40]

그러나 탐정회사에 고용되는 탐정들은 개인 인가를 취득할 필요는 없지만 직업상의 적성(Aptitude professional)이 인정되어야 하며 탐정회사에 고용되기 전 지방행정기관에 신고하여야 한다.

39) 나영민, 전게논문, 2005, p.28.
40) 이동영, 전게서, 2000, p.116.

〈자료 2-9〉 프랑스 개인 탐정의 인가 요건

◆ 프랑스, 유럽연합(EU : European Union)가맹국 또는 유럽경제권에 관한 합의국의 국적 보유자 ◆ 중범죄 및 경범죄의 전과경력이 없을 것. ◆ 현재 국외추방명령 또는 입국금지처분의 대상자가 아닐 것. ◆ 불명예, 파렴치한, 공서양속에 반하는 행위 등으로 경찰당국 관리 중인 개인정보파일에 등록된 자가 아닐 것. ◆ 현재 경비업무를 수행하고 있지 않을 것 등.

* 자료 : 'Loi No.83-629 de 12 juillet 1983' 제22조 2항.

탐정사업자 인가요건은 개인인가 요건에 비해 국적이나 파산에 관한 결격요건은 없는 것이 다른 점이다. 탐정사업자의 자격요건을 보면 개인탐정의 자격인가를 취득하여야 하며, 영업사무소 마다 개별 허가를 취득하여야 한다. 개인사업자는 개인사업자 등록을 한 관할 경찰서, 법인의 경우에는 각 사무소가 소재하는 관할경찰서에서 허가를 받아야 한다. 신청서류에는 개인사업자는 주소, 개인사업자등록번호를 기재하고 법인은 명칭, 본사소재지, 각 영업소별 소재지, 설립자, 감독자, 지배인 또는 기타 고용원의 성명, 자본금 비율, 다른 회사에 의한 자본참가에 대하여도 기재하여야 한다. 또한 신청 시에 기재한 정보가 변경된 경우에는 1개월 이내에 이를 신고하여야 한다.[41)]

2) 탐정의 업무 범위

'1983년 개정법(Loi No.83-629 de 12 juillet 1983)' 제20조에서는 탐정의 업무(조사업이나 컨설턴트 포함)란 신분 또는 목적이 확실치 않는 경우를 포함하여 제3자의 이익을 보호할 목적으로 정보를 수집하여 당해 의뢰인에게 제공하는 사적조사활동이라 규정하고 있다.

탐정의 업무로는 개인대상 서비스보다는 기업대상 서비스가 대부분을 차지하고 있다. 대규모 탐정회사에서는 〈자료 2-10〉의 내용과 같이 보험사기에 관한 조사나 재무조사 등의 기업대상의 조사를 특화시키고 있는 경우가 많으며 규모가 작은 탐정업체들은 고객의 요구에 따른 갖가지 조사를 행하고 있지만 탐정사업자의 경력(전직 경찰, 군인, 회사원 등)과 능력에 따라 그 업무내용도 다르다.

41) 나영민, 전게논문, 2005, p.32.

〈자료 2-10〉 기업대상의 탐정업무내용

- 조직이나 기업의 내부범죄(사내 도난이나 정보유출 등)에 관한 조사
- 신용조사(개인의 지불능력 조사)
- 중요 직책의 후보자나 신입사원들의 인사·채용 시 신변 조사
- 채무자의 소재 확인
- 보험사기에 관한 조사(보험회사가 고객인 경우)

최근 프랑스에서는 사내범죄에 관한 조사 의뢰가 증가하고 있는데 사내범죄를 조사할 때는 의뢰기업 내의 신뢰할 수 있는 사원의 협력을 얻어 은밀하게 이루어지는 경우도 있다. 개인고객 대상으로 행해지고 있는 탐정의 주된 업무내용은 이혼과 관련된 정보수집, 양육비를 지불하지 않는 상대방에 대한 조사, 결혼 전 상대방의 신원조사 등이 있다.

고액의 위자료를 받을 가능성이 있는 경우를 제외하고는 개인 대상의 조사 의뢰는 최근 감소하고 있는데 그 주된 요인으로는 조사비용이 비싼 점과 간통죄가 폐지되어 이전보다 쉽게 이혼할 수 있는 등 이혼 방식이 변화 된 점을 들 수 있다.

탐정의 업무는 사실상 탐정사무소에서 의뢰인과 대면하여 의뢰에 관한 상담으로부터 시작되는데 이때 의뢰인에 대한 신뢰성과 조사업무의 실행가능성이나 방향 등을 검토하게 되며, 아울러 위법성이 있거나 도덕윤리에 부합되지 않는 의뢰의 경우에는 의뢰를 받지 않는 것이 일반적이다.

3) 탐정의 권한과 의무

탐정에게 일반인 이상의 권한은 부여되지 않으며, 현행범 등의 체포, 긴급피난과 같은 일반인과 동일한 권한만 인정되고 있으며 사유재산이나 신체에 대해 강제력을 행사하는 것도 인정되지 않는다. 탐정에게 어떤 공적인 권한이 있는 것으로 보이는 혼란을 유발하지 않도록 모든 문서와 통신에는 허가번호와 활동이 사적인 성격을 갖고 있다는 취지를 기재하도록 규정되어 있으며, 어떠한 경우에도 탐정사업자나 소속된 개인 탐정이라도 전직 공무원, 군인, 경찰이었던 것을 기재하여서는 안 되며, 탐정이 특별한 사람인 것 같은 인상을 주는 일이 없도록 하여야 한다고 규정되어 있다.

프랑스의 탐정업체들은 개업부터 영업활동에 이르기까지 본사가 위치하는 지역의 관할경찰서에 의해 관리된다. 탐정사무소를 개업할 때는 관할 경찰서에 개업등록을 함과 동시에 사무소의 주소와 직원의 명단을 제출하는데 이때 이들의 정보가 경찰에 등록되며 탐정자격

요건에 부합되지 않는 직원들에 대해서는 관할경찰서가 시정을 요구할 수 있다. 아울러 탐정사무소에 대한 경찰의 출입이나 감사 등이 인정되어 있어 경찰관 등이 종업원의 명부 등 관계서류 송부를 요구하거나 소환 또는 현장 조사할 수 있다. 자격미달인 탐정의 면허정지나 사무소의 영업정지 조치 등도 관할지역 경찰서의 제안에 따라 내무부장관이 결정하는 것이므로 탐정사무소에 대한 경찰의 영향력은 상당히 크다고 볼 수 있다.[42]

5. 호주의 탐정제도

1) 자격요건

호주는 6개의 주(State)와 2개 특별지역(Territory)으로 이루어진 연방국가로 각 주마다 총독, 수상, 내각, 의회를 갖추고 있으며, 체계적인 공인탐정제도를 운영하고 있는 나라이다. 호주의 탐정면허 인가요건은 대부분의 주에서는 입법부와 관련하여 경찰업무 집행의 형태로 관리하고 있지만 일부지역에서는 탐정의 인가 규정뿐만 아니라 운영형태도 조금씩 다르다. 호주의 일부 지역별 탐정관련 규정과 인가요건을 살펴보면 〈자료 2-11〉의 내용과 같다.

호주에서 국가면허를 받기 위해서는 교육기관의 교육과정 수료경력 및 공인시험성적 뿐만 아니라 응시자와 1년 이상 친분이 있는 3인 이상의 보증인이 필요한데, 공인탐정이 업무 중에 위법, 불법행위를 하였을 경우 보증인에게 이에 대한 책임을 묻게 한다.

공인탐정자격을 취득하기 위해서는 범죄경력사실이 없는 자로서, 공인탐정 자격증 소지자가 운영하는 주에서 인정한 사설교육기관에서 6개월에서 2년간에 걸친 소정의 교육을 받은 후 국가에서 주관하는 공인면허시험에 응시하여 합격하여야 한다.

호주의 탐정 교육과정은 크게 탐정이론과 실무, 인터뷰(면접)로 이루어지는데 교육과목과 난이도에 따라 4단계 등급으로 나누어 최종 4단계의 교육과정을 통과하여야 국가공인 자격시험에 응시할 수 있는 자격이 주어진다.

42) 이동영, 전게서, 2000, p.117.

〈자료 2-11〉 호주의 지역별 탐정관련 적용법과 인가요건

주(State)	탐정관련 적용 법규 및 인가 요건
뉴사우스웨일주 (New South Wales State)	◆ 적용법규 및 관리기관 - Private Inquiry Agents Act 2004 - New Commercial Agents
퀸즐랜드주 (Queensland State)	◆ 적용법규 및 관리기관 - Security Providers Act(1993) - Office of Fair Trading ◆ 기본요건 - 18세 이상 - OFT(Office of Fair Trading)가 인정한 교육훈련과정을 이수한 자. - 탐정면허 소지자로서 적합한 사람.
빅토리아주 (Victoria State)	◆ 적용법규 및 관리기관 - The Private Agency Act(1966). - Victorian Police ◆ 기본요건 - 탐정면허신청자는 업무수행에 필요한 적절한 교육훈련 이수. - 정직하고 범죄경력이 없을 것.
사우스오스트레일리아주 (South Australia Atate)	◆ 적용법규 및 관리기관 - The Security and Investigation Agents Act(1995). - Office of Consumer & Business Affairs.
노던 테리토리주 (Northern Territory)	◆ 적용법규 및 관리기관 - The Commercial and Private Agents Licensing Act 1979. - local courts under ◆ 기본요건 - 파산자나 다른 사람의 이름으로 허위로 신청자가 아닐 것.
웨스턴오스트레일리아주 (Western Australia State)	◆ 적용법규 및 관리기관 - The Security and Related Activities(Control) Act(1996). - Western Australian Police Service, - Commercial Agents Branch
태즈매니아주 (Tasmania State)	◆ 적용법규 및 관리기관 - The Commercial and Inquiry Agents Act 1974.

* 자료: http://www.investigateway.com/resources/licensing.html.

2) 교육훈련

호주에서 공인탐정자격을 취득하기 위해서는 주에서 허가한 사설교육기관에서 소정의 교육훈련을 받은 후 주(State) 정부에서 위탁한 사설교육기관에서 실시하는 시험을 통과하여 자격증을 발부받은 후 주(State) 경찰국에 면허를 신청하면 된다. 등록된 훈련기관의 교육훈련시간은 각 주마다 약간의 차이는 있지만 Western Australia주의 예를 보면 탐정2급은 142시간, 탐정3급은 302~322시간, 탐정4급은 622~642시간을 이수하도록 되어 있는데, 시큐리티 2급(공인탐정)과 3급의 교육훈련 교과목을 예를 들면 〈자료 2-13〉의 내용과 같다.

〈자료 2-12〉 Western Australia주의 탐정교육 교과과정

코드	교육과목	시간
사설탐정 2급	정보수집방법 및 선택	16
	서면보고서 작성 및 편집	20
	법정증거 준비	16
	법정증거 제출	20
	직업적 건강과 안전 유지	10
	수사에 의한 증거수집 실무	30
	인터뷰방법	30
	계	142
사설탐정 3급	정보수집방법 선택	16
	서면보고서 작성 및 편집	20
	법정증거 준비	16
	법정증거 제출	20
	소규모 팀의 지휘	20
	직원감독	20
	현장운용의 조직과 모니터	20
	직업적 건강과 안전유지	10
	장비의 선택과 감시차량 운용	30
	감시에 의한 정보수집	30
	전문적 정보수집 장비 활용	40
	정보 관리 및 보호	40
	고객과의 관계유지	20
	계	302

* 자료 : Western Australia Department of Training and Employment, Asset Security Training Package Implementation kit, 1999, P.33.
이상원, "한국민간조사제도의 발전방향", 경찰청 세미나, 2007, p.15.

교육기관의 수업방식은 매우 엄격하게 진행되며, 매주 배운 교과목에 대해 시험을 실시하고, 4주간의 교육이 종료되면 종합시험을 거쳐 합격자에 한하여 교육수료증을 발급한다.

응시자는 국가면허 신청 전에 자신이 정식교육을 받았다는 것을 입증하기 위해 자신이 교육받는 모습이 담긴 사진과 영상자료 등을 첨부하여 제출하여야 한다. 이러한 절차를 무사히 통과하게 되면 시험 종료 후 약 6주 후에 정식 면허를 받게 된다. 정식면허를 받은 공인탐정은 정부에 약 260호주 달러의 세금을 내고 활동하게 된다.

호주 탐정들의 활동범위는 자신이 면허를 취득한 곳으로 제한되지만 활동하고자 하는 주에 일정 세금을 내면 다른 주에서도 공인탐정으로 활동할 수 있다.

호주의 공인탐정은 조사권을 포함하는 준사법권을 행사할 수 있으며, 법원이 허가한 영장집행도 가능하다. 또한 진행 중인 사건에 몰래 카메라를 사용하는 것이 허용되지만 도청행위는 엄격히 금지하고 있다.[43)]

호주의 탐정들도 각 주의 탐정협회를 통하여 도덕과 합법성에 근거하여 전문직으로서의 위상을 높이고 국민에게 신뢰와 인정을 받기 위한 노력을 하고 있다.

---

43) 이상원 · 김상균, "공인탐정 교육훈련 모형에 관한 기초연구", 한국민간경비학회 제8회 춘계학술세미나, 한국민간경비학회, 2006, pp.62~63.

제 3 장

한국 탐정업계의 실태

제3장 한국 탐정업계의 실태

1. 한국 탐정업 관련 규정의 변천과정

우리나라는 1996년 OECD협정으로[44] 회원국이 된 뒤 대부분의 산업 분야가 외국시장에 개방되면서 국내에는 미국 등 외국의 거대 탐정회사들이 탐정사무소란 명칭만 사용하지 않을 뿐 한국에 지사를 설립, 경비업무와 함께 컨설팅이란 명칭으로 성업 중이다.

그동안 한국의 탐정시장이 불법, 위법의 성행과 국민들에게 부정적 이미지로 인식되는 동안 외국의 거대 기업들이 한국의 탐정시장을 잠식하고 있는 실정이다.

이러한 문제를 해결하고자 각계에서 탐정법의 제정과 공인탐정제도 도입을 지속적으로 제기함에 따라 탐정업(민간조사)의 관련 법안은 1999년 15대 국회에서 당시 한나라당 하순봉 의원이 '공인탐정에 관한 법률안'을 처음 발의했지만 상정조차 이뤄지지 않았다. 그 이후로도 20여년 이상 국회에선 여당과 야당이 경쟁적으로 '탐정법안(민간조사법안)'을 발의했지만 탐정업의 관리 · 감독기관을 놓고 법무부와 경찰청의 입장 차이 등으로 진전시키진 못하고 있다.

제도화에 진전이 없는 또 다른 이유는 일단 불법과 탈법을 동원한 사생활침해 우려 등 반대여론이 만만치 않다. 실제로 일부 흥신소나 심부름센터의 불법적인 업무 행태는 첨단기기를 이용한 도 · 감청과 위치추적 등 끊임없이 진화하고 있다. 이 때문에 변호사들과 일부 인

44) Organization for Economic Cooperation Development의 약어이다. 제2차 세계대전 후 마샬플랜을 실행하기 위해 설치한 유럽경제협력기구(OEEC)를 개편, 발전시킨 것으로 미국, 캐나다 및 OEEC 가맹 18개국이 모여 1961년 9월에 발족하였음. 가맹국의 협력으로 세계경제의 안정과 무역확대를 꾀하며, 나아가 개도국에 대한 원조촉진과 조정을 목적으로 함.
경제정책위원회, 개발원조위원회, 무역위원회 등 모두 23개의 산하 위원회가 있으며, 각 위원회는 2-3년 주기로 여러 개의 특정연구 및 협의사업을 추진하는 바, 이를 위해 작업반을 설치, 운영하고 있음.
18개 유럽국과 미국, 캐나다 등 20개국이 회원국이 되었고 그 이후 일본, 호주, 멕시코, 폴란드 등이 가입하였고, 한국은 1996년 10월19일에 29번째 회원국이 되었다. http://www.oecd.org/about.

권단체들은 사생활 침해 우려를 지적하면서 탐정업이 합법화될 경우 심부름센터의 부작용이 확산될 수 있다고 주장한다.

우리나라의 탐정업이 현재 상황에 이르기 까지는 근대사의 혼란한 정치 풍토와 함께 신용조사에 관한 법의 애매모호한 입법과 각자 다른 법해석과도 깊은 연관이 있는데, 그동안 탐정업과 관련하여 가장 사회적인 문제를 야기했던 '탐정'명칭의 사용과 '상업적인 이용 금지'에 관한 제도적인 규정의 변천과정을 살펴보면 다음과 같다.

〈자료 3-1〉 탐정업 관련 법률의 변천과 금지내용

법률	금지내용
흥신업단속법 (1961제정)	• 흥신업에 종사하는 자의 정보원, 탐정 기타 이와 유사명칭 사용금지(제10조 8호) • 무허가 흥신업 행위와 일부 금지행위를 제외하고 탐정업 자체를 금지하는 조항은 없음.
신용조사업법 (1986제정)	• 조사원의 정보원, 탐정 기타 이와 유사한 명칭을 사용 금지(제10조 8호) • 타인의 의뢰를 받아 소재를 탐지하거나 경제상의 신용관계 이외의 사생활등을 조사하는 일 금지(제17조 5호)
신용정보의 이용 및 보호에 관한 법률 (약칭: 신용정보법) (1995제정)	• 신용정보업자 등과 신용정보업자 이외의 자가 정보원, 탐정 그밖에 이와 비슷한 명칭을 사용하는 일 금지(제26조6호) • 신용정보업자 이외의 자가 특정인의 소재를 탐지하거나 신용거래관계 외의 사생활 등을 조사하는 일 금지(제26조5호) • 2020년 2.4일 법 개정 후 - 신용정보업자 등의 종사자에 한정하여 금지 - 탐정조사자의 정보원, 탐정 및 유사 명칭 사용 가능

* 자료 : 나영민, '민간조사업의 도입전망과 대응', 제16회 한국경호경비학회 학술세미나, 2006.5월, P.60.

1) 흥신업단속법(1961년 시행)

역사적으로 보면 자본주의 경제로의 본격적인 이행이 이루어지던 일제치하(1911년경)에서 제정된 '신용고지업취제규칙(조선총독부 규칙 제82호)'이라는 법령에 의해 '신용고지업'이 있었으나, 신용정보보호를 위한 우리나라 최초의 제도적 통제는 5.16군사혁명 이후인 1961년 9월 '흥신업단속법'의 제정이다.[45)]

'흥신업단속법'이 새로 제정되면서 기존에 허가받은 신용고지업의 명칭은 흥신업으로 변경되었고 이때부터 우리나라에는 흥신소라는 용어가 본격적으로 사용되었다.

이 법 제2조(정의)에서는 '흥신업이라 함은 타인의 상거래, 자산, 금융 기타 경제상의 신용

45) 황윤경, "신용정보체계의 이해 및 현황", 증권법학회 제71회 세미나발표자료, 2001.5, P.6.

에 관한 사항을 조사하여 의뢰자에게 알려주는 업'으로 하였으며, 흥신소업무에 대한 구체적인 감독기관은 관할 경찰서장이며, 흥신소에 대한 해산명령권도 갖고 있었다. 흥신업자의 자격은 법인이 아니면 영위하지 못하도록 하였으며 당시의 금지사항은 다음과 같이 규정하였다.

- 의뢰없이 타인의 경제상의 신용을 조사하는 일
- 위의 고지를 하는 일
- 무상 지득한 사항을 의뢰자 외 타인에게 누설하거나 다른 목적에 전용하는 일
- 조사의 의뢰를 강요하는 일
- 조대상자에게 조사 자료의 제공과 답변을 강요하는 일
- 명목여하를 불문하고 법정조사수수료, 실비이외의 금품을 받거나 또는 청구하는 일
- 조사관련 서류, 장부 등의 보관을 소홀히 하여 그 내용이 제3자에게 고지되거나 또는 와전되게 하는 일
- 흥신업에 종사하는 자가 정보원, 탐정 기타 이에 유사한 명칭을 쓰는 일
- 조사사항이 소정의 신용관계이외의 사항에 미치는 일[46]

그러나 당시의 흥신소가 민간인들에게 일부 억울한 일들을 해결해주는 역할을 나름대로 행하기도 했지만 그보다는 조직 깡패나 해결사 등이 폭력, 협박 등의 불법적인 방법으로 타인에게 피해를 주는 해결사 위주의 흥신업체들을 운영함에 따라 심각한 사회문제를 야기하여 흥신소라는 명칭 자체가 매우 부정적으로 사회에 인식되기에 이르렀으며, 집중적인 단속을 받게 되었다.

1970년대 이후에는 조사업무와 무관한 일반인들도 흥신업에 참여하기 시작하였는데, 흥신업이라는 부정적 이미지 대신 조금이나마 합법적인 이미지로 업체를 운영하기 위한 수단으로 생겨난 상호가 "심부름센터"이다.

그러나 심부름센터의 일부 업체에서는 순수하게 민원서류나 일반 심부름만을 대행하는 업체도 있었지만 대부분의 심부름센터의 영업형태는 과거의 불법적·폭력적인 흥신소업무와 같은 형태였다. 심부름센터가 생겨나면서 또 다른 부작용이 생겨나는데 그것은 경험이 부족하고 전문적이지 못한 심부름 업체 직원들의 무책임한 업무 행태였다.

의뢰받은 업무를 제대로 이행하지 못할 뿐 아니라 오히려 의뢰인의 약점을 이용하여 금품을 갈취하는 몰지각한 행위를 자행하였으며, 이러한 행위로 인한 심부름업체의 이미지는 과거 흥신소의 부정적인 이미지와 함께 일반인들에게 좋지 않은 인식을 심어주기 시작하는 계

46) 흥신업단속법(1961.9.23.~1978.1.30.), 10조(금지사항).

기가 되었고 이로 인해 흥신소, 심부름업체는 공권력의 대대적인 단속 대상이 되어 왔다.

2) 신용조사업법(1986. 6.10. 시행)

'흥신업단속법'이 폐지되고 '신용조사업법(법률 제3039호)'이 새로 제정되었는데, 기존의 '흥신업단속법'과 기본 내용에는 별 차이가 없었으며 '흥신업단속법'에는 없었던 규정으로 신용조사업의 법인 대표가 다른 업무에 종사하지 못하도록 하는 겸업금지의무[47]의 신설과 타인의 의뢰를 받아 업으로 특정인의 소재를 탐지하거나 경제상 신용관계 이외의 사생활 등을 조사한 경우에는 처벌할 수 있도록 하였다.[48]

3) 신용정보의 이용 및 보호에 관한 법률(약칭: 신용정보법: 1995년)

'신용정보의 이용 및 보호에 관한 법률'은 신용정보업을 건전하게 육성하고 신용정보의 효율적 이용과 체계적 관리를 도모하며 신용정보의 오용·남용으로부터 사생활의 비밀 등을 적절히 보호함으로써 건전한 신용질서의 확립에 이바지하기 위해 제정한 법률이다.

본 법률에서 말하는 '신용정보'는 금융거래 등 상거래에서 거래 상대방의 신용을 판단할 때 필요한 정보를 말한다.

정보의 종류에는 특정 신용정보주체를 식별할 수 있는 정보, 거래 내용을 판단할 수 있는 정보, 신용도를 판단할 수 있는 정보, 신용 거래 능력을 판단할 수 있는 정보, 성명, 주소, 전화번호 및 그 밖에 이와 유사한 정보 등이 있다.

신용정보업에는 신용조회업, 신용조사업, 채권추심업, 신용평가업이 있는데, 이러한 신용정보업을 영위하고자 하는 자는 업무의 종류별로 금융위원회의 허가를 받아야 하고(제4조), 양도·양수·분할 또는 합병 때에는 인가를 받아야 한다(제10조 제1항).

신용정보회사 등은 다음과 같은 조사를 해서는 안 된다.(제16조 제1항)

- 국가 안보 및 기밀에 관한 정보
- 기업의 경영비밀 또는 독창적인 연구, 개발정보
- 개인의 정치적 사상과 종교적 신념 등 신용정보와 무관한 사생활에 관한 정보
- 불확실한 개인 신용정보

---

47) 신용조사업법 제5조2항 ; 신용조사업을 영위하는 법인의 대표자는 신문·통신업·출판업·부동산·중개업·사법서사업·행정서사업·대금업 또는 결혼상담업(중매업)을 경영하거나 이에 종사할 수 없다.

48) 신용조사업법 제17조 5호.

• 다른 법률에 따라 수집이 금지된 정보를 수집 · 조사해서는 안 된다.

신용정보회사 및 신용정보집중기관이 폐업할 때에는 보유한 정보를 금융위원회가 정하는 바에 따라 처분 · 소거 또는 폐기해야 한다(제21조).

〈자료 3-2〉 신용정보법 개정 전 내용

제40조(신용정보회사 등의 금지사항)
신용정보회사 등은 다음 각 호의 행위를 하여서는 아니 되며, 신용정보회사 등이 아니면 제4호 본문의 행위를 업으로 하거나 제5호의 행위를 하여서는 아니 된다.
1. 의뢰인에게 허위 사실을 알리는 일
2. 신용정보에 관한 조사 의뢰를 강요하는 일
3. 신용정보 조사 대상자에게 조사자료 제공과 답변을 강요하는 일
4. 특정인의 소재 및 연락처(이하 "소재 등"이라 한다)를 알아내거나 금융거래 등 상거래관계 외의 사생활 등을 조사하는 일. 다만, 채권추심업을 허가받은 신용정보회사가 그 업무를 하기 위하여 특정인의 소재 등을 알아내는 경우 또는 다른 법령에 따라 특정인의 소재 등을 알아내는 것이 허용되는 경우에는 그러하지 아니하다.
5. 정보원, 탐정, 그 밖에 이와 비슷한 명칭을 사용하는 일

〈자료 3-3〉 신용정보법 개정 후 내용(2020.2.4.개정)

제40조(신용정보회사 등의 금지사항)
① 신용정보회사 등은 다음 각 호의 행위를 하여서는 아니 된다.
[2020.2.4] [시행일 2020.8.5]
1. 삭제 [2020.2.4] [시행일 2020.8.5]
2. 삭제 [2020.2.4] [시행일 2020.8.5]
3. 삭제 [2020.2.4] [시행일 2020.8.5]
4. 특정인의 소재 및 연락처(이하 "소재 등"이라 한다)를 알아내는 행위. 다만, 채권추심회사가 그 업무를 하기 위하여 특정인의 소재 등을 알아내는 경우 또는 다른 법령에 따라 특정인의 소재 등을 알아내는 것이 허용되는 경우에는 그러하지 아니하다.
5. 정보원, 탐정, 그 밖에 이와 비슷한 명칭을 사용하는 일

위의 관련법 중 금지사항으로 '흥신업단속법'과 '신용조사업법'에서는 신용정보업자 등에 한해서만 '정보원 · 탐정 기타 이와 유사한 명칭을 사용하는 것'을 금지시켰지만 '신용정보의 이용 및 보호에 관한 법률(약칭: 신용정보법(제40조 4, 5호)'에서는 추가로 신용정보업자 외의 자가 '특정인의 연락처나 소재를 알아내는 일'과 '정보원 · 탐정 기타 이와 유사한 명칭을 사용하는 것'마저 금지함으로써 우리사회의 제도적 불합리와 탐정산업이 체계적으로 발전할 수 없게 되는 모순이 나타나게 된 것이다.[49)]

그러나 2020년 2월4일 국회에서 동법 개정을 통해 금지조항 적용범위를 '신용정보회사 등'으로 축소 한정하였고 8월5일부터 탐정업 종사자는 '탐정'이란 호칭 사용과 상업적 이용이 가능함에 따라 그동안 위축되었던 탐정업이 성장, 활성화되는 획기적 계기가 되었다.

따라서 현재 탐정업에 종사하는 사람은 세무서에 '탐정업'으로 사업자 등록을 하고 홍보 등 광고를 할 수 있으며 변호사법, 개인정보보호법, 위치정보법 등의 개별법 위법행위를 하지 않는 범위 내에서 사실상 탐정영업이 가능하게 되었다.

2. 한국 탐정업체의 난립과 문제점

우리나라의 탐정업계는 1990년대 말부터 현재에 이르기까지 흥신소, 심부름센터, 탐정업체(민간조사업체), 외국의 탐정, 컨설팅회사 등의 다양한 이름으로 운영되고 있는데, 종사하는 부류도 아래의 〈자료 3-4〉와 같이 다양하다.

직업에 대한 전문성, 책임감 없이 돈만을 위해 일하는 불법업체, 탐정시장 개방 이후 국내에서 활동하는 외국계 탐정회사 유형, 민간단체인 탐정관련협회 및 단체에서 탐정관련 민간자격을 취득하여 공식 탐정이라고 매스컴에 홍보하면서 활동하는 유형, 전직 경찰 등 자신의 직업 전문성인 조사, 수사 능력을 활용하여 탐정업체를 운영하는 유형 등[50] 다양한 부류의 집단이 혼재하고 있다.

2020년 8월 5일 '신용정보법' 개정 시행(신용정보법상 '금지의 해제') 후 "탐정" 명칭의 사용과 상업적인 이용을 할 수 있게 됨에 따라 탐정업은 합법적, 자유업으로 수면 위로 부각되고 있는데 현재 탐정업을 영위하고 있는 업무종사자가 약 8,000여명 이상으로 추산될 정도이다.

지금 우리나라의 탐정업은 미국의 면허제도와 같은 '탐정자격증(면허제)'이 필요 없고 신고만으로 누구나 탐정업 창업이나 관련 업무 수행이 가능한 '보편적 직업(자유업)'상태에 있다.[51]

탐정업계의 기본법인 탐정법이 제정되지 않았고 탐정업계의 직접적인 관리, 감독기관이 애매한 지금의 상황에선 과거 불법적인 일을 했던 흥신소, 심부름센터도 탐정업체의 상호를

49) 나영민, '민간조사사업의 도입전망과 대응', 第16회 한국경호경비학회 학술세미나, 2006년 5월, 한국경호경비학회, P.59.
50) http://www.cpi.or.kr.
51) 김종식, breaknews, 2021.05.06, https://www.breaknews.com/804380(검색: 2021/08/21)

쓸 수 있으므로 소위 전문 탐정업체와 이들을 구분한다는 것은 아무 의미가 없는 상황이 되었다.

기존 심부름센터나 흥신소 등 종사자도 탐정 명칭을 사용하는 등 검증되지 않은 탐정업체의 난립과 무질서, 탐정업 부적격자인 전과자. 성범죄자 등의 결격자를 차단하고 의뢰인인 소비자(이용자)들이 겪을 수 있는 피해예방과 보호 등 많은 문제가 산재해 있어 결과적으로 무분별한 개인정보 유출과 사생활침해 등 불법행위가 심화될 우려가 있다.

심부름센터 및 흥신소 등의 일부 관련업체들의 불법행위는 오래전부터 급증하고 있고, 사회적으로도 심각하며 정확한 통계자료도 없는 실정으로서 매스컴에 알려진 사실들은 빙산의 일각에 불과할 뿐이다.

사회적으로 물의가 있었던 사건이 발생할 때 마다 경찰의 일시적인 기획수사 및 단속으로는 이러한 업체들의 불법행위 근절과 국민의 피해에 대한 본질적인 대책이 될 수 없을 뿐만 아니라 또 다른 치안문제를 유발하게 된다.[52]

불법업체를 이용하는 사람들의 의식은 합법적인 절차에 의해 자신의 권익보호를 위한 채권이나 증거확보 및 사실 확인 등을 하기에는 경비 · 절차의 복잡성, 장시간의 소요로 인한 경제적 · 정신적 어려움, 공적기관에 알릴 수 없는 불법적인 사유 등을 이유로 이러한 곳을 찾고 있다.

탐정의 영역에 따라 각자의 전문성은 있겠지만 기업조사영역처럼 조사원의 전문성, 학습능력, 기술, 경험 등 여러 가지 전문적, 종합적인 스킬이 요구되는 전문분야가 많다. 그러나 기존의 불법업체들은 특별한 기술이나 자격, 전문성, 특별한 조사능력이 없어도 뛰어들 수 있는 불륜조사 위주로 여전히 활동할 것이므로 높은 사회적 수요에 따라 이들 역시 전문 탐정으로 광고를 하며 활동할 수 있는 현실이 되었다.[53]

〈자료 3-4〉 국내 탐정업계의 종사 부류

1	꾸준히 정상적인 영업을 하고 있는 심부름센터 및 흥신소
2	탐정시장 개방이후 국내에서 활동하는 외국 탐정회사들
3	영업적으로 홍보 및 광고를 하진 않지만 의뢰가 있을 때만 활동하는 프리스타일 조사원
4	민간조사원((PI)이라는 명칭을 공식적으로 홍보하면서 국내 및 해외업무를 전문으로 하는 조사업체.

52) 인천일보, http://news.itimes.co.kr.

53) https://blog.daum.net/inamsago/231(검색: 2021.08.21.)

5	전직 조사, 수사 분야 경력자들이 자신의 전문성과 특기를 살려 조사업체를 운영하는 부류
6	직업적인 전문성, 책임감, 자부심 없이 단순히 돈만 벌기 위해 무분별하게 운영하는 불법업체

3. 탐정업 민간자격증 양산과 관리 미흡

우리나라는 경제협력개발기구(OECD) 37개국 중 탐정제도가 없는 유일한 국가로서 국제 탐정분야 협업을 통한 국부 유출을 막을 수 있는 것을 방치하고 있는 실정이다.

대부분의 EU 회원국과 OECD 국가에서 탐정업(private investigation)은 민간보안산업(private security industry)의 일환으로 지속적으로 성장하고 있다.[54] 미국 노동부의 노동통계국 전망에 따르면 향후 10년간 탐정업의 고용 성장율은 8% 이상을 전망하고 있을 정도이다. 우리나라에서도 4차 산업혁명 시대에 새롭게 뜨는 신 성장 직업분야로 탐정업이 주목된 지 이미 오래되었다.

과거 박근혜 정부뿐만 아니라 문재인 정부에서도 청년 일자리 문제를 해결하기 위한 50여개의 신 직업 중 하나로 공인탐정업을 선정하여 법적 · 제도적 토대를 마련하겠다는 국정 정책을 추진해 왔다.[55]

이러한 오랜 기간의 사회적 분위기에 편승해 주무부처(경찰청)의 적격 심사를 거쳐 한국직업능력개발원에 등록된 탐정(민간조사) 관련 민간자격증이 널리 선호되었고, 명칭이 유사한 발급단체도 급증하고 있다.

2020년 경찰청에서 탐정업 관련 민간자격발급기관을 점검한 자료에 의하면 국내에 탐정 관련 민간자격증이 12개 업체에서 14개의 민간자격증을 발급하고 있는 것으로 확인되었고, 2021년 6월 기준으로 한국직업능력연구원 민간자격센터에서 민간자격 정보서비스(pqi.or.kr)에 등록된 탐정관련 민간자격증은 무려 69개로 나타났으며 자격증취득자 수는 2009년~2020년까지 8개 종류에 5,784명으로 집계되었다.[56]

54) 김봉수, 공인탐정제도 도입에 관한 연구 -21대 국회 '탐정업 관리에 관한 법률안'을 중점으로-, 비교법연구, 제20권 3호(2020.12), 동국대학교 비교법문화연구소, pp.1~2.
55) '미래 산업 · 직업구조 대비 신직업 활성화 방안'을 발표(2020.8.13. 「비상경제 중앙대책본부 회의」). https://www.breaknews.com/sub_read.html?uid=766515(검색: 2021.08.20.)

현재 우리나라의 자격증 구분은 국가자격, 국가기술자격, 공인 민간자격, 등록 민간자격의 4개로 분류된다. 이중 현재 '탐정업 관련 자격'이란 관리 수준이 가장 낮은 단계인 '등록 민간자격'으로서 탐정업 활동 시 필수가 아닌 임의적으로 취득한 역량 평가 자격이라 할 수 있다.

경찰청은 2020년 9월 말부터 10월 초까지 탐정 관련 민간자격 발급기관 지도·점검 시 '탐정 민간자격' 승인에 앞서 22개 업체를 대상으로 문제점을 점검한 결과 개인정보 수집 동의서 미 징수, 시험 관리 미흡, 광고상 민간자격 표시 불명확 등 혼동 우려가 있는 5개 기관에 대해 시정명령을 통보하기도 했다.

현재 탐정업을 영위함에는 그 어떤 자격도 필요하진 않지만, 탐정업 관련 민간자격증은 탐정업에 관한 여러 가지 정보와 지식을 배워 탐정업무를 수행할 수 있는 자신의 '역할과 역량'을 알릴 수단 및 매체라 할 수 있다. 바꾸어 말하면 '탐정업 관련 등록자격'은 탐정업의 가부를 정하는 자격은 아니라 '나의 탐정업과 관련된 열정과 수준을 알리는 수단'으로써의 유용성을 지니고 있다 하겠다.[57]

이러한 것은 국민의 일자리창출의 수단으로 탐정업에 대한 국민적 관심을 고취시켜 쉽게 접근할 수 있는 긍정적인 면도 있지만 현재와 같이 일정한 자격기준과 관리·감독 체계가 없는 상황에서 탐정 관련 민간자격증이 무분별하게 남발되는 것을 방치할 경우 그에 따른 부작용 또한 심화될 수 있다.

4. 탐정법 입법 추진 실태

국민의 정보수집서비스 해결, 관련업종의 심각한 불법행위로 인한 국민들의 피해를 차단하기 위한 사회적 수요와 필요성이 꾸준히 제기됨에 따라 여러 차례의 국회의 입법 발의, 학계 및 관련 단체의 노력에도 불구하고 탐정업법의 입법은 번번이 무산되고 말았다.[58]

입법을 가로막는 주요 요인으로는 대한변호사협회 등 관련 단체의 반대, 경찰청과 법무부

---

56) https://blog.daum.net/inamsago/229(검색: 2021.08.18.)
57) 김종식, breaknews, 2021.05.06, https://www.breaknews.com/804380(검색: 2021/08/21)
58) 탐정업법은 지난 17대 국회 이후 현 21대 국회에 이르기까지 13차례의 법안 발의와 회기종료로 자동폐기를 거듭하고 있다.

간 탐정업의 관리 · 감독 권한을 둘러싼 의견대립을 들 수 있다.

그 외에 탐정업 관련 법률안의 입법을 반대하는 입장을 살펴보면 다음과 같다.

첫째, 빈부 격차에 의한 탐정 활용 기회 차이로 정보격차 및 이로 인한 사회 양극화의 심화 우려다.

둘째, 탐정에 의한 합법을 가장한 인권침해 등 불법행위 행태가 늘어날 것으로 보는 시각이다.

셋째, 경미한 범죄에서부터 기업범죄에 이르기까지 많은 범죄들이 민간영역에서 조사되고 타협되는 등 국가의 형벌권 행사가 감소하게 되어 사법정의가 퇴색된다고 걱정한다.

넷째, 경찰 등 공무원이 수행해야 하는 직무이거나 변호사의 직무에 속하는 사항을 다루는 새로운 직업이 생기면 기존 직업의 영역을 침해해 직업 간의 갈등이 우려된다는 것이다.[59)]

매 국회 회기마다 법안발의를 거듭하면서 상당 부분 갈등 요소가 해소되어 탐정업에 대한 관리 · 감독 주체에 대한 이견은 조율된 상황이지만 2020년 21대 국회에서 발의된 이명수 의원과 윤재옥 의원 대표발의 '탐정업 관리 법안'에 대한 검토 의견에서도 변호사단체는 변호사법 등 관련 법률과의 저촉 가능성, 사생활에 관한 기본권 침해, 경찰관 · 검찰수사관 등의 재취업 기회로의 활용 가능성, 외국 전문업체의 국내시장 잠식 가능성 등을 이유로 반대했다.[60)]

〈자료 3-5〉 탐정관련법 입법안 발의

국회 회기	발의 법안 명칭	대표발의	결 과
15대	공인탐정에 관한 법률안(1999년)	하순봉의원	미 상정
17대	민간조사업법안(2005년)	이상배의원	폐기
	민간조사업법안(2006년)	최재천의원	폐기
18대	경비업법 일부개정 법률안(2008)	이인기의원	폐기
	민간조사업법 법안(2009년)	성윤환의원	폐기
	민간조사업법 법안(2009년)	이한성의원	폐기
	민간조사업법 법안(2009년)	강성천의원	폐기
19대	'경비업법' 전부개정 법률안(2012년)	윤재옥의원	폐기
	민간조사업법 법안(2013년)	송영근의원	폐기

59) 서진석, 탐정신문오피니언, https://blog.naver.com/detectivetimes/222327654178(검색: 2021.08.21.)
60) 탐정신문, [이상수 칼럼] 한국형 탐정제도의 최적 도입방식, 어떻게 할 것인가?, http://www.idtt.co.kr/1934 (검색: 2021.08.18.)

국회 회기	발의 법안 명칭	대표발의	결 과
20대	공인탐정법안(2016)	윤재옥의원	폐기
	공인탐정 및 공인탐정업에 관한 법률안(2017년)	이완영의원	폐기
21대	탐정업 관리에 관한 법률안(2020년)	이명수의원 윤제옥의원	계류 중

현재 국내에서 가능한 탐정 활동은 가출한 아동 · 청소년 및 실종자 소재 확인, 부동산등기부등본 열람 후 단순 요약 등 공개된 정보의 대리 수집, 채용대상 내지 거래상대의 동의를 전제로 이력서 · 계약서 기재 사실의 진위 확인, 도난 · 분실 · 은닉자산의 소재 확인 등이다. 하지만 민 · 형사 사건에서의 증거수집 활동이나 잠적한 불법행위자의 소재파악 등은 '변호사법', '개인정보보호법'에 따라 제한된다. 또 위법한 내용의 조사를 의뢰한 의뢰인 역시 교사범으로 처벌될 수 있다.

또한 탐정관련법도 없이 탐정업을 명확히 규정하지 않았기에 '애매한 영역'은 매우 많다.

학교폭력 사실조사, 데이트 폭력, 스토킹, 보험사기 등의 조사는 공권력이 미치지 않는 민사적인 부분이면서도, 변호사법 등이나 침해 소지가 있으므로 불법시장을 퇴출시키기 위해선 관련법이 반드시 있어야 한다.[61]

선진 외국에서 보듯이 탐정업은 이미 민간보안산업의 일환으로 탐정은 안정적인 사회적 지위와 상대적으로 높은 보수를 받는 전문직으로 자리 잡고 있다.

우리나라에서도 공판중심주의 확대와 미아 · 실종자에 대한 조사, 분실 · 도난당한 재산의 회수 및 변호사의 의뢰를 받은 민 · 형사사건의 소송준비자료 수집과 조사 등의 분야에서 국민의 실질적 수요가 꾸준히 상승하고 있다.

이와 같은 현실에서 탐정업무의 적법성을 담보하면서 공권력의 부족한 부분을 보완해 주는 역할을 수행하는 공인탐정법 제정과, 제도적 장치가 하루속히 뒤따르기 위해선 반대 의견을 심사숙고하여 우려되는 사생활과 인권침해의 사전대책, 불법행위의 사전예방과 강력한 처벌 규정, 엄격한 자격기준과 관리로 사회적 신뢰를 얻는 전문가 집단이 되도록 충분한 사회적 합의가 뒤따라야 할 것이다.[62]

61) https://www.nocutnews.co.kr/news/5459605(검색: 2021.09.05.)
62) 탐정신문, [이상수 칼럼] 한국형 탐정제도의 최적 도입방식, 어떻게 할 것인가?, http://www.idtt.co.kr/1934 (검색: 2021.08.18.)

제 4 장

탐정의 직업윤리와 이상적 자세

1. 직업윤리의 의의
2. 탐정업의 전문화 요건
3. 탐정의 직업윤리 강령
4. 탐정의 기본적 자질과 이상적 자세

제4장 탐정의 직업윤리와 이상적 자세

1. 직업윤리의 의의

일반적으로 직업이라 함은 경제적 소득을 얻거나 사회적 가치를 이루기 위해 계속적으로 참여하는 활동을 말한다. 넓은 개념으로는 Career(모든 일, 즉 보수나 시간에 관계없이 한 인간이 평생 동안 하는 일의 총체), 좁은 의미로 Occupation(반드시 보수가 지불됨), job (직업의 최소 단위)으로 나누기도 한다.

오늘날의 직업은 개인적으로는 생계유지의 수단인 동시에 자아실현을 위한 터전이며, 사회적으로는 인간이 공동생활에 참여하는 통로로서 인간에게 있어서 가장 중요한 삶의 과정이다. 그러므로 우리는 모든 직업이 사회발전에 이바지하고 있다는 측면에서 직업에 의의와 가치를 부여해야 할 것이며, 직업인은 자기가 선택한 직업에 직업윤리의 기본자세인 소명의식, 천직의식, 책임감, 전문성, 봉사정신을 갖고 열과 성을 다해서 충실히 자기 일을 완수해 내는 것이 직업인으로서의 기본적인 자세이다.

1) 직업윤리의 개념

직업윤리(Professional Ethics)란 직업을 가진 사람이라면 반드시 지켜야 할 공통적인 윤리규범으로, 개인윤리를 바탕으로 각자가 직업에 종사하는 과정에서 요구되는 특수한 윤리규범을 포함해서 말한다. 직업윤리는 일정한 사회적 규범이 내면화 된 것으로 직업에 종사하는 사람들의 의식의 밑바닥에 내재하는 윤리를 말한다.

직업윤리는 일반성, 특수성이라는 두 가지 측면에서 고려해야 하는 데 첫째는 모든 직업인에 공통적으로 요구되는 직업 일반의 윤리로 인간에게 요구되는 윤리와 상당 부분 중첩된 윤리이고, 다른 하나는 여러 다양한 직업들에 있어서 직업 활동 시 직업별로 각각 요구되는 특수한 윤리가 있다.

직업의 일반윤리는 특수윤리보다는 인간의 근본적인 생활태도를 다루는 내면적인 가치체계로 나타나고, 직업의 특수윤리는 직업생활에서 보통 외적인 규제력으로 나타난다. 따라서 직업인이라면 조직과 사회에서 요구하는 직업윤리 기준을 충분히 이해하고 실행하여야 한다.

〈자료 4-1〉 직업윤리의 구분

<table>
<tr><th colspan="2">구 분</th><th>내 용</th></tr>
<tr><td rowspan="2">일반윤리</td><td>근로
윤리</td><td>• 업무(일)에 대한 존중을 바탕으로 근면하고 성실하고 정직하게 업무에 임하는 자세(태도, 마음가짐)
- 근면, 정직, 성실</td></tr>
<tr><td>공동체
윤리</td><td>• 인간존중을 바탕으로 봉사하며, 책임있고 규칙을 준수하며 예의바른 태도로 업무에 임하는 자세
- 봉사, 책임, 준법, 예절</td></tr>
<tr><td>특수윤리</td><td colspan="2">• 다른 직종에는 요구되지 않지만 그 직업의 특성에 따라 특별히 요구되는 윤리
- 경찰관윤리, 의료인의 윤리, 법조인의 윤리, 공직자윤리, 기업가 윤리, 방송인의 윤리, 종교윤리 등</td></tr>
</table>

2) 직업윤리의 덕목

직업적 활동이 개인적 차원에만 머무르지 않고 사회 전체 질서와 안정, 발전에 매우 중요한 역할을 수행하기 때문에 다음과 같은 덕목이 필요하다.

- 소명의식 : 자신이 맡은 하늘에 의해 맡겨진 것이라 생각하는 태도
- 천직의식 : 자신의 일이 자신의 능력과 적성에 꼭 맞다 여기고 그 일에 열성을 가지고 성실히 임하는 태도
- 직분의식 : 자신의 일이 사회나 기업을 위해 중요한 역할을 하고 있다고 믿는 태도
- 책임의식 : 직업에 대한 사회적 역할과 책무를 충실히 수행하고 책임을 다하는 태도
- 봉사정신 : 직업 활동을 통해 다른 사람과 공동체에 대해 봉사하는 정신을 갖추고 실천하는 태도
- 전문가의식 : 자신이 맡은 일의 분야에 대한 지식과 교육을 밑바탕으로 전문가답게 일을 성실히 수행하는 태도

3) 직업윤리의 필요성[63]

- 업무상 개인의 판단과 행동이 다수의 이해관계자와 관련 됨
- 많은 사람이 관련되어 공동 협력하므로 맡은 역할에 대한 책임감과 정확하고 투명한일처리 필요
- 규모가 큰 공동의 재산, 정보 등을 개인의 권한 하에 위임, 관리하므로 높은 윤리의식 요구
- 직장이라는 특수상황에서 갖는 집단적 인간관계는 가족관계, 개인적 선호에 의한 친분관계와는 다른 측면의 배려 요구
- 각각의 직무에서 오는 특수한 상황에서는 개인적 덕목차원의 일반적인 상식과 기준으로는 규제할 수 없는 경우가 존재

4) 직업윤리의 기본원칙

- 객관성의 원칙
  업무의 공공성을 바탕으로 '공사 구분을 명확히'하고 모든 것을 숨김없이 '투명하게 처리'하는 것
- 고객중심의 원칙
  고객에 대한 봉사를 최우선으로 생각하고 '현장중심, 실천중심'으로 일하는 것
- 전문성의 원칙
  자기업무에 전문가로서의 능력과 의식을 가지고 책임을 다하며, 능력을 연마하는 것
- 정직과 신용의 원칙
  업무와 관련된 모든 것을 정직하게 수행하고, 본분과 약속을 지켜 신뢰를 유지하는 것
- 공정경쟁의 원칙
  법규를 준수하고, 경쟁원리에 따라 공정하게 행동하는 것

---

63) 직업윤리, NCS직업기초능력교육매뉴얼(교수자용), 한국기술교육대학교 능력개발교육원, 2021. pp.4~6.

5) 비윤리적 행위의 원인과 유형

(1) 비윤리적 행위의 원인

- 무지 - 무엇이 옳고 무엇이 그른지 모름
- 무관심 - 비윤리적이라는 것을 알고 있으나, 중요하게 생각하지 않음
- 무절제 - 해당 행위가 비윤리적이라는 것과 사회적으로 중요하다는 것을 알고 있으면서도 비윤리적 행위를 저지름

(2) 비윤리적 행위의 유형

- 도덕적 타성 - 직면하는 윤리적 문제에 대하여 무감각하거나 행동하지 않는 것
- 도덕적 태만 - 비윤리적인 결과를 피하기 위하여 일반적으로 필요한 주의나 관심을 기울이지 않는 것
- 거짓말 - 상대를 속이려는 의도로 표현되는 메시지

(3) 정직과 신용 구축 방법

- 정직과 신뢰를 매일 조금씩 쌓는 태도
- 잘못도 인정하는 태도
- 적당한 타협, 부정직함을 묵인하지 않는 태도
- 부정직한 관행을 묵인하지 않는 태도[64]

2. 탐정업의 전문화 요건

탐정의 업무 수행 과정에서 발생하는 불법행위, 비리가 미치는 사회·경제적 영향은 다른 분야와 달리 그 파장이 크다. 탐정은 기본적으로 의뢰인의 필요 정보를 수집, 제공하면서 사적인 비밀을 지켜주어야만 하는 직업이지만 업무 현장에서 내, 외부로부터의 부정, 유혹에 직면하게 되기 때문에 다른 직업보다 더 많은 사명감과 책임감, 도덕성 등의 직업윤리의식이

64) 직업윤리, NCS직업기초능력교육매뉴얼(교수자용), 한국기술교육대학교 능력개발교육원, 2021. pp.4~6.

요구된다.

탐정업의 직업윤리 문제를 규명하는 일은 먼저 탐정업이 전문직으로서 나아가기 위해서는 우선 전문직업의 특성을 이해할 필요가 있다.

1) 전문직의 요건[65]

많은 직업 가운데서도 우리는 의사나 변호사 · 회계사 · 교수 등을 전문직이라고 부른다. 전문직(profession)이란 무엇인가? 한마디로 대학원 수준의 높은 교육을 받고 국가나 협회로부터 자격이나 면허를 받아서 독점적으로 전문기술이나 지식을 사용하는 직업이 전문직이다. 따라서 전문직은 다음과 같은 특성을 갖고 있다.

첫째, 유일하고 독특한 종류의 사회적 봉사 기능을 가지고 있다.

둘째, 그 기능을 수행하는 데 있어 고도의 지적 기술을 필요로 한다.

셋째, 상당히 장기적인 준비교육이 필요하다.

넷째, 개인적으로나 집단적으로 광범위한 자율권을 행사한다.

다섯째, 자율의 범위 안에서 행사한 행동과 판단에 대해 종사자의 광범위한 책임을 묻는다.

여섯째, 자격이나 면허를 갖고 있다.

일곱째, 경제적 보수는 사회적 봉사보다 우선되지 않다

여덟째, 그 자체의 직능을 수행하는 데 준수해야 할 엄격한 직업윤리를 가진다.

전문직은 높은 교육을 거쳐서 자격 · 면허를 갖고 독점적으로 기술을 행사하면서 봉사정신을 발휘하고 엄격한 윤리강령을 실천해가야 함을 알 수 있다.

물론 탐정업이 전문 직업으로 반전하기에는 현실적으로 많은 논란과 국가적, 사회적 노력이 뒤따른다. 현재 우리나라의 탐정업 현실을 보았을 때 반드시 높은 수준의 고등교육을 받아야 되는 것도 아니고 국가가 자격을 부여하지도 않는다.

즉 일반적인 전문직 정의에서는 빗나가 있지만 탐정업의 업무 자체는 사회적 영향력이 크고, 책임감, 비밀유지 등 공공에 봉사해야 하는 직업의 특수성을 감안할 때 탐정은 전문직으로 거듭나야 한다.

물론 탐정업이 전문직으로 규정되는 것은 전통적인 사회적 의식, 법 규범, 국가적 제도 등과 같은 외형적인 기준에 의해서도 가능하지만, 탐정업계 스스로가 사회생활에서 탐정업의

---

65) 김우룡, 전문직과 직업윤리, 관훈클럽 2002년 봄호(통권 82호), http://www.kwanhun.com/m/page/brd3_view.php?idx=549&startPage=0&tb=book4(검색: 2021.08.24.)

사회적 중요성을 인식하고 국민에 대한 신뢰, 책임감, 도덕성 등이 중심이 되어감으로써 국가적, 사회적으로 얻어진 지위와 명성에 의해서 전문직이 될 수 있을 것이다. 오래 된 탐정업계의 부정적인 이미지로 전문성과 신뢰가 부족한 현 상황에서 국민의 신뢰를 얻고 전문가 영역으로 자리매김하기 위해서라도 탐정업계의 윤리의식 강화는 매우 절실한 시점이다.

2) 전문직의 직업윤리강령의 중요성

전문직의 경우 비윤리적 행위에 대해서는 전문직 종사자 스스로 자율적 규제를 제도화하는 것이 바람직하다.

대체로 전문직은 협회나 단체 같은 자율적 기구를 결성하고 윤리강령을 제정하여 이를 준수하기 위해 부단히 노력한다. 이를 직업윤리라고 말한다. 공무원 사회에는 공직윤리가 있으며, 교사에게는 교직윤리가 있고, 언론인에게는 언론윤리가 있다.

이들은 스스로 정한 윤리강령을 실천하되, 이를 지키지 않았을 때 징계위원회 같은 기구를 운영, 구성원들의 비윤리적 행동을 자율적으로 규제하고 있다.

첫째, 전문직의 직업윤리는 단순히 직업적 차원에서뿐만 아니라 전문직의 사회의식과 문화의식을 포함하고 보다 넓은 사회윤리의 하나로 이해되어야 한다.

둘째, 전문직의 직업윤리는 자기가 속해 있는 집단 내지 조직의 이익과 소비자인 국민의 이익과 갈등을 일으킬 경우 높은 윤리의식에 의거하여 국민의 이익 편에 서야 한다.

셋째, 전문직 종사자들이 누리는 사회적 지위와 역할을 고려하여 윤리문제에 있어 자율적 규제가 바람직하다.

넷째, 전문직 종사자를 고용하고 있는 조직들의 지나친 영리추구 행위가 지양되어야 한다.

3. 탐정의 직업윤리 강령

우리사회의 탐정의 업무 수행 상 불법행위, 비리가 미치는 사회 · 경제적 영향은 다른 분야와 달리 그 파장이 크다. 탐정은 기본적으로 의뢰인의 필요 정보를 수집, 제공하면서 사적인 비밀을 지켜주어야만 하는 직업이지만 업무 현장에서 내, 외부로부터의 부정, 유혹에 직면하게 되기 때문에 다른 직업보다 더 많은 사명감과 책임감, 도덕성 등의 윤리의식이 요구된다.

그렇다면, 탐정업계의 불법행위들을 다양한 법률로 규제하고 처벌을 하는 것이 최선이 될 수는 없지만 그래도 처벌 근거인 법률이 강화 될수록 불법행위를 통해 얻을 수 있는 이익보다 불법행위가 발각되어 치를 비용이 많으면 불법으로 인한 효용성은 떨어질 수 있을 것이다.

그러나 우리 속담에 '지키는 사람 열이 도둑 하나를 못 당한다'라는 말이 있듯이 아무리 외부적 통제 장치를 꼼꼼하게 만들어도 그것을 준수할 사람의 마음가짐이 없다면 불법행위를 완전히 막을 수는 없을 것이다.

탐정업의 사회적 파장이나 탐정업 전체의 발전과 이익을 위해서라도 탐정의 윤리행동은 법률적 규정에 의한 강제 제재와 협회 차원의 윤리강령에 의한 자율적 준수를 강조하고 있는데, 탐정의 윤리규정은 각 국가마다 조금씩은 차이가 있지만 관련 법규를 준수해야 한다는 점 외에 다음과 같은 공통점을 내포하고 있다.

첫째, 사건의 수임에 있어 불법적이거나 비윤리적 사건, 혹은 고객사의 이익과 상반되는 사건을 수임하지 못하도록 규정하고 있다. 탐정의 조사업무는 사실 매우 다양하고 광범위하기 때문에 의뢰인으로부터 사건의뢰계약 전 충분하고도 명확한 상담을 통해 의뢰업무가 명확하게 어떤 것인지 확인해야 하며 그 임무수행에 있어서 불법적인 요소나 비윤리적 요소가 있다면 사건수임을 거절해야 한다.

둘째, 업무 수행과정에서 취득한 정보에 대한 비밀 준수이다. 기본적으로 고객과 탐정은 서로에 대한 신뢰를 바탕으로 계약관계가 유지되기 때문에 고객은 탐정으로부터 자신이 원하는 정보를 얻을 수 있음과 동시에 정보의 비밀이 준수되기를 요구하고 있다.

셋째, 업무와 의뢰요금에 대하여 계약 전 명확한 범위설정 및 설명으로 추후 발생 될 수 있는 비용시비에 대해 사전에 방지하여야 한다.

넷째, 윤리규정 위반자에 대한 통보의무이다. 탐정의 사회적 인식과 자질향상을 위해 비록 동료라 할지라도 규정이나 법규, 윤리 위반 행위를 한 회원에 대해서는 협회 혹은 감독기관에 통보할 것을 의무로 하고 있어 직업적으로 매우 높은 윤리의식과 그 실천을 요구하고 있다.

1) 미국

미국은 각 주별로 탐정관련 법규에 윤리규정을 포함시킨 경우도 있고, 각 협회에서 별도로 탐정윤리규정을 제정하여 회원들로 하여금 업무지침으로 준수토록 하고 있다.

(1) Maine주 탐정 윤리규정

- 연방 및 주(State) 법에 명시 된 시민의 권리를 침해할 수 없으며, 관련법과 개인보호 법령에 대해 적용되는 연방법, 법령, 규칙 등의 모든 법규를 숙지 및 준수한다.
- 조사에 근거한 사실과 이에 근거한 보고만을 하며, 기만행위를 하여서는 안 된다.
- 고객의 동의 없이 조사과정에서 수집한 정보를 유출·배포해서는 안 된다.
- 의뢰인의 이득을 침해하지 않는 범위 내에서 효용성확대를 위해 전문가들과 협력할 수 있다.
- 여건이 허락되면 사회정의를 위한 탐정의 역할과 Maine주에서의 탐정은 법집행기관으로부터 특별한 권한을 받은 사람이 아니라는 것을 일반인들에게 알려야 한다.
- 매사에 정직·공정해야 하며, 규정 위반 회원에 대해서는 협회에 통보하여야 한다.

(2) Texas주 탐정윤리규정

- Texas주 탐정으로서 전문성을 갖고, 성실하고 정직해야 한다.
- 의뢰인에게 업무의 내용·비용 및 청구요금 등에 대해 상세히 설명하여야 한다.
- 업무는 관련 법률과 윤리규정 내에서 수행하며 법규위반이나 비윤리적 행위에 대해서는 의뢰인에게 알림과 동시에 관련기관의 요구 시 법집행기관과 정부기관에 협조한다.
- 전문탐정으로서 직업적 연구와 노력을 계속하여야 한다.
- 탐정협회의 회원으로서 협회의 목적과 목표·방침을 충실히 따라야 한다.

(3) Connecticut주 탐정 윤리규정

- 취득한 정보를 누설하거나 부적절한 공개를 하지 않아야 한다.
- 고객들에게 정직·성실·신뢰 및 전문적인 태도를 유지한다.
- 모든 조사는 진실과 정직을 기초로 하며 매너를 지켜야 한다.
- 직원 채용 시 최선의 노력을 다하며 적절한 보험에 가입하여야 한다.
- 연방정부와 주정부의 관련 규정 및 지식을 습득하고 준수하여야 한다.
- 탐정업을 수행하면서 비윤리적이거나 부적절한 사업을 하지 않는다.
- 윤리규정을 준수하지 않은 회원에 대해 협회에 제보하여야 한다.

(4) Tennessee주 탐정 윤리규정

- 법규와 규정을 준수하며, 타인에게 해를 끼치지 않는다.
- 교육, 훈련, 경험에 대해 정확히 설명한다.
- 보고서는 개인적 감정이나 편견을 배제하고 진실과 사실에 근거하여 정확하게 작성한다.
- 자신의 의뢰인 · 직원 · 협회에 충실하며 회원 간에 모함은 하지 않도록 한다.
- 개인적인 이해관계가 있는 사건에 대해서는 수임하지 않는다.
- 임무와 비용에 관한 것은 고객에게 상세히 설명하고 적절하게 수행한다.
- 다른 회원의 명성 · 경험 · 경력 등에 대해서 비판하지 않는다.
- 비윤리적 · 불법적인 업무수행을 하는 회원에 대해서는 협회에 신고하도록 한다.[66]

(5) Pennsylvania주 탐정협회 윤리강령

- 탐정업무 수행 시 높은 수준의 직업윤리와 원칙들을 준수해야한다.
- 탐정은 모든 의뢰인들에게 항상 정직하고, 공정하고, 정중하게 대하여야 한다.
- 재판 시 그들의 업무와 역할을 적절한 시기에 일반에게 설명한다.
- 서로 오도하거나 남을 속이는 태도를 해서는 안 된다.
- 다른 탐정 및 전문가들에게도 서로 정직해야 하며, 다른 탐정의 직업적 명성을 손상시키거나 해를 입혀서는 안 된다.
- 탐정업무 수행 시 비윤리적 · 불법 또는 불공정한 책임이 있을 경우 그 정보 및 사실은 윤리위원회에 문서로 통보한다.
- 사적 혹은 영업상 이해관계가 충돌할 경우 업무 수락을 자제해야 하고 고객이 공정하고 정당한 대우를 받도록 한다.
- 의뢰받은 업무는 물론, 요금(수수료)에 대한 명확한 근거와 탐정의 의무에 대해 해당 의뢰인에게 설명해야 한다.
- 조사업무상 고객과 입수된 정보에 대해서 비밀을 지켜야 한다.
- 다른 탐정과 불법적으로 경쟁해서는 안 되며, 업무상 유혹이 있을 때 윤리적 매너로 자신을 지켜야 한다.
- 직업상 품위와 명예를 손상시키는 행위를 하지 않아야 한다.

---

66) 정일석, "민간경비 영역확장을 위한 민간조사제도 도입방안", 용인대학교 대학원 박사학위논문, 2008, pp.123~124.

- 업무 수행과 직업 자체를 규율하는 어떤 법률도 위반해서는 안 된다.
- 미 연방헌법이나 각 주의 헌법에서 보장하고 있는 시민의 권리를 침범하지 않는다.
- 모든 조사는 사적인 느낌이나 편견이 없이 진실과 사실에 기초하여 보고하며, 정직한 의견을 표현해야 한다.
- 고객이 고품질의 서비스를 받을 수 있도록 전문성을 발전시키고 기술적인 능력을 유지시키도록 노력하여야 한다.
- 회원은 탐정업의 높은 표준인 PALI(펜실베니아 탐정협회)의 지침을 지원해야 한다.

(6) 미국 Pinkerton[67]사의 탐정 행동윤리강령

- 불법적인 활동에 관련되지 않을 것.
- 정보 수집을 위해 비윤리적이거나 회사의 명성에 해를 끼칠 수 있는 사건에 관여하지 않을 것.
- 타인을 모함에 빠뜨리거나 범죄행위를 하지 않을 것
- 고의적으로 다른 고객의 불이익을 위해 업무를 수행하지 않을 것.
- 의뢰업무 성공을 보증하거나 또는 성공에 대한 조건으로 사례금을 받지 않을 것.
- 보상 또는 선물을 받거나 또는 그러한 행동을 한 직원을 묵인하지 않을 것.
- 범죄행동을 한 피고인의 이익에 관련 된 업무를 하지 않을 것.
- 중죄인과 타협하거나 또는 절취된 재산의 반환을 위해 타협하거나 적법절차 없이 재산을 강탈하지 않을 것.
- 은밀하고 불법적인 방법으로 고객명단 또는 사적인 사업정보를 획득하지 않을 것.
- 자기보험과 보험회사를 상대로 불법적 이익(보험범죄)을 얻고자 하는 자들을 위해 대리하거나 업무수행하지 않을 것.
- 배심원을 미행하거나 공무원의 직무수행에 관한 일을 조사하지 않을 것.
- 범죄사건을 제외한 여성의 행동이나 품행조사를 하지 않을 것.
- 이혼소송에 이용하기 위한 정보나 증거를 수집하지 않을 것.
- 도청이나 금전수금업무에 관여하지 않을 것.

---

67) 시카고 최초의 형사였던 앨런 핑커톤이 1850년에 자신의 이름을 딴 핑커톤탐정사무소(Pinkerton National Detective Agency)를 설립. 오늘날로 치면 사립탐정사무소 겸 경호업체 겸 사설군사업체라고 볼 수 있다. 가끔 현상금 사냥꾼 일도 겸업했다. 19세기 미국에서 여러 가지 활약을 하며 명성을 얻었는데 과학적인 수사와 경비의 개념을 최초로 정립했다는 호의적인 평가도 받지만 부정적인 이미지도 많다. 2003년 스웨덴의 보안회사인 Securitas AB에 인수되어 자회사가 되었지만 정부 분야는 여전히 핑커톤 정부 서비스(Pinkerton Government Services)라는 명칭을 쓴다.

2) 영국 탐정협회 윤리규정

영국탐정협회(ABI : The Association of British Investigators)에서는 윤리규정을 작성하여 영국탐정협회 및 탐정업계의 명예를 손상시키는 행위를 한 탐정을 제명처분하고 있다.

- 최상의 도덕적 원칙에 따라 직업적 의무를 수행하며, 탐정개인의 직업과 영국 탐정협회에 비난을 초래하는 잘못을 결코 하지 않는다.
- 조사를 수행하기 위해서는 의뢰인들의 증명서, 도덕성, 합법성을 검증한다.
- 의뢰인의 비밀과 합법적인 일은 존중해야 한다.
- 부주의로 개인정보의 누설에 대한 보호와 비밀보호에 대해 확실히 보증한다.
- 탐정업무를 조력하는 고용인 및 그 밖의 관련자에게도 윤리규정을 고수하며, 그에 따른 책임을 인정하도록 한다.
- 적법성, 도덕성, 직업적 윤리성의 범위 안에서 모든 조사를 수행한다.
- 가장 숙달된 능력과 전문성을 유지함으로써 의뢰인을 존경하고, 유리하거나 불리하더라도 조사과정에서 확인된 일은 모두 의뢰인에게 보고하며, 불법적 · 비윤리적 의뢰 및 계약은 응하지 않는다.
- 탐정협회의 가장 높은 직업적 목표의 성취에 대한 본 협회의 모든 회원과 함께 일하며, 진실, 정확, 신중함의 교훈을 준수한다.

3) 오스트레일리아 빅토리아주(州) 탐정협회 윤리강령

- 오스트레일리아 법에 따라 최고의 윤리, 전문성으로 모든 임무를 수행한다.
- 항상 정직 · 공평 · 성실에 기초한 행동을 하며, 모든 조사업무의 수행 및 종결 시 최고의 고객서비스를 제공해야 한다.
- 법이 요구하는 규정, 탐정의 자격 범위 내에서만 활동한다.
- 긍지와 존경을 나타내는 업무기준을 장려, 보호 및 유지하고 탐정산업의 건전한 대외적 지위증진에 노력한다.
- 고객의 사생활과 비밀을 보호한다.
- 모든 고객, 피고용인과 사업에 관련된 정보는 불법적 접근, 누설 및 악화에 대하여 보호된다는 점을 확신시켜야 한다.
- 탐정의 업무에 직접적으로 관련 있는 고객정보만을 받아들이고 검토한다.

• 모든 피고용인과 기타 관련자들은 윤리강령을 고수하여 조사활동을 보조하며, 책임을 받아들여야 하며 그렇지 않을 경우 그에 상응하는 고소 조치를 취한다.

4) 일본 탐정협회 윤리규정과 자주(自主)규제

① 윤리규정

• 책임자각(職責自覚)
탐정업무의 사회적 사명을 자각하고 직무를 성실, 공정하게 행함과 동시에 국민생활에 기여하는 마음을 가져야 한다.

• 신의성실(信義誠実)
조사는 성실, 정확하게 수행하고, 요금은 적정하게 함으로서 탐정업자로서의 신의를 중히 여겨야 한다.

• 법령준수(法令遵守)
업무수행 시 항상 법령을 준수함과 동시에 사회적 상식에서 벗어나는 일을 하지 않도록 한다.

• 인권존중(人権尊重)
항상 인권을 존중하고, 타인의 명예나 권익을 침해하거나 차별을 위한 조사를 행해서는 안 된다.

• 비밀보호유지(秘密保持)
업무상 알게 된 비밀을 함부로 타인에게 누설하거나 발표해서는 안 된다.

• 자기개발(自己研鑽)
탐정협회 회원은 항상 인격을 함양하고, 업무지식 및 기능의 향상을 위해 노력하여야 한다.

• 융화협조(融和協調)
탐정회원들은 서로 융화협조를 기하고, 단결하여 탐정업계의 발전을 위해 노력하여야 한다.

② 자주규제 (自主規制)

• 기본적 인권침해와 관계된 조사 의뢰는 절대로 수임하지 않는다.
• 이혼준비를 위한 조사는 하지 않는다.

- 전화번호만으로 가입자의 주소나 이름을 조사하거나 부정수법으로 정보 수집은 절대 하지 않는다.
- 범죄경력 수집 시 소문 등의 부정수법에 의한 정보 수집은 절대하지 않는다.
- 채무사실 조사 시 금융기관 등에서 부정한 방법으로 정보 수집을 하지 않는다.
- 조사결과에 대해 확대하거나 허위보고는 절대 하지 않는다.
- 기타, 부적정한 광고게재나 비합법적인 영업활동 및 조사는 절대하지 않는다.

4. 탐정의 기본적 자질과 이상적 자세

1) 탐정(정보수집요원)의 기본적 자질

탐정과 같은 정보수집요원의 개별적인 임무의 성공과 생사문제는 비록 우수한 조직, 엄격한 비밀보안의 유지, 주도면밀한 계획에도 불구하고 종국적으로는 해당요원 자신에게 내재한 선천적 또는 후천적 자질에 달려 있다.

완전하고도 이상적인 적성을 겸비한 사람을 찾아내는 것은 매우 어렵지만 이상적인 정보수집가의 자질은 정립할 필요가 있다.

주요 선진국 몇 개의 나라에서 추구하거나 기준으로 두는 정보요원의 접근 개념은 조금씩 다르지만 한 예로 제시해 보면 다음과 같다.

(1) 영국

영국은 이상적인 비밀요원의 모델로 중산층 이상의 좋은 집안 출신이며, 고등교육을 받고 스포츠맨형 청년으로 눈에 띠지 않을 정도의 미남에다 이성적이면서도 용기와 인내심을 구비한 사람을 기준으로 삼고 있다. 이러한 비밀요원의 타입은 사실상 감수성이 강하며 기민하고 침착하며 박식하고도 호기심이 많은 인간이지만 약간 잘난체하는 경향이 있는 성격의 소유자들이 많다.

(2) 러시아

정보요원에 대한 러시아인의 접근방법은 좀 색다르다.

러시아 사람들이 그리는 이상적인 정보요원은 열성적이고 수많은 서적을 탐독하여 지식이 풍부하고 수완이 좋은 지성인으로 정직하고 근면하며 제반 법령 및 규정들을 무조건 준수하며 그리고 어떤 경우에도 일정한 한도 이상의 반응을 나타내지 않는 강한 자제력을 가진 사람이다.

실제 러시아의 비밀요원은 세련된 자동인형과 같은 느낌을 주는 사람인데 비밀공작이 순조롭게 진행되는 동안은 더할 나위 없이 모든 일을 잘해나가지만 비밀 교육기관에서 배우지 않았던 문제에 부딪히면 순간적인 두뇌회전이 모자라 가끔 위험에 빠지는 경우도 있다고 한다.

(3) 미국

미국에서 정보요원이란 반드시 모든 분야에서 뛰어날 필요는 없지만 적어도 자기의 전문분야에서만은 그에 정통한 전문가로서 천성적으로 비상한 재주와 직감력이 뛰어나고 이성적인 인간을 모델로 삼는다. 또한 모험심, 용감성, 적응력 등이 있고 친절하고 말솜씨가 좋으면서 위기나 곤란한 처지에 직면했을 때 순간적인 재치와 두뇌회전이 빠르고 약간 신중하지 못하지만 문제해결을 위해 앞뒤를 가리지 않는 그런 타입을 생각한다.

특히 비밀요원 선발에 심리학적 테스트가 발달되어 있는 미국에서는 이상적인 비밀요원의 성격구조를 확립하기 위한 몇 가지 과학적인 연구가 이루어 졌는데 그 연구결과를 토대로 하여 다음과 같은 특징의 목록표를 작성하였다.

- 사기가 높아야 하고 장차 임무에 대해 진지한 흥미를 가져야 한다.
- 정력적이고 열성이 있어야 하며 진취적인 기상을 가져야 한다.
- 임기응변적 기지, 신속하고도 실제적인 사고력, 정확한 판단력 그리고 각종 사물, 사람 및 사고방식에 대처하는 방법을 터득하고 있어야 한다.
- 정서적으로 안정되고, 각종 스트레스에 강한 인내력이 있어야 한다. 성격은 조용하고도 침착하며 관대하고도 건전한 마음을 유지해야 한다.
- 다른 사람들과 더불어 잘 지낼 수 있어야 하고 팀의 한 멤버로서 자신의 임무를 완수할 수 있고, 다른 사람들의 단점을 이해하는 한편, 자신의 단점은 최대한 노출시키지 않도록 노력할 줄 아는, 즉 공동체의 삶과 활동에 잘 적응할 줄 아는 사람이어야 한다.
- 타인과의 협력하는 태도, 타인을 기꺼이 지도하려는 태도를 견지하여야 한다.

• 매사에 신중해야 하며, 의식적으로 자신의 정체를 감추기 위해서 애써야 하고 항상 비밀을 지키는 태도를 경지하여야 한다.
• 상황에 따라 필요한 경우에 한해 허세를 부리거나 상대방을 기만시킬 수도 있어야 한다.
• 민첩하고 소박하며 따뜻한 사람이어야 한다.
• 관찰력과 기억력을 구비하여야 하고, 복잡하고 큰 문제에 대해선 배경정보를 이용하여 그것들을 상호 관련시키거나 유추해 내는 능력을 가져야 한다.

이상과 같은 특징을 구비한 인간을 찾기란 매우 힘들다. 우수한 관찰력의 소유자와 훌륭한 보고를 하는 사람, 또는 훌륭한 교양과 우수한 지도력을 가진 사람들이 때때로 발견되거나 각 개인마다 몇 가지의 우수한 능력은 다 갖고 있기 마련이다.

실제로 이상적인 비밀정보요원은 인간의 장점을 두루 갖춘 영화 속의 주인공 같은 매우 탁월한 요원이 아니라 아주 평범한 사람이었음을 알 수 있다. 이러한 평범성은 외모에서까지 남의 눈에 잘 띄지 않는, 마음씨 착한 시골아저씨 같은 냄새가 풍겨야 하는 것이다.[68]

2) 탐정의 이상적인 자세

탐정은 의뢰사건에 대해 정보수집과 실체조사 영역의 전문가라 할 수 있다. 탐정의 업무가 자신의 전문능력을 바탕으로 일차적으로는 탐정 개인의 영리추구 목적을 지니고 있으나, 제3자에 대한 조사 및 정보수집 활동이 국가와 사회전체에 미치는 시각에서 본다면 탐정의 업무는 고도의 사회공공성과 도덕성이 요구되는 직업영역이다.

유능한 탐정에게는 이와 같이 업무 특성상 반드시 필요한 성품과 적성이 있는데 선천적이 아니더라도 교육이나 훈련 등의 후천적 노력에 의하여 반드시 갖추어야 할 지질들을 살펴보면 다음과 같이 정리할 수 있다.

① 모든 일에 주의 깊은 관찰력과 모든 사물을 빠르고 쉽게 기억할 수 있는 민첩성이 뛰어나야 한다.
② 힘들고 급박한 업무 상황에서도 오래 견딜 수 있고 대처할 수 있는 강한 체력과 정신력을 지니도록 노력하여야 한다.
③ 어떤 문제에 접했을 때 객관적이고 합리적인 모든 가능성을 생각해 날 수 있는 객관성과 합리적인 추론능력이 있어야 한다.

---

68) 강기욱, 전게서, PP.280-290.

④ 상대방과의 대화를 통해서 필요한 정보를 얻어 낼 수 있는 의사소통 능력과 대인관계기술을 지녀야 한다.

⑤ 사람을 다루는 요령 등을 포함한 위험한 임무에 대해 완벽하게 이해하여야 하며, 다양한 지식은 물론 법률 및 전문영역의 해박한 지식을 지닐 수 있도록 계속 노력하는 자세를 지녀야 한다.

⑥ 각종 장비 및 기기에 관하여 능숙하게 조작할 줄 알아야 하며 정확한 기록, 보고서 작성 및 재판증거 제출 등의 각종 형식이 요구하는 기록유지를 위한 사무능력도 갖추어야 한다.

⑦ 어떤 유혹, 금전 및 위압에도 흔들리지 않고 오직 의뢰인의 정보를 내 생명과 같이 다룰 수 있는 철저한 프로정신을 지녀야 한다.

⑧ 업무 수행 시 의뢰인을 비롯한 모든 사람에 대해 존중할 수 있는 인성과 성품을 지녀야 하며 불법적인 방법을 사용해서는 안 된다.

⑨ 많은 정보를 수집 · 보유할 수 있고 능률적인 감시 능력과 배경 조사 등을 포함한 다양한 기술을 개발할 수 있어야 한다.[69)]

⑩ 탐정은 사건에 따라서 은밀하게 정보 수집 및 조사를 해야 할 경우가 많은데 사건을 해결할 때까지 자신의 정체를 절대 알려서는 안 되며 의뢰인에 대한 철저한 비밀보장과 직업에 대한 사명감이 있어야 한다.

⑪ 탐정은 법과 인터뷰 기술, 조사방법 등에 대해 배우고 익혀야 하며, 분석기술은 물론 훌륭한 언어구사 능력과 문서작성 능력 또한 갖추어야 한다.[70)]

또한 탐정은 업무와 관련하여 다음과 같은 여러 가지 능력을 보유하여야 한다.

첫째, 의뢰인이 불리한 상황에서는 관련정보를 가장 먼저 의뢰인에게 제공하여야 한다.

둘째, 탐정업무와 관련된 증거를 보존하여야 하며, 의뢰인과 그 밖의 관련자에게 피해가 없도록 현재의 상황을 안전하게 유지할 수 있어야 한다.

셋째, 정보에 대한 상세기록과 보관을 위해 사진촬영, 비디오녹화, 스케치, 보고서 작성 등을 완벽하게 할 수 있어야 한다.

넷째, 탐색 · 사고나 범죄 피해자들 혹은 증인들의 면담을 통한 정보 수집을 하여야 하며,

---

69) Karen M. Hess · Henry M. Wrobleski, Introduction to Private Security fourth edition, West Publishing Company, 1992, p.339.

70) Robert J. Fisher & Gion Green, Introduction to Security 5th ed, Butterworth-Heinemann(USA), 1992, p.28.

용의자나 의심스러운 자에 대한 질문 혹은 심문을 할 수 있어야 한다.

다섯째, 법률관련 탐정업무일 경우 법률지식은 물론 법정에서의 증거증명 시 자기의 주장을 소신껏 주장할 수 있어야 한다.[71)]

3) 탐정의 평소 훈련 요령

탐정과 같은 정보수집업무는 잠복조사, 미행조사와 같은 육체노동의 부분이 있지만 일반적으로는 고도의 정신력이 필요한 정신노동이라 할 수 있다.

조사란 논리적으로 일정한 양식을 따르는 지능게임이다. 이 일정한 논리 양식은 합리적인 추리기술이 전제가 되어야 하는데 이 기술들은 자신이 어떠한 노력을 하느냐에 따라서 향상될 수 있을 뿐만 아니라 더욱 정교하게 발전될 수도 있는 것이다. 여기에선 탐정의 전문능력을 행상시키기 위해 평소에 스스로 할 수 있는 몇 가지 작은 비법들을 소개하고자 한다. 여기의 비법들은 비록 매우 단순해보일지라도 KGB나 특정 정부기관들에서 이와 비슷한 훈련을 실행하고 있으며, 이 훈련을 약 3개월 정도 꾸준히 연습하면 세부사항, 신체범위, 인지능력, 기억력 및 논리적인 사고력과 같은 추리능력을 상당히 향상시킬 수 있을 것이다.

(1) 기억력 훈련(Memory training)

운전 시 바로 앞에 가는 차의 번호판을 3초 내에 외워 본다. 대략 3분 후에 그 번호를 보지 않고 기억해 내도록 한다. 이 훈련의 목표는 더 오랫동안 기억하는 시간을 늘리는 것으로 목표물을 거리에 두고 추적할 때 모든 세부사항을 보고해야 할 필요가 있을 경우에 대비한 것으로 상당한 도움이 된다.

(2) 주변훈련(Peripheral Training)

운전을 하며 지나가고 있는 거리의 한 주소지를 정하여 거리에서 보이는 집에 있는 모든 물체들, 자동차, 기타 그 소재지에 있는 모든 것들을 서술해 본다.

가급적이면 목표하고 있는 지점을 직접적으로 응시하지 않고 옆 눈으로만 보도록 노력한다.

---

71) Karen M. Hess · Henry M. Wrobleski, op. cit., p.340.

(3) 식별기술훈련(Identifying Skill)

이것은 상당한 연습을 요하는 훈련으로서 다가오는 차량의 식별 기술이다. 이 차량들을 색상, 제조회사, 모델 등으로 분간한다. 또한 백미러로도 차량을 식별하도록 노력해 본다. 감시활동 전체를 백미러로 해야 하거나, 백미러나 사이드미러에 비치는 장면들을 비디오카메라로 촬영해야 하는 경우도 있기 때문이다.

(4) 인식능력 및 기억력 훈련(Perception and Memory Skill)

이 훈련은 어디에 있든지, 어디로 가든지 다양한 공간에서 연습 및 활용할 수 있는 기술이다. 먼저 특정대상을 쳐다 본 후에 세부적으로 키, 체중, 머리 색깔 및 머리길이, 안경, 의상 스타일과 색상, 신발에 대한 정보들을 종이에 서술, 묘사하여 기록해 본다. 매번 할 때 마다 대상물을 더 사실적이고 세부적이면서도 빨리 묘사할 수 있도록 노력해 본다.

(5) 실습(Practioning)

길을 가면서 누군가를 따라가는 연습을 해 본다. 따라가는 대상이 눈치 채지 못할 때 까지 어느 정도 갈 수 있는지 시험해 보는 것이다. 이때 상대와의 거리는 편안한 느낌을 가질 수 있을 정도로 유지하며, 앞 사람이 어떤 실수를 하는지 따라가면서 기억해 놓는다. 이러한 훈련은 미행의 기술을 향상시킬 수 있을 뿐만 아니라 자신만의 노하우가 될 수 있음을 깨닫게 된다. 단지 남자의 경우 따라가는 대상을 여자로 선정하여 미행연습을 하게 되면 스토킹으로 오해받거나 심할 경우엔 법적인 문제까지 발생할 소지가 있으므로 절대 삼가야 한다.

(6) 법률보조훈련(paralegal Training)

탐정 및 정보수집활동에 종사하거나 이 분야에 대해 알고자 하는 이들에게 꼭 필요한 훈련은 법률보조훈련이다. 법률보조분야란 변호사 업무에 관련 된 모든 탐문 및 조사를 하는 업무이다. 때때로 이러한 조사가 법률상의 조사형태로 그칠 경우도 있지만, 법률조사원들은 (사건)조사, 의뢰인 및 증인신문과 진술기록 등을 하며, 법률보조 분야를 통해 변호사의 시각으로 사건을 보는 훈련을 할 수도 있다. 또한 법률보조분야 훈련은 증거입수와 리포트작성요령에 큰 도움이 된다. 따라서 탐정은 다양한 분야의 업무를 수행하기 때문에 많은 문서를 빠른 시간에 이해할 수 있어야 하며, 그 가운데에서도 특히 관련법에 관한 지식이나 절차,

형식 등에 대한 공부를 게을리 하지 않으면 안 된다. 자신이 하는 행동이 법에 저촉되는지 그 여부에 따라 탐정으로서의 수명이 결정되기 때문이다. 아울러 법률은 수시로 변하기 때문에 한상 공부하는 자세를 가지고 있어야 한다.[72]

72) 이동영, 21세기 공인탐정이 뛴다, 굿인포메이션, 2000, pp.180-182.

제5장

정보수집의 기본적 이해

1. 정보의 개요
2. 정보의 분류
3. 정보의 순환과정
4. 정보의 특성과 사회적 가치
5. 탐정 정보의 분류

제5장 정보수집의 기본적 이해

1. 정보의 개요

정보수지활동은 개인의 간단한 호기심부터 우리들의 생사가 좌우되는 정보 즉 국가안보에 심대한 영향을 미치는 국가 수준의 정보와 우리의 물질적 삶의 질을 좌우하는 산업 및 경제적 측면에서의 기업 정보 등 인간의 모든 영역에서 이루어지고 있다.

특히 21세기 급변하는 세계화와 정보화 속에서는 국가의 위기를 극복하고 보다 풍요한 삶을 영위하기 위해서는 세계 도처에서 일어나고 있는 정치 · 경제 · 사회 · 문화 · 외교 · 군사 · 교육 등 모든 사태에 대해 적시에 정확한 정보를 획득할 수 있어야 한다.

매일 수많은 뉴스와 사건을 보도하고 있는 신문 · 방송 등 매스컴 기사의 홍수 속에서 국가정보기관이나 기업 등의 정보 종사자들은 각국의 비밀 즉, 정치적, 외교적 최고 정책내용이나 전략계획 또는 군사력, 경제력에 관한 상세한 내용을 도출해 내려고 필사의 노력들을 하고 있다.

훌륭한 정보는 위기의 예측, 계획의 수립, 장비의 개발, 자원의 분배, 그리고 작전행동의 기초가 된다. 그러나 훌륭한 정보는 결코 우연히 얻어지거나 즉흥적인 기능으로 획득되는 것이 아니다.

탐정업무는 정보가 없으면 시작할 수 없으므로 정보의 수집, 제공, 분석이야 말로 탐정 업무의 전부라고 말해도 좋다. 따라서 탐정의 활동에 가장 기초적이며 중요한 정보의 기본적인 특성과 원리를 이해하여야 할 것이다.

1) 정보의 개념

우리가 일상적으로 사용하고 있는 정보에 대한 정의는 학자의 보는 관점에 따라 전문 분야에 맞게 정의하고 있기 때문에 정확하고 완전한 정의를 내리기는 어렵다.

정보란 일반적으로 우리가 '일연의 행위를 시작하기 전에 알아야 할 사전지식'을 뜻하며 그 본질에 있어서는 어떤 목적을 달성하기 위한 정책수립의 기본지식 즉, 문제 해결에 필요한 지식을 말한다.

과학기술적 측면에서의 정의를 보면, 데이비스(G.B. Davis)는 "정보란 받아들이는 사람에게 필요한 형태로 처리 된 데이터이며, 현재 또는 장래의 의사결정에서 실현되는 것 또는 가치를 인정받는 것"으로 정의하고 있다.

보편적 관점에서 정보란 인간사회의 모든 현상을 말하는 것으로서 첩보와 구분 없이 광의로 사용되지만, 정보기관에서는 '정보란 국가의 정책결정을 위하여 수집된 정보를 평가, 분석, 종합 및 해석한 결과로 얻은 지식'이라고 정의하여 첩보와 정보를 구분하고 있다. 즉, 첩보는 '목적성을 가지고 의도적으로 수집한 데이터'이나 아직 분석 · 평가 등의 정보처리과정을 거치지 않은 것을 의미하고, 정보는 '특정한 상황에서 가치가 평가되고 체계화된 지식'으로서, 입수된 첩보를 필요성에 맞추어 처리 및 가공함으로써 이용가치를 부가시킨 것을 말하는 것이다. 그러나 국가기관에 있어서 정보는 반드시 평가 해석된 것이라고 볼 수 없으며, 넓게 볼 때 국가기관이 그 업무에 기하여 지득하여 저장하고 있는 모든 정보체계의 집합체라고 할 수 있다.

경찰법과 경찰관직무집행법에서는 '치안정보'라는 용어를 사용하고 있는데, '치안정보'란 치안의 목적을 위해서 사용되는 모든 정보를 뜻하는 것으로, 평가 · 해석 등의 처리 과정을 거치지 않은 첩보도 포함하는 넓은 의미로 해석하고 있다.

탐정업무의 관점에서 볼 때 탐정의 정보(information)란 합법적인 범위 안에서 의뢰인으로부터 위임받은 계약내용(조사대상)에 대해 합법적인 방법으로 관찰이나 조사 · 측정 등을 통해 수집한 자료를 말하며, 실제 문제해결에 도움이 될 수 있도록 정리한 지식, 또는 자료라 할 수 있다.

2) 정보개념의 구성요소

(1) 정보의 사용자

정보는 어느 시기, 어느 상황을 막론하고 해당 정보를 필요로 하는 사용자가 있어야 한다. 사용자는 특정한 개인이나 조직, 단체가 될 수 있으며 경우에 따라서는 국가나 군대, 기업체 등 누구나가 될 수도 있다. 아무리 많은 정보가 산재해 있더라도 그것을 필요로 하는 사용자가 없다면 정보는 무가치한 자료가 될 뿐이다.

(2) 고유의 가치

정보는 나름대로 고유의 가치가 있어야 한다. 아무리 훌륭한 정보라 하더라도 그것이 필요없는 사람에게는 아무런 가치가 없는 것이기 때문이다.

(3) 일정한 처리과정

정보는 필요한 사람이나 특정한 목적에 따라 일정한 처리과정을 통하여 처리되어야 정보의 가치가 살아나며, 반드시 이와 같은 처리과정을 통하여 생산된 것만이 정보로서의 가치가 부여된다.

따라서 일정한 형태의 처리과정을 거치지 않은 정보는 자료나 첩보의 수준에 지나지 않는다고 할 수 있다.

3) 정보의 구성

(1) 첩보(Information)

첩보란 평가, 해석되지 않은 정보자료라고 할 수 있다. 정보활동을 전문으로 하는 정보기관을 제외한 일반사회나 기업체에서는 정보나 첩보를 잘 구별하지 않고 사용하고 있으나 정보기관에서는 혼란과 정확성의 문제 때문에 하나의 약속부호처럼 이 양자를 엄격히 구분하여 쓰고 있다. 즉, 정보를 생산하기 위하여 사용하는 자료를 첩보라 하고 그 자료로서 생산된 결과를 정보라고 정의하고 있다.

정보활동은 정보소비자의 수요 등에 의한 첩보수집계획에서 출발하여 첩보수집활동으로 이어지므로 첩보수집계획과 첩보수집활동은 정보활동의 기본이 된다.

첩보의 출처는 크게 2가지로 나눠진다. 하나가 인간(HUMAN)이고 다른 하나는 기술(TECHNOLOGY)이다. 인간 출처에서 수집된 정보를 인간정보(HUMINT)라고 하며 이는 다시 공개출처와 비밀출처로 구분된다.

공개출처에는 신문, 잡지, 방송, 여행자, 서적, 지도, 전화번호부 등이 있고, 비밀출처로는 정보관, 공작원, 협조자, 주재관보고와 전쟁 포로나 평상시의 망명자가 해당된다. 공개출처로 수집하지 못하는 정보는 비밀출처를 통해서 수집하게 되며 고위직이나 핵심인사 주변인물일 경우 핵심적인 고급정보를 제공하게 된다.

다음으로 기술출처로부터 수집되는 정보를 기술정보(TECHINT)라고 하는데 영상정보(IMINT)와 신호정보(SIGINT)로 구성된다. 영상정보는 위성, 레이다, 항공기 등의 기술수단에 장착한 고성능 카메라로 촬영한 영상으로부터 해석하고 분석한 정보이다. 이에 반해 신호정보는 적과 타국의 통신, 전자신호, 레이더, 레이저, 적외선 등 신호를 수집하여 해석하여 얻은 정보이다.

첩보는 획득한 출처(Source)에 관계없이 첩보내용의 비밀여부에 따라 비밀첩보 또는 공개첩보로 구분된다. 여기서 첩보내용의 비밀여부라 함은 그 내용이 공개되어도 좋은지, 또는 보호해야 할 내용인지를 의미하는 말이다. 라디오방송이나 신문기사 등 공개출처(Open Source)로부터 획득한 첩보라 하더라도 국가안보상 그 내용을 공개해서는 안 되는 자료가 있을 수 있다.

(2) 자료(Data)

자료란 어떠한 결론을 도출 할 수 있는 사실이나 내용으로서 주로 도서관, 연구소, 공공단체에서 구할 수 있는 각종 문헌과 사진, 필름 등이다.

(3) 출처(Source)

출처란 자료나 첩보를 획득할 수 있는 원천으로서 자료소재(Crude Data)의 보유원(保有源)을 말한다. 모든 첩보 또는 정보의 수집에는 입수경로가 있는데 이 입수경로를 정보원 또는 첩보의 출처라고 한다.

즉, 출처의 넓은 의미는 입수자에게 첩보나 자료를 주게 된 직접 또는 간접의 공급원을 뜻하지만, 정보전문가 사이에서 출처라고 했을 때는 상식적으로 직접 또는 간접의 제보자(Informant)를 뜻한다. 그러나 첩보수집자가 아닌 정보 분석자가 첩보나 정보의 출처를 중요시하고 문제시하는 것은 그 자료의 신뢰성(Credeibility)을 평가하는데 기초가 되기 때문에 이 경우 출처라고 할 때는 첩보의 제보자 보다 실제로 어디서 그 첩보가 생성되었는지 원천이 중요시 된다.

이처럼 정보작성 분야에서 출처란 모든 첩보가 획득 된 실질적인 원천을 뜻한다. 따라서 정보작성자의 입장에서는 출처란 그 원천이 문제되는 것이지 제보자나 전달경로는 그다지 문제되지 않는다.

① 1차 출처(Primary Source)와 2차 출처(Secondary Source)

첩보의 1차출처란 직접 관찰하였거나 참가하였거나, 기록한 사람들이다. 예를 들면 어떤 기업체의 총수와 직접 인터뷰한 기자가 1차 출처이고, 그가 직접 작성한 기사도 1차 출처이다. 스파이나 전향자가 직접 작성한 것도 1차 출처이며 각종 센서 등의 정보장비 즉, 전자정보수신기, 레이더, 전자광학장비의 카메라도 1차 출처이다.

2차 출처는 1차 출처를 근거로 하여 작성된 서류이다. 만약 정보 분석자가 비밀공작원인 전향자와의 면담을 통해서 평가한 첩보에 근거를 둔 보고서라면 이 보고서가 곧 2차 출처가 되는 것이다. 대개의 경우 분석자들은 1차 출처 또는 1차 출처에서 나온 서류가 2차 출처보다도 신빙성이 있다고 볼 수 있지만, 그러나 정보 분석자는 어떤 첩보를 평가할 때 출처의 능력과 동기를 고려해야 한다. 예컨대, 능력의 경우 출처(사람)가 관찰 시 관찰능력이 미숙해 장갑차(APC)를 보고 전차(Tank)로 보고할 수도 있으며, 동기의 경우에도 예컨대 어떤 전향자가 자신의 개인경력을 남의 호감을 얻기 위해 고의로 유리하게 작성할 수도 있기 때문이다.

② 공개출처와 비밀출처

출처는 보호의 필요성 유무에 따라 공개출처 또는 비밀출처로 구분된다. 이것은 출처로부터 획득되는 첩보내용의 비밀여부와는 관계없는 개념이다. 출처가 노출됨으로서 상대방의 대첩보조치(對諜報措置)로 그 출처가 봉쇄되어 그 이상의 제보를 받을 수 없게 되어 정보활동의 지장을 초래하는 경우가 있는데 이러한 경우 최대한 그 출처를 보호해야 하는데 이 같은 출처를 비밀출처라 한다.

반대로 공개출처라 함은 신문, 방송, 도서관, 세미나, 공식적인 외교경로 등과 같이 보호가 필요 없는 출처이다. 사실 정보작성 시 80% 이상이 공개출처에서 입수되고 있다고 해도 과언이 아니다.73)

73) 강기욱, 정보아카데미, 한국생산성본부, 1997, pp.36-38.

2. 정보의 분류

1) 사용주체에 따른 분류

(1) 국가정보

국가 전체 목적을 위해 생산된 정보

- 미 NSA(국가안보국), CIA, FBI 등의 수집 정보
- 국가정보원, 경찰 수집 정보

(2) 민간정보

개인이나 민간단체, 탐정 등이 수집한 정보

2) 수집활동에 따른 분류

(1) 인간정보(Human Intelligence, HUMINT)

- 인간의 활동으로 수집된 정보
- 정보관, 정보원, 비밀공작원, 스파이 등의 활동

(2) 기술정보(Technical Intelligence, TECHINT)

블랙박스, CCTV, 통화 및 대화 녹음, 대화 녹화, 사진활영, 이메일, 카톡, SMS등을 통해 수집된 정보

① 영상정보(Imagery Intelligence, IMINT) - 카메라, 항공정찰기, 인공위성 등

② 신호정보(Signals Intelligence, SIGINT)

- 통신정보(Communication Intelligence, COMINT) - 유무선 전화통신, Morse전신, Fax
- 전자정보(Electronics Intelligence, ELINT) - 전자감시((Electronic Surveillance)

(3) 공개출처정보(Open Source Intelligence, 오신트)

공개되어 누구나 활용할 수 있는 자료에서 체계적인 분석방법을 거쳐 생산된 정보

〈자료 5-1〉 자료 · 첩보 · 정보의 비교

구 분	광의의 정보		
	자료(Data)	첩보(Information)	정보(Intelligence)
의 미	단순사실, 신호, 소재	목적의식에 따라 수집된 자료	일정한 절차에 따라 처리된 유용한 정보
용 어	데이터(자료)	1차정보, 첩보, 생정보	2차정보, 정보, 가공정보, 지식
활 동	입력(Input)	수집	평가, 분석, 가공
활동특성	임의적	의식적	의식적
활동주체	전임직원	전임직원	정보전문부서
특 성	무의미	불확실성	확실성
유 용 성	小	中	大
시 간	자동적	신속성	지연성

* 자료 : 경찰대학, 경찰정보론, 2005, p.14.

3. 정보의 순환과정

정보의 순환이란 정보활동 시 소요되는 정보의 요구를 결정하고 이 요구를 충족시키기 위한 수집된 첩보를 평가, 분석, 동합, 해석하여 정보를 생산한다. 생산된 정보는 정보의 순환과정을 거치게 되는데 정보의 순환과정은 정보의 요구, 첩보의 수집 및 분석 평가, 정보의 생산 및 배포라는 일련의 순환과정을 말한다.

즉 정보의 순환은 정보생산의 여러 단계가 유기적으로 조직되고 상호 보충작용으로 반복, 계속되는 과정으로서 목표를 향해 형성되고 발전되어 가는 총괄적인 정보활동의 과정이라고 볼 수 있다.

첩보가 정보화되어 배포될 때까지의 순환과정은 〈자료 5-2〉, 〈자료 5-3〉과 같이 4단계(요구-수집-생산-배포), 또는 5단계(요구-수집-처리-생산-배포)로 나뉠 수 있는데 단순히 직렬 형태로만 연속적 또는 동시에 이루어 질 수 있다.

여기서 첩보란 정보가 되기 전의 모든 사회적 현상에 관한 부정확하고 단편적이며 불규칙한 사실에 관한 견문으로서 아직 평가 · 해석되지 아니한 지식이기 때문에 그 자체로는 사용가치가 매우 희박하다고 볼 수 있다.

〈자료 5-2〉 정보의 순환과정(4단계)

정보요구단계	⇨	첩보수집단계	⇨	정보생산단계	⇨	정보배포단계

〈자료 5-3〉 정보의 순환과정(5단계)

1. 정보요구단계	정보요구결정, 수집계획의 준비, 명령하달 및 수집기관의 활동 내용에 대한 지속적 점검
2. 첩보수집단계	인적수단이나 기술적 수단 등을 통한 첩보수집
3. 정보처리단계	수집된 자료들을 대조, 평가, 존안 및 관련 부처로 전달
4. 정보생산단계	첩보에 대한 체계적인 분석, 종합, 해석 및 판단으로 정보사용자에게 적합한 형태의 안전한 정보로 가공
5. 정보배포단계	생산된 정보가 사용자에게 전달

4. 정보의 특성과 사회적 가치

1) 정보의 특성

(1) 적실성

사용권자의 의사결정에 반드시 필요한 내용을 제공할 때 정보로서의 가치를 발하는 특성이 있다.

(2) 적시성

정보의 가치를 판단하는 중요한 기준은 필요 시 활용가능 여부이다. 또한 정보는 일반적으로 시간이 갈수록 가치가 줄어드는 속성을 가지고 있다.

(3) 비이전성

정보는 타인에게 전달해도 본인에게 그대로 남아 있다.

(4) 누적효과성

정보는 데이터베이스의 사례에서 볼 수 있듯이 정보가 풍부하게 생산되고, 축적될수록 그 가치가 높아지는 것을 말한다.

(5) 신용가치성

정보의 구입 시 출처, 즉 정보원(Source)의 신용이 중요한 판단기준이 된다. 같은 정보라도 출처의 신뢰도가 높을수록 그 정보의 가치는 높다고 할 수 있다.

(6) 무한가치성

물질이나 에너지는 하나의 상품에 하나의 가치 밖에 없지만, 정보는 그 내용이 단 한가지라 할지라도 필요한 사람이면 누구에게나 가치가 있다.

(7) 빈도

빈도란 정보의 사용자가 얼마나 자주 필요로 하고, 또 수집되며 생산하는가를 측정하는 기준으로서 정보의 가치판단에 있어 중요한 측정요소이다.

(8) 완벽성

특정 상황에 대한 정보가 그 정보를 필요한 사람에게 전반적이고 체계적인 내용을 모두 전달해 줄 수 있는가도 정보의 가치판단에 중요한 기준이 된다.[74]

2) 정보의 사회적 가치

(1) 상업적 가치

정보의 상업적 가치(Commercial value)는 개인, 기업 등의 경제주체가 정보의 주체가 되어 경제적 이윤추구를 목적으로 할 때 강조되는 가치이다.

이때 정보는 기본적으로 경제주체들이 팔거나 사는 재화 또는 상품으로서의 성격을 가지게 되는 것이다. 정보화 사회의 진전에 따라 정보의 중요성이 증가하면서 재화 또는 상품으

74) 경찰대학「경찰정보론」, 2005, pp.10~17.

로서의 정보의 역할이 커짐에 따라 정보의 상업적 가치의 중요성도 더욱 증대하였다. 그러나 이러한 추세는 정보의 상업적 가치를 부당한 방법으로 침해하는 사회병리현상을 초래하고 있기도 하다. 그 대표적 사례는 지적재산권의 침해를 수반하는 컴퓨터범죄, 저작권 관련 계약 및 법률위반과 산업스파이 활동 등은 정보의 특징 중 하나인 높은 전달 가능성에 편승하여 국가 간의 정보유통의 문제를 파생시키고 있는 것이다. 각국의 정보기관들은 이에 따라 상업적 가치를 가진 자국의 정보를 다른 국가 또는 그 기업 및 개인 등으로부터 보호하기 위한 對정보(Counter- intelligence)활동을 강화하고 있다.

(2) 개인적 가치

정보의 개인적 가치(Private value)는 정보의 주체인 개인이 사생활의 내용을 공개당하지 않을 목적(소극적 · 전통적 프라이버시권)을 추구할 때 강조되는 가치이다. 이 외에도 초상권, 성명권 등 일신 전속적 성격을 가지는 권리들이 정보의 개인적 가치와 밀접한 관련을 갖고 있다. 이와 관련하여 개인에 관한 정보가 경찰의 업무범위에 포함되는 '치안정보의 수집' 활동의 대상이 되는 경우에는 경찰목적, 정보의 개인적 가치의 침해 필요성 및 그 범위 상호간에 비례원칙 등 법원칙의 위반이 없도록 해야 할 것이다. 집회현장에서 이루어지는 경찰의 채증 활동이 적법성을 보장받기 위해서는 집회시위방법의 적법성에 대한 고려와 함께 채증 대상이 되는 개인정보인 초상에 대한 목적 외 사용금지. 적절한 폐기절차 등을 지도적으로 보장할 필요성이 제기되는 것도 이와 같은 이유이다.

(3) 공공적 가치

정보의 공공적 가치(Public value)는 공중일반(Public)이 정보의 주체로서 공공복리를 목적으로 정보를 공유하여야 한다는 시각에서 강조되는 정보의 가치이다.

국가가 학문의 자유, 언론 및 출판의 자유 등을 존중하고 이를 위해 공공도서관, 박물관, 학교 등을 설립하거나 언론 및 출판 시스템을 지원하는 등의 전통적인 태도와 함께 각국이 행정정보공개제도 등을 도입, 발전시켜오고 있는 최근의 경향 등이 정보의 공공적 가치를 인정하는데 따른 것이라 할 수 있다.

(4) 정보가치의 상호간의 갈등

이상에서 언급한 정보의 가치들은 상호 경쟁관계에 있기 때문에 경우에 따라서는 가치 간의 충돌이 생길 수도 있다.

즉, 어떤 정보는 상업적, 개인적, 공공적 가치를 모두 갖출 수도 있지만 대부분 어느 한 가치가 상대적으로 강조되어 비교우위를 점하게 되며, 이때 가치 상호간에 갈등이 형성되는 것이다. 예를 들어 정보의 상품성이 강조될 경우 새로운 정보시스템을 통하여 정보를 판매하려는 입장에서는 정보를 누구나 공유해야 한다는 관념에서 출발하는 공공도서관의 이념과는 마찰이 일어날 수밖에 없다. 또한 공적인 가치를 반영하는 '정보자유'에 관한 법은 사생활을 보호받을 권리 등과 같은 개인이나 고유자의 이해, 즉 사적가치와 상충될 수 있다. 예를 들면 정부는 공적인 목적을 위해서 개인이나 기업 또는 다른 조직에 관한 막대한 양의 정보를 수집하고 있다.

그런데 지금까지는 개인이 정보에의 접근이 어려웠기 때문에 개인정보에 대한 보호가 어느 정도 통제가 가능했지만 정보화 사회의 도래로 전산화 된 시스템은 이러한 정보에 접근하는 것을 용이하게 하고, 정보의 관리에 소요되는 시간과 비용도 감소시켜 정보의 대중화에 기여하게 되었다. 이때 정보의 공적가치는 높아졌으나 사적가치의 보호는 어려워진 것이다. 또한 상업적 가치와 사적가치와의 갈등도 현대 우리사회에서 흔하게 발생하고 있다. 상업적으로 시장성이 있는 정보는 이와 관련 된 개인의 동의 없이 제3의 정보제공자로부터 수집되어 사생활과 소유권의 침해를 초래할 수도 있는 것이다.

5. 탐정 정보의 분류

탐정에게 있어서 정보는 다음과 같이 크게 분류할 수 있다.

1) 정보공개 여부에 따른 분류

(1) 공개정보

관청, 인명부, 법원의 상업 등기부 열람, 국회도서관, 신문, 잡지, 등에서 공공연하게 입수할 수 있는 정보를 의미한다.

(2) 비공개정보

공개되지 않아서 입수한 당사자 밖에 모르는 정보를 의미한다.

이 가운데 '비공개정보'야 말로 탐정이 조사하는 정보이다. 물론, 공개정보에 관한 지식도 최소한 필요하지만 이것들은 정보공개라는 사회적 흐름 속에서 비교적 입수하기 쉽다. 탐정에게 있어서 정보란 요리의 신선한 '생선회'와 비슷한데 생선회는 그대로 두면 부패하기 때문이다. 정보도 의뢰인이나 그것을 원하는 사람에게 신속히 제공하지 않으면 안 되는 것이다. 또한 의뢰인의 주문과 다른 정보라면 아무 쓸모없는 것이다. 또한 '안내'와 '정보'의 의미도 다르다. 이해하기 쉽도록 다음과 같은 예를 들어보도록 한다.

❑ 안내=Information → 백화점의 안내판(각 층에 어떤 매장이 있는가?)
❑ 정보=Intelligence → 개개인의 고객이 원하고 있는 상품을 판매하는 코너로 모시고 가는 것.

탐정의 관점에서 본다면 정보수집의 타이밍에 따라 두 가지로 분류할 수 있다.

즉, 탐정이 조사 업무 중에 수집하는 정보와, 조사에 들어가기 전에 수집하는 정보가 있다. 이 두 단계의 정보를 조합을 시켜야만 확실한 조사를 할 수 있는 것이다.

2) 정보신빙성에 따른 분류

(1) 확인정보

미행하여 얻은 정보는 확인정보에 가깝고(상대가 속임수를 썼을 경우엔 예외) 확실성이 높다. 휴지나 쓰레기 조사도 확인정보의 하나이다.(영수증으로 예를 들어 한명이 살고 있다면 미행, 잠복을 병행하여 이 영수증으로 거의 확실한 것을 알아낼 수 있지만 가족과 동거할 때의 이 영수증은 미확인 정보라고 할 수 있다)

(2) 미확인정보

탐문조사로 얻은 정보는 대부분 여기에 해당한다. 탐문상대의 거짓이나 속임수도 있기 때문에 확실성은 낮다. 예를 들어, 'OO의 사진이 있다'고 말만 들었을 때는 미확인이지만 실제로 사진을 볼 수 있다면 확실한 정보가 되는 것이다.

(3) 허위정보

탐문조사 시 상대가 의도적으로 속이고 있는 경우가 여기에 해당 된다.

조사 현장에서는 이 세 가지가 함께 섞여 있기 때문에 수집된 정보의 분석과 판단이 매우 중요하다.

3) 언어정보와 비언어정보

'언어정보'란 문서화 할 수 있는 정보를 말하며, 그에 반해 현장에서 보고 있는 현상 그 자체는 '비언어정보'가 되는데 비언어정보 만으로는 조사가 되지 않는다. 보고서라는 언어정보의 정리로 시작하면서 탐정의 조사는 완성되는 것이다.

그러나 그것이 전부는 아니다. 때로는 비언어정보를 그대로 의뢰인에게 구두(口頭)로 전달해야 하는 상황도 있다. 예를 들면, 가출인 조사에서 가출인의 소재가 발견되었을 경우, 현장으로부터 사무실까지 돌아와 보고서를 작성할 여유가 없을 때 조사대상자 즉, 가출인이 바로 다른 곳으로 이동할 가능성이 높기 때문이다. 이런 경우에는 의뢰인에게 전화로 즉시 보고하거나 의뢰인을 현장에 오도록 하는 것이 일반적이다.

제 6 장

탐정의 탐문조사

1. 탐문(探聞)조사의 의의
2. 탐정의 면담과 정보유도
3. 탐정의 탐문기법

제6장 탐정의 탐문조사

1. 탐문(探聞)조사의 의의

탐문이란 알려지지 않은 사실이나 소식 따위를 알아내기 위하여 이리저리 찾아다니며 묻거나 알아보는 것을 말하며[75], 이때 어떤 것을 알아보기 위하여 얼굴을 마주하고 이야기하는 면담을 통해서 피면담자(대상자)로부터 목적에 부합되는 정보를 자세하고 정확하게 알아 낼 수 있는 방법이다.

이것은 비단 정보수집활동 뿐만 아니라 우리들의 일상적인 대인 접촉에서도 흔히 사용되는 처세수단이라고 할 수 있다.

탐문(면담)을 통한 정보유도란 상대(출처)와 대화 중 상대방이 눈치를 채지 못한 가운데 가치가 있는 정보를 알아내기 위한 기술이다. 따라서 면담을 통한 정보유도 기술을 성공적으로 수행하기 위해서는 면담대상의 성격을 파악할 필요가 있다.

탐정의 정보수집에서는 탐문과 면담이 같이 이루어지는 형태이므로 본 장에서는 같은 의미의 용어로 사용하기로 한다.

탐정은 탐문대상자(Target)와 관련된 기초 및 상세정보를 확인하기 위해 탐문대상자의 친구, 이웃, 직장동료 등 주변인물의 탐문부터 진행해야 한다.

이때 조사대상자인 주변인물은 낯선 탐정보다는 대상자와 가깝기 때문에 관련 사실을 바로 전달해 줄 가능성이 높으므로 주변인물들이 알아차리지 못하게 탐문하는 기술이 요구된다.[76]

탐정의 탐문은 의뢰인으로부터 얻은 자료 즉, 사진, 옛날 주소, 최종적으로 만난 장소와 시간 등 기초 정보를 기반으로 시작되며, 일단 주변인과 면담을 통해서 단서를 찾는 것이 중요하다.

---

75) Daum국어사전.
76) 탐정신문, 2020. 08.21, [일본] 탐정이 타겟에 대해 조사하는 방법은 탐문과 잠복 등 4가지 http://www.idtt.co.kr/799(검색: 2021.08.25.)

탐문은 간단한 조사기법이기는 하지만 고도의 고급 기술이 필요한 방법이다. 광범위한 탐문조사와 온라인 조사 등을 동원하면 필요한 정보수집에 성공할 수 있다.

소재를 파악할 대상자를 알고 있을 것이라고 추정되는 사람을 정한 이후 직접 방문해서 면담하는 것이 좋으며, 직접 알지는 못하지만 알고 있을 가능성이 있는 사람을 소개 받는 것도 문제를 해결해 나가는 방법이다.

탐문조사의 성공은 주변인과 관계자로부터 얼마나 정확한 정보를 획득하느냐에 따라 결정된다. 이들이 정보를 숨기거나 탐정의 조사를 방해하기 위해 거짓 정보를 제공한다면 해결이 불가능해진다.

따라서 탐문조사를 시행하는 탐정은 좋은 인상과 사교적인 대화술로 무장해야 한다. 주변인에게 신뢰를 심어주고 나쁜 의도로 조사를 하지 않는다는 것을 믿도록 해야 협조하기 때문이다.

2. 탐정의 면담과 정보유도

1) 면담과 정보유도의 특징

- 면담을 통한 정보유도는 매우 훌륭한 정보수집 수단으로서 잘 훈련되고 경험이 풍부한 정보수집자가 활용한다면 공개출처에서 얻기 어려운 귀중하고도 광범위한 정보를 획득할 수 있다.
- 면담을 통해서 얻어지는 정보는 완전한 것이 아니고 대체로 단편적인 것이 많다.
- 정보를 가진 사람은(출처) 면담자의 관심사항이 무엇인지 잘 모르고 있으며 가령 안다고 하더라도 그 범위가 어느 정도인지 모르고 있다.
- 면담을 통한 간접질문은 주로 공개출처에서 수집하기 힘든 자료나 첩보를 획득하기 위해 이용된다. 예를 들면 정보요원이 출처를 개척하기 위하여 표적(Target)으로 삼은 어떤 인물의 직장, 사업관계, 가족사항 등에 대하여 면담대상자가 잘 알고 있다든지(비밀이 아닌 것), 경쟁사의 새로운 기술 또는 상품개발사항 등이 실제로 진행되고 있는지, 진행되고 있다면 어느 단계에 와 있는지(비밀) 등, 비밀이 아닌 경우와 비밀인 경우가 있다.
- 면담을 통하여 정보유도를 시도하다가 면담자의 의도가 탄로나 정보유도가 실패할 경우

에는 중요한 정보를 얻을 수 없을 뿐만 아니라 장차 정보출처로서 상대방에게 접근할 수 없는 경우가 발생하므로 면담을 통해 간접질문 기술을 시도할 때에는 이러한 점을 특히 조심하여야 한다. 따라서 면담을 통한 정보유도를 시도할 때에는 면접대상자로 하여금 면담자의 질문이 우연한 개인적인 관심사 이상이라는 의심을 절대로 갖게 해서는 안 된다.

2) 탐정의 정보유도 요령

정보유도 기술은 의식적인 노력과 경험을 통해서 자연스럽게 활용할 수 있다. 선천적으로 남보다 우수한 간접질문 재능을 지닌 사람도 있으나 대부분의 경우 충분한 연습과 훈련을 통하여 유도 기술을 익힐 수 있다. 정보 유도 기술의 근본 목적은 탐정(정보수집자)의 관심사항을 이야기 하도록 교묘히 유도하는데 있으므로 다음과 같은 유도 기술을 활용한다면 필요한 정보를 획득하는데 많은 도움이 될 것이다.

(1) 정보유도 여건 조성

정보유도는 사전 약속없이 자연스러운 가장 하에서 실시되는 것이므로 자주 만날 수 있는 기회만 마련할 수 있다면 정보를 계속 입수할 수 있으며, 나아가서는 무의식적 또는 의식적인 정보제공자로 만들 수 있다. 이것이 바로 정보유도의 특색이다. 이 특색을 최대한 살리기 위해서는 만날 수 있는 여건을 조성하여야 하는데 이때의 몇 가지 고려사항은 다음과 같다.

① 대상자에 대한 사전 정보 및 배경지식

대상인물에 대한 사전정보 및 배경지식을 사전에 입수하는 것은 중요하다. 특히 면담대상자가 필요한 정보를 제공할 수 있는 위치에 있는지 여부와 만약 그러한 위치에 있다면 그 사람의 개성과 기본적인 배경을 알아 두는 것이 매우 중요하다.

② 간접적인 접근여건 조성

대상인물에 대한 접근은 서둘지 말고 서서히 신중하게 계획하여야 한다. 접근 시에는 대상자에 대한 배경지식을 기초로 하되 어디까지나 '우연한 만남'인 것처럼 꾸며야 한다. 따라서 상대방의 신분에 따라 접근하되 직접적인 접근보다는 여러 가지 방법으로 우회 접근하는 것이 자연스럽다. 예를 들면 대상인물이 가지고 있는 취미, 출입 장소, 교우관계 등을 사전에 조사한 다음 자연스럽게 접근할 수 있는 여건을 조성하여 사교장, 골프장 또는 출퇴근길의 노상(路上)이나 기타 장소에서 자연스럽게 접근 및 교제하도록 하는 것이 좋다. 이 경우 면담자(정보유도자)의 교우관계 또는 인맥관계에서 대상인물의 교우관계를 찾아낼 수 있다면 크게 도움이 된다.

③ 필요정보에 대한 배경 지식

성공적인 정보 수집을 위해서는 면담자(정보유도자) 자신이 필요한 정보자체에 대한 배경지식을 가급적 많이 가지고 있어야 한다. 이러한 지식이 없으면 원만한 정보유도가 어려우며 시간적인 조절도 힘들게 된다. 예컨대 유전공학에 대한 정보를 유도하려면 유전공학에 대한 기초 또는 예비지식이 없으면 성과를 바랄 수 없을 뿐만 아니라 오히려 상대방으로부터 의심이나 경계심을 불러일으킬 수도 있다.

3) 탐정의 면담요령

(1) 친목도모

우호적인 분위기 조성을 위해서는 상호간의 친목을 도모하는 것이 매우 중요하며 친목도모의 방법을 위해서는 다음과 같은 사항이 고려될 수 있다.

- 신뢰감 획득
- 예의바르고 정중한 태도
- 언어 및 행동의 신중성
- 공통된 취미 등의 관심사 이야기
- 상호간의 직업에 대한 이야기
- 같은 처지에 있는 유사한 이야기
- Give and Take 원칙에 입각한 상대방의 애로사항에 대한 도움 제공
- 면접에 응해준데 대한 호의 표시
- 적당한 칭찬
- 자연스러운 기회에 선물제공

(2) 질문요령

면담의 성패는 질문이 좌우하므로 면담의 목적 달성에 적절한 질문을 미리 생각해 두는 것이 좋다. 면담자의 질문은 그 요령 여하에 따라 답변의 가치가 달라지므로 이를 위하여 사전에 충분한 준비와 검토를 해야 하며 이때 고려할 사항은 다음과 같다.

- 질문은 침착하고 자연스러운 자세로 면담에 임해야 하며 예의바르게 행동한다.
- 자신이 있을 때만 유도질문을 할 것.
- 상이한 여러 가지 질문기술을 적용할 것.
- 한꺼번에 여러 가지 질문을 하지 말 것.
- 상대방에게 답변할 시간적 여유를 둘 것.
- 막연한 질문, 주제에 어긋난 질문은 피하도록 한다.
- 이해하기 어려운 단어보다는 잘 알아듣기 쉽도록 간단하고 정확하게 질문한다.
- 상대방에게 가급적 말을 많이 시키고 질문을 가급적 적게 할 것.
- 어떤 단서나 알고 싶은 정보를 포착했다고 해서 상대방의 말을 중단시키거나 새로운 질문을 하지 말 것.

(3) 질문 및 정보유도 기술

① 인간의 심리상태(욕망 및 약점)등을 이용

처음부터 직접적으로 정보수집자가 알고 싶은 것을 질문할 것이 아니라 요즘 세간에 관심을 불러일으키는 얘기 거리나 면담대상자의 취미(예: 골프, 테니스, 낚시, 바둑 등) 등 부담 없는 이야기로 시작하여 점차 의도하는 관심사로 발전시켜 나간다.

인간은 남으로부터 인정받고자 하는 욕망이 있는데 특히 허세를 좋아하는 사람, 무시당하는 사람, 외로운 사람, 열등감이 있는 사람은 자기를 인정해 주고, 매우 중요한 사람처럼 대해주는 사람에 대해서는 호감을 가지고 별 거부감 없이 자신을 드러내는 것이 보통이다. 따라서 면접을 통한 정보유도는 이러한 인간의 심리상태를 잘 이용하여야 한다.

특히 교수, 과학자, 고위직 간부, 감독자 및 전문가들은 자기 전문분야에 대한 대단한 자존심을 가지고 있어 남이 잘못 알고 있을 경우에는 충고하거나, 가르쳐주거나 반박하려는 인간 본연의 특성이 있다. 즉, 자신의 지식을 입증하기 위해 남이 잘못 이해하고 있는 부분에 대해서는 상세히 설명하는 경향이 있는데 이들에게는 부정적인 접근방법을 사용할 수도 있다.

예를 들면 "이 문제에 대하여 알고 있는 사람은 한국에는 아마 없을 것 같다"는 식으로 은근히 약 올리면 자신의 전문지식을 과시하기 위하여 해당주제에 대해 이야기 할 가능성이 많다.

② 회의적인 태도를 표시

대회의 주제에서 나타난 어떤 사실 또는 문제점에 대해 "글쎄, 그럴 수 있을까요?" 또는 "과연 그것이 가능할까요?" 등의 표현으로 은근히 증명해 보라는 암시를 주면 면담대상자는 자신의 입장이나 주장을 정당화시키기 위해 면담자의 관심사항을 무의식중에 이야기 할 가능성이 높다.

③ 부분적으로 이의 제기

만일 면접대상자가 면접자의 관심사항을 이야기하고 있을 경우에는 그 대화를 계속 진전시키기 위해 진지한 태도로 경청하면서 대상자가 이야기한 내용이나 의견에 대해 부분적으로 이의를 제기한다. 그러나 주의할 것은 전적인 이의를 제기하여 대화를 중단시키거나 대상자의 기분을 상하게 해서는 결코 안 된다.

④ 면담대상자의 전문분야에 대해 단편적인 논평

면담대상자는 면담자가 자기의 전문분야에 대해 단편적이면서도 완곡한 논평을 했을 경우 면담자가 해당 주제에 대하여 상당한 지식을 가진 것으로 믿게 되어 대화내용은 더욱 심도있게 발전될 수 있게 된다.

⑤ 관심사에 유사한 화제나 비교되는 화제를 제시

면담자는 자기의 참된 관심사항에 가까운 대화의 주제 즉, 자신이 꼭 알고 싶은 관심사항과 비교설명이 될 수 있는 대화를 진행한다면 면담대상자는 이야기 도중에 면담자의 진정한 관심사항에 대해서도 언급할 가능성이 많다.

⑥ 필요정보 확인 시 해당정보가 객관적 사실인 것처럼 인용

어떤 정보의 진위 여부를 확인하고자 할 때 면담자는 그 정보가 이미 알려진 사실처럼 인용함으로서 면담대상자의 반응을 통하여 그 진위를 확인할 수 있다.

예를 들면 "며칠 전 어떤 신문에서 본 것 같다" 또는 "책 이름은 잘 모르겠지만 어떤 책에서 읽은 것 같다."는 식으로 인용하면 면담대상자가 사실을 말할 가능성이 있다.[77)]

⑦ 민감한 주제는 후반부로 미루기(질문방향 바꾸기)

면담 초반에는 취미활동, 관심사, 자녀, 가족, 군대시절 등 공통의 관심사, 연대감을 가질 수 있는 얘기로 시작하여 반드시 라포(신뢰나 친밀감)를 쌓아야 한다. 친밀감이 쌓이기 전에 심각하거나 대립적인 문제에 대해 말을 꺼내지 말아야 한다.

만일 상대방이 먼저 민감한 주제(상대방이 직장 내에서 횡령을 한 사람에 대해 잘 알고 있는 경우)에 대해 먼저 말을 꺼낸다면 "지금은 그 문제에 대해 걱정하지 마시고. 어떻게 당신이 이 회사에서 일하게 되었는지 말해주실 수 있겠습니까?"라고 질문의 방향을 바꾸도록 하고, 라포가 형성된 다음에 민감한 주제에 대해 눈치 채지 못하게 슬쩍 화제를 연결시키도록 한다.[78]

4) 탐정의 탐문조사 시 지켜야 할 태도

(1) 성실성

정보수집은 성실한 태도, 열성적인 설득, 진심어린 태도 등이 무엇보다도 좋은 성과를 가져올 수 있다.

(2) 인격존중

정보수집을 위한 면담 시에는 항상 상대방을 인격체로서 존중해 주어야한다. 특히 상대방이 사회적, 경제적 지위가 낮을수록 경시하기 쉬운데 이런 부류의 사람들을 대할 때 더욱 존중하는 자세를 가져야 한다.

(3) 냉철하고 온화한 태도 겸비

탐정이 상대의 인격을 존중하면서 예의를 갖추고 협력을 요청하였음에도 불구하고 상대방이 시비를 걸어오더라도 같이 욕설을 하거나 흥분해서는 안 된다. 이럴 때일수록 더욱 냉철하고 온화한 태도로 대해야 한다.

77) 강기욱, 「정보아카데미」, 한국생산성본부, 1997. pp.161~173.
78) 찰스 네메스 원저, 임윤태 · 송영남 옮김, 탐정학(조사방법과 실무기법), 도서출판 그린, 2020, p.149.

(4) 불법행위, 유혹에 주의

상대방과의 면담 시 불법행위를 해선 안 되며, 은밀한 유혹이나 금품 등 부정한 거래에 현혹되지 않도록 해야 한다.79)

(5) 평소의 준비

탐정은 평소에 정보수집대상이 될 만한 사람이나 장소, 대상자의 기초자료를 조사, 정비해 두고, 필요시 신속한 활동을 행할 수 있도록 해야 한다.

(6) 원활한 대인관계

정보수집활동은 상대방의 협력이 있어야만 목적달성의 결과를 좌우하므로 평소에 모든 사람들과 매우 우호적 인간관계를 유지해할 수 있는 능력을 키워야 한다.

(7) 유창한 능변가

정보유도자는 훌륭한 능변가이어야 하며 자기가 하는 말 한마디가 상대방에게 어떤 영향을 주는가를 재빨리 파악할 줄 알아야 하며 이와 동시에 상대방의 표정과 태도에 유의하여 임기응변적인 기지를 발휘할 줄 알아야 한다.

또한 면담자는 명랑한 음성과 태도로 친밀감을 유지하면서 화제를 흥미롭게 전환시킬 줄 알아야 한다. 사람이란 한번 흥미를 가지면 끝까지 그 말을 들으려는 욕심이 생기기 때문에 우선 호기심을 주고 흥미를 갖게 하는 것이 화제를 전환시키는 데 중요한 요건이 된다. 능변가가 되기 위해서는 화술의 연구는 물론 상대방에 대하여 인정 및 칭찬을 아끼지 말아야 하며 흥미있게 화제의 전환을 위해 사전에 좋은 말을 준비하는 것도 필요하다. 우수한 능변가가 되기 위한 유의사항은 다음과 같다.

- 자기 말에 자신감을 가질 것.
- 불필요하게 같은 말을 반복하지 말 것.
- 상대방을 자기가 하는 말에 끌어 들이지 말 것.
- 산발적인 대화를 피하고 선후관계를 명확히 할 것.
- 부정확한 발음이나 표현은 피하고 입속에서 우물우물 이야기 하지 말 것.

---

79) 이상원 · 이승철, 탐정학, 도서출판 진영사, 2020, p.270.

- 말의 연결을 자연스럽게 하고 반드시 상대방을 보면서 이야기 할 것.
- 자만하거나 불쾌감을 주지 않도록 할 것.
- 면담대상자가 사용하는 단어의 의미와 대화내용 이면에 숨겨진 의미를 잘 파악할 수 있어야 한다.

(8) 인내심 있는 경청자

면담자(정보유도자)는 상대방이 주제와 관련없는 불필요한 말을 많이 하거나 비협조적일 때는 조급하게 결론을 얻으려 하지 말고, 자기가 원하는 말을 많이 하도록 유도하고 그것을 흥미있게 경청하는 태도와 인내심을 가져야 한다.

상대의 말을 들을 때 지켜야 할 요령은 다음과 같다.

- 대방을 마주 보면서 말을 들을 것.
- 상대방의 이야기를 가로채거나 막지 말 것.
- 흥미를 가지고 있는 것 같은 태도로 경청할 것.
- 자기의 의견을 상대방의 말에 합치시키면서 그가 한 말을 이용할 것.
- 가끔 질문을 할 것.

(9) 우수한 기억력

탐정이 탐문을 할 때는 탐정의 신분을 숨기고 조사 대상자와 관련된 주변인과 대화하기 때문에 메모를 한다면 의심을 받기 때문에 모든 내용을 기억에 의존해야 한다. 이처럼 유도한 정보를 대화 도중 즉석에서 기록할 수 없는 경우가 많으므로 핵심 요점만 기억한 이후 메모하는 방법을 선택해야 하며 따라서 평소 기억력 강화를 위해 노력하여야 한다.[80]

(10) 재치, 기지 발휘

면접 도중 상대방의 감정을 상하지 않도록 상대방의 과실을 자연스럽게 전환시키거나 자신의 과오를 명랑하게 해소시키는 기지를 가져야 하며 대화 도중에 동물적 또는 반사적 감정에 지배되어서는 안 된다.

80) 탐정신문, 탐정의 기억술은 IQ보다 전문 훈련에 더 의존, http://www.idtt.co.kr/1061.

(11) 사교성

사교적인 사람은 누구에게나 좋은 인상을 준다. 즉, 명랑한 가운데 호감을 주어 상대방이 스스로 접근해 올 수 있는 기회를 마련하고 또한 공감할 수 있는 아량을 가져야 한다.

(12) 광범위한 지식

면담자(정보유도자)는 각계각층의 사람들 만나게 되므로 지식인층과의 대화 시 혹은 목적하는 정보를 유도하기 위해서는 다양한 분야의 광범위한 배경지식을 가지고 있어야 한다.

5) 보고서 작성[81)]

보고서의 종류에는 근무보고서(근무일지, 일일활동보고서), 순찰과 관찰보고서, 감시보고서(잠복, 미행), 실종자 보고서, 안전사고 보고서, 교통사고조사보고서, 절도사건조사보고서 등 다양하다. 보고서는 읽는 사람의 머리속에 그 내용이 그림처럼 연상될 수 있도록 알아보기 쉽게, 이해하기 쉽게 작성되어야 한다.

탐정은 정보수집 후에는 정보의 질과 신뢰성을 평가하는 보고서를 작성해야 한다. 따라서 탐정은 성공적인 업무활동을 위해서 간결하고 명확하고 완벽하게 보고서를 쓰는 능력을 개발해야 한다.

(1) 보고서의 구성요소(보고서 평가)

보고서는 다음 5가지 요건을 구비해야 한다.

- 정확성 : 의견, 풍문이나 추리가 아닌 오로지 증거, 증언에 근거해 정확하게 작성 되어야 한다.
- 완전성 : 의뢰인이 요구하는 모든 정보를 포함하고 있어야 한다.
- 적시성 : 보고서는 그 사건 해결에 필요한 시기에 바로 작성되어야 한다.
- 명확성 : 보고서는 논리적이며 발생한 일이 순차적으로 기재되어야 한다.
- 간결성 : 내용이 중복되지 않고 복잡하지 않게 잘 정리되어야 한다.

---

81) 찰스 네메스 원저, 임윤태 · 송영남 옮김, 탐정학(조사방법과 실무기법), 도서출판 그린, 2020, p.415.

(2) 보고서 작성의 5단계

① 계획

보고서는 아이디어와 조직적 계획에 의해 만들어져야 한다. 계획은 그 시간에 한 생각을 집중시키게 해준다. 계획은 읽는 사람과 감독자의 시간을 절약시켜준다.

② 조직화

보고서는 표준화된 형식에 따라 논리적으로 작성되어야 한다.

잘 정렬된 문장들은 보고서를 읽는 사람에게 이익이 된다.

③ 작성

탐정은 아래 3가지에 집중해서 보고서를 정리해야 한다.

- 일관성이 있고 확고해야 한다.
- 하나의 부분에 핵심내용을 집중시킨다.
- 보고서를 작성하고 나서 다시쓰기 시작할 때 보고서를 다 쓴 후에 읽어보고 중복된 것을 발견하거나 수정할 것이 나타나면 다시 고쳐 작성해야 한다.

④ 평가

평가는 보고서의 5대 구성요소에 맞게 잘 작성되었는가를 객관적으로 평가하는 것을 말한다.

⑤ 교정

보고서작성에 필요한 단어나 문장들을 추가하거나 불필요한 문장이나 단어들을 삭제함으로써 보고서의 의미가 명확하고 간결하게 전달되도록 하는 과정이다. 단순한 편집이 아니다.

3. 탐정의 탐문기법

1) 탐문 전 철저한 기초(예비)조사 필요!

탐문조사를 하기 위해 가장 먼저 할 일은 대상자나 대상지역의 기초(예비)조사부터 시작하는 것이다.

주변의 지리, 지형, 환경 등의 특성을 파악한 결과에 의해 탐문 시간대와 탐정의 복장 등이 결정되는 것이다.

주택이나 상가지역의 조사와 달리 기업에 관한 자료는 인터넷의 검색이 쉬워진 현대에서는 공개 자료를 통해서 어느 정도 풍부하게 찾아 볼 수 있기 때문에 기초조사만으로도 조사를 종료하는 경우도 있다.

그러나 전문 탐정이라면 자료로만 끝나지 않고 결국 미행 · 잠복 · 탐문으로 얻어진 정보를 근거로 진실을 찾아내야 하는 것이 당연한 업무일 것이다.

기초(예비)조사의 성공률은 의뢰를 받을 때, 얼마나 많은 정보를 얻을 수 있는가에 달려있다. 그때의 정보를 무시한다면 탐문은 물론 미행, 잠복의 성공률도 낮을 것이다.

예비조사 후 탐문조사를 끝낸 다음에 더 정확한 정보를 얻기 위해 본격적인 조사를 하는 것이다. 탐문조사에서 얻어진 정보는 모두 '미확인 정보'일 뿐이므로 이것을 '확인정보'로 만들기 위해선 잠복, 미행을 여러 번 하는 경우도 있다.

우선 탐정 조사의 순서 중 탐문은 잠복, 미행을 반복한 후에 시작하는 것이 원칙이다. 탐문조사를 가장 먼저 시작하게 되면 가장 먼저 질문했던 사람에게 얼굴을 보이게 되면서 주변사람들에게 경계심을 일으켜 잠복조사 하기가 어렵게 된다.

또한 '직접조사는 피한다'는 원칙도 있다. 직접조사란 조사대상자 본인을 직접 만나서 내용을 듣는 것이다. 물론, 가공의 스토리를 만든다 해도 본인에게 직접 해당되는 예도 있으므로 가능한 '직접조사'는 피하는 것이 좋다.

아무리 지능지수(IQ)가 뛰어난 탐정이라고 해도 기초적인 조사기법을 무시할 수는 없다. 오래 전에 헤어진 지인이나 가출한 가족을 찾는 방법은 탐문이 핵심이다.

탐문은 의뢰인으로부터 얻은 사진, 옛날 주소, 최종적으로 만난 장소와 시간 등 기초 정보를 기반으로 시작한다. 엄청난 노하우가 숨겨진 탐문기법은 없고, 일단 주변인과 면담을 통해서 단서를 찾는 것이 중요하다.

예를 들어 50년 전에 헤어진 친구를 찾아달라는 의뢰를 받았다고 가정하자. 당시에 살았던 지역과 직업은 알고 있지만 정확한 주소나 전화번호 등은 기억하지 못한 경우가 대부분이다.

근무했다고 하는 기업에 대한 조사를 진행한 결과 이미 파산해 존재하지 않았다. 살았다던 지역도 재개발이 되면서 원주민은 거의 없었다. 해당 기업에 대한 정보도 구하기 어렵다. 이러한 경우에 일단 파산기업의 등기부등본을 조사해 대표자나 주요 주주의 주소와 신상명세를 파악한다. 여러 명이기 때문에 최소한 1명은 생존해 있거나 고인의 가족들은 어딘가에 살고 있을 가능성이 높다.

소재를 파악할 대상자를 알고 있을 것이라고 추정되는 사람을 특정한 이후 직접 방문해 상담해야 한다. 불법적인 목적이 없다는 것을 인식시키면 적극적인 협조를 받을 수 있다.

직접 알지는 못하지만 알고 있을 가능성이 있는 사람을 소개 받는 것도 문제를 해결해 나가는 방법이다. 광범위한 탐문조사와 온라인 조사 등을 동원하면 확인이 불가능한 경우는 거의 없다.

찾는 사람이 죽었다고 해도 그 가족이나 친인척을 알아낼 수 있다. 대도시보다는 소규모 도시나 농어촌 지역은 인구의 이동이 많지 않아 찾는데 유리하다.

탐문조사의 성공은 주변인과 관계자로부터 얼마나 정확한 정보를 획득하느냐에 따라 결정된다. 이들이 정보를 숨기거나 탐정의 조사를 방해하기 위해 거짓 정보를 제공한다면 해결이 불가능해진다.

따라서 탐문조사를 시행하는 탐정은 좋은 인상과 사교적인 대화술로 무장해야 한다. 주변인에게 신뢰를 심어주고 나쁜 의도로 조사를 하지 않는다는 것을 믿도록 해야 협조하기 때문이다.[82)]

2) 탐문의 범위는 목표대상(Target)을 중심으로 외곽부터 시작!

탐문조사의 대상은 일반주택이나 상가에만 정해져 있는 것은 아니다. 때로는 회사에 관한 탐문조사도 있다. 회사라고 해서 조사대상자 본인이 근무하고 있는 회사에 바로 가지는 않는다. 동업의 라이벌회사, 거래처, 혹은 이전의 근무처 등 먼 주변부터 조사하는 것이 일반적이다. 물론, 여기서도 가공의 스토리는 필요하다.

82) 탐정신문, '좋은 인상과 사교적인 대화술이 탐문조사의 핵심', http://www.idtt.co.kr/1066(검색: 2021. 08.31.)

〈자료 6-1〉 탐문은 주변부터 시작

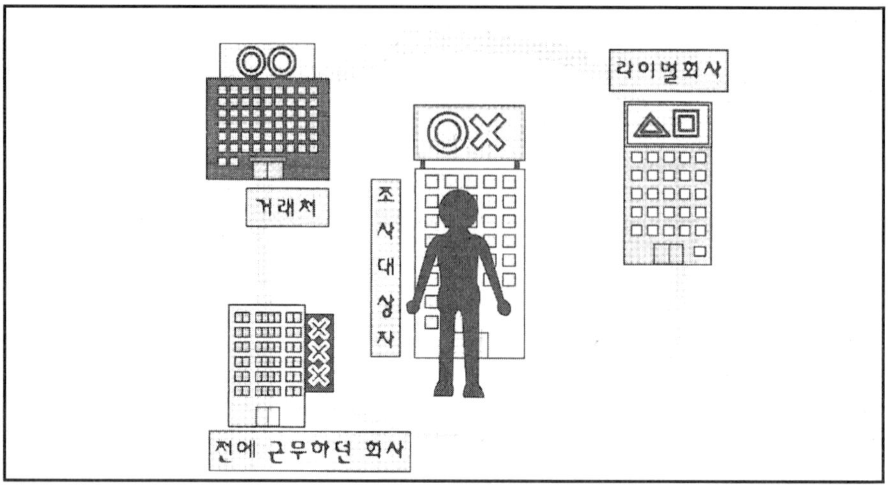

조사의뢰 단계에서 무엇을 중점적으로 조사하면 좋을지 미리 생각하고 있어야 한다. 가공의 스토리가 작성되었으면 탐문 조사를 시작하는 것이다.

대상은 목표 대상의 주변 사람들이지만 갑자기 조사대상인 A씨의 옆집을 방문해서는 안 된다. 조금 떨어진 곳에서부터 탐문을 시작하는 것이 일반적인 방법이다.

주택가의 단독주택이라면 반경 200~300m에 있는 집부터 탐문을 시작하여 조금씩 조사대상자 집 가까이 가는 것이 일반적이다.

조사대상자 집과 가장 멀리 있는 곳에서 대상자A씨 가족에 관한 스토리를 듣는 것을 그다지 실속 없는 일이라 생각하면 안 된다. 두, 세 번째 옆집 얘기를 들으면서 '그런데 바로 옆집은 어떻습니까?' 물으면서 어디까지나 이쪽의 흥미대상은 A씨 집이 아닌 것처럼 태도를 가장하여 탐문을 진행해 가는 것이다.

이와 같이 먼 외곽에서 조사대상자 이외의 정보를 조금씩 입수해 나가다 보면 그 지역에 대해 상세한 것을 알게 되는 것이다. 그래야 대상자 가까이 갔을 때도 매우 자연스럽게 탐문을 할 수 있기 때문이다.

가령, A씨가 아파트에 살고 있다면 아파트 자치회가 있는지를 알아보고 언제부터 입주했는지 조사하는 것도 매우 중요하다.

이사 온지 얼마 안 되는 상태라면 전에 살던 주소로 거슬러 올라가 조사할 필요가 있다. 그런데, A씨 집 근처 가까이 가게 될수록 옆집에 대해 비밀유지를 위한 선물 같은 것이 필요하게 된다. 비밀을 부탁한다고 해도 100% 지켜질 수는 없기 때문에 어떤 얘기를 해도 괜찮은 가공의 스토리를 만들어 활용하는 것이다.

비밀유지를 부탁할 때는 선물을 준비해 가는 자세도 매우 중요하다. 좀 더 자세히 말하면, 선물의 내용물에도 신경을 써야 한다는 것이다. 나이 드신 노인에게 탐문할 때, 딱딱해서 씹기 곤란한 과자종류를 준비한다면 실례이다. 과자 종류까지야 신경 쓰지 않아도 되겠지 하는 방심은 금물이며 되도록이면 부드럽고 맛있는 과자로 선택하여야 한다. 왜냐하면 탐정에게는 두 번 같은 집에 가지 않는다는 기본원칙이 있지만 조사내용에 따라서 노인들에게 듣는 탐문조사가 한 번에 끝나지 않는 예외도 있을 수 있기 때문이다. 물론 한번뿐인 방문이라 해도 '다음에 오면 또 잘 부탁드리겠습니다.'라고 말할 수 있는 인간관계를 유지하는 것도 매우 중요하다.

〈자료 6-2〉 탐문은 외곽부터

- 탐문은 외곽부터 시작하여 멀리서 돌아오면서 목표 대상자의 집 가까이 간다.
- 단독주택가는 반경 200~300m주변부터 탐문 시작.
- 가장 외측이라도 대상자에 대해 직접적인 질문은 피한다.

3) 적합한 가상의 스토리 활용!

가공의 스토리란 탐정이 탐문, 미행, 잠복활동 시 탐정이라는 신분이 들키지 않도록 그 상황에 맞는 직업을 정하고 그에 대한 모든 준비를 해서 신분을 밝혀야 할 때 그 직업인임을 철저하게 위장해 준비하는 것을 말한다.

가공의 스토리를 구체적으로 예를 들면 조사 지역이 역사와 전통이 있는 지역이라면 대학의 연구원으로 위장하여 그 주변의 역사에 대해 조사하고 있다고 설정하면 좋을 것이다. 당연히 탐정의 복장도 연구원에 적합한 모습으로 준비하고 공부하여야 한다.

향토사료 작성을 하고 있다는 이야기부터 말을 꺼내 '원래 땅 주인은 누구입니까?'라는 질문과 '지금 어디 살고 있습니까?'라고 하면서 구체적인 질문으로 연결시켜 주변의 인간관계 등을 알아내는 방법도 있다.

회사나 직장 탐문 시 탐문대상자의 결혼에 관한 조사를 의뢰받았다고 해서 결혼에 관한 가공의 스토리를 만들지는 않는다. 원칙으로 기업의 승진에 관한 조사를 하고 있다는 등, 회사와 관련된 가공의 스토리 설정을 한다.

여기서는 결혼 조사에 관한 탐문조사를 예를 들고자 한다.

조사 의뢰자는 신랑 쪽의 부모, 조사대상자는 신부인 A씨라고 하자.

이런 조사에 있어서 탐정이 가질 수 있는 좋은 안목이란 탐문대상자의 가족구성을 파악해 두는 것이다. 가족 중에 대학생이 있으면 취직에 관한 가공의 스토리를 작성하는 것도 하나의 방법이다. 또 부친이 유명 기업의 사원이라면 그 방면에서도 가상스토리를 작성할 수 있다. 가공의 스토리를 설정하여 공부한다고 해도 자신과 너무 거리가 먼 내용을 선택하는 것보다는 과거 자신이 체험한 분야의 내용을 생각해서 즐겁고 쉽게 공부하는 것이 좋다.

예를 들면, 조사대상자가 하는 일이 금융관계라면 당연히 그 방면의 스토리를 만들려고 하는데, 그것이 탐정 자신에게 정말 모르는 분야라면 그 방면의 가공의 스토리는 과감히 피하는 것이 좋을 것이다. 그리고는 취미, 음식에 관한 다른 스토리를 다시 찾아보는 것이다. 그렇게 재차 노력함으로써 어떤 이야기의 맥을 찾게 되면 반드시 어딘가에 즐겁고 쉬운 방법으로 탐문조사에 나설 수 있을 것이다.

세일즈맨으로 가상스토리를 설정한 어떤 탐정은 정말 자동차 한대를 팔게 되었다는 재미있는 얘기도 있다. 물론 이것은 탐정이 진짜 자동차 세일즈맨의 역할을 잘 했기 때문에 자동차까지 팔게 되었다는 내용이지만, 그 탐정은 사전에 자동차 업계의 현황과 신차에 관한 예비조사를 철저히 하였던 것이다. 또한 세일 방법에 있어서도 진짜처럼 확실히 배웠던 것이다.

그러나 어떤 지식을 얻어 가장을 한다고 해도 역시 본업은 탐정이라는 사실을 잊어서는 안 된다. 탐정의 탐문조사는 상상하고 있는 것 이상으로 세심한 주의를 필요할 때가 많이 있다. 가상의 스토리가 있다고 해서 상대가 전혀 의심하지 않는다고는 할 수 없기 때문에 항상 예의를 갖추어야 초면의 상대가 마음을 열기 때문이다.

4) 타이밍에 맞추어 상대의 마음을 열수 있는 대화로 시작

탐문조사 시 상대와 처음 대화를 시작할 때 무엇부터 얘기를 시작할까? 이것 또한 탐문조사 이상으로 중요하다. 상대의 마음을 여는 대화 주제는 출신지나 고향에 관련된 이야기를 시작하는 것도 매우 좋다.

사람들은 고향이 같다거나 고향 근처라는 이유만으로도 쉽게 가까워지거나 대화가 제법 풍성해질 수 있다는 것을 느낄 수 있다.

실제로, 탐문조사에서는 'OO동네로 말하자면 OO가 명산지로서 그것 너무 맛있어요'라는 이야기가 나오면 '그것도 좋지만 OO도 맛있어요'라는 식으로 덧붙여 나간다. 이러한 것은 정말로 같은 고향이 아니더라도 그 지역의 정보를 사전에 알아두면 말할 수 있는 것이다. 어느 순간에 탄로가 나서 '당신은 정말 모르는 것이 없네요. 정말 B출신이예요?'라고 반문한다고 해도 당황하지 말고 '아니오. 어렸을 적에 잠깐 살다가 C도시로 이사 왔어요.'라는 식으로 역전 시킨 다음 자신의 본래 출신지에 관한 이야기를 전개해 나가기도 한다.

즉, 결과적으로 출신지 얘기 하나만으로도 상대와 이야기를 어느 정도 진행시킬 수 있는 것이다.

상대가 애완동물을 기르고 있다면 단순하게 '귀엽네요'라는 식의 한마디로만 끝내서는 안 된다. 강아지를 쓰다듬으면서 '저희도 개를 기르고 있습니다만 요즘 앓고 있습니다.'라는 식으로 이야기를 꺼낸다면 그것만으로도 초면의 사람과 거리가 가까워질 수 있는 것이다. 그런 다음, '이 부근에 동물병원이 있습니까?'라고 그다음의 화제로 연결해 나간다면 상대에게 가까이 다가갈 수 있는 것을 하나 더 잡을 수 있는 것이다.

다음으로 취미에 관한 이야기도 사용하기에 좋다.

이것은 조사의뢰 접수를 받으면서 의뢰자에게 여러 가지를 물어서 탐문 대상자에 대한 취미정보를 미리 알아 둔다면 매우 유효하다. 예를 들면, 조사 인물의 취미가 격투기 관람이라면 격투기의 역사부터 현재까지의 모든 것을 파악해 두는 것이다.

탐정이 알고 있는 사람 중에 격투기를 좋아하는 사람이 있다면 그를 통해 이야기도 미리 들어두고, 없다면 책이나 잡지로 그러한 내용에 대해 공부해 둔다.

혹은 현관 입구 가까이 골프가방이 있을 땐 당연히 골프 이야기도 유효하다. 자주 다니는 연습장 등의 일상적인 얘기는 물론 좋아하는 골프선수에 관한 얘기까지 될 수 있는 한 대상자의 취미에 관한 예비조사를 철저히 해 두어야 한다.

그런데 조심해야 할 것은 대상자에게 취미에 대한 이야기를 꺼내기 위한 타이밍 즉, 적절한 찬스를 잡는 것이다.

가급적 대화의 초기단계에서 이와 같은 내용을 넣어가며 이야기를 풀어나가는 것이 좋다. 아무리 취미에 관한 이야기로 흥미있게 깊이 이끌어간다고 해도 상대가 이쪽을 경계한 상태에서는 절호의 기회를 잡는다는 것이 그렇게 간단하지 않을 것이다. 한번 닫혀 진 상대의 마음은 좀처럼 열리지 않기 때문에 그러한 인간의 심리를 충분히 염두에 두어야 한다.

이렇게 상대의 마음을 열어가는 과정은 무도(武道)와 같다고 생각한다. 그 가운데서도 유도(柔道)에 비유한다면 유도는 예(禮)로 시작하여 예(禮)로 끝난다고 강조하고 있다. 왜냐하면, 상대를 메치고, 누르고, 꺾고, 조르는 격렬한 상황에서도 상대의 인격을 존중하며 자기의 이성을 잃지 않고 상대의 힘을 변화시켜 나가면서 자신의 강한 기술을 걸어가는 것이다.

이와 같이 탐정의 기술도 자신의 페이스에 흔들림 없이 이야기를 진행해 가기 위해선 임기응변의 지식 보다는 역시 자신의 몸과 경험으로 익힌 지식으로 이야기를 전개해 나가는 것이 훨씬 좋기 때문이다. 즉 앞에서 예로 든 애완견 이야기 속에서도 단지 귀엽다는 무의미한 칭찬보다는 실제의 체험이 없으면 얼마 못가서 탄로가 나기 쉽다는 사실을 잊어서는 안 된다.

5) 위장조사와 가짜명함의 활용법

탐정의 탐문조사는 경찰과 같은 공권력이나 공인된 신분증을 보이며 조사협조를 구할 수 없는 신분이기 때문에 전문가로서의 많은 조사요령과 정신력, 태도, 준비, 노하우 등 많은 자질과 경험이 뒷받침되어야 한다.

상가지역의 탐문조사에 대한 예를 들면 상가라는 것은 누구나 출입하기가 쉬운 반면에 상가의 상인들 간의 관계는 매우 긴밀하여 이상한 탐문 조사를 시작하면 '잘 모르는데 이상한 조사원이 왔다'라는 정보가 빨리 퍼지기 때문에 들킬 가능성이 매우 높은 곳이다. 그러므로 이런 곳에서는 위장조사를 사용하는데 예를 들면, A과일가게가 조사대상자라면 다른 B과일가게가 조사대상자인 것처럼 위장하여 탐문을 하는 방법도 있다. A과일가게에 대해선 어디까지나 조용히 듣기만 하는 것이다. 상가가 밀집된 상업지역에서의 탐문조사는 이런 동업자의 존재가 중요한 포인트가 될 수 있다.

조사의 내용에 따라 다르지만 탐정은 조사 할 때 마다 가짜 명함을 만들지는 않는다. 즉 바꿔 말하면 명함을 꼭 내놓아야 할 상황까지는 가지 않는다는 것이 탐정의 원칙이다. 그러나 현대사회의 인간관계 시 상대방이 명함을 요구하는 곳도 많아서 탐문활동 시 가장을 위한 가공스토리 설정과 함께 언제나 적절한 명함도 준비해야 한다.

만일 산업 간행물이나 웹사이트의 연구원이라고 한다면 새로운 제품들이나 마케팅전략 등에 관한 질문들을 할 수 있는 자격이 생긴다(인간은 심리적으로 경쟁상대 앞에서는 입을 꼭 다물고 있지만 언론 관련자들에게는 비밀을 조금씩 털어 놓기 마련이다). 그 외에 비즈니스 연구원, 경향분석가, 비즈니스 컨설턴트, 지역경제 분석가 등 다른 유용한 직함과 직책들을 조사상황에 맞게 설정해 놓고 명함 속 전화번호는 전화를 받아 주는 자동응답서비스(Answering Service)를 신청하면 유용하다.[83] 그렇지만 가짜명함이라도 남발해서는 안 되며 어디까지 속수무책의 상황에서는 임기응변으로라도 그 상황에서 벗어날 수 있는 기지가 필요하다.

6) 상대의 거짓말을 알아차리는 관찰력이 중요!

탐문조사에서는 고도의 세련된 화술도 중요하지만 그보다 더 필요한 것은 '관찰력'이다. 예를 들어 상대의 눈동자, 얼굴표정, 손동작, 몸 전체의 동작에 의해 상대 발언의 진위를 간파할 수 있는 힘이 있다면 매우 큰 도움이 될 것이다. 그러므로 탐정은 상대의 한 순간의 움직임도 놓쳐서는 안 될 것이다.

처음부터 의도적으로 거짓말을 하는 사람은 없다고 해도 확실히 모르면서도 아는 척 하는 사람은 의외로 많다. 탐문조사라고 하는 것이 이야기를 듣기만 하는 업무가 아니라 오히려 대상자를 보면서(관찰하면서) 그 말속의 정보를 알아내는 것이기 때문에 이야기의 실마리를 잡기 위해서도 상대나 주변상황의 관찰은 매우 중요하다.

현관에 들어 갈 때, 신발이 많고 적음, 혹은 신발장 위에 무엇이 놓여 있는가를 관찰한 다음에 말을 거는 것이다.

83) Keith Melton and Craig Piligian 저. 임경아 역, 스파이 가이드, 루비박스, 2004, p.89.

7) 의심을 받는 위기상황에선 자연스럽게 피해라!

실패하기 쉬운 것은 역시 조사대상자 본인과 아주 가까운 인물을 탐문할 때이다.

어느 탐문조사에서 조사대상자 본인과 같이 사는 남동생을 탐문하기로 되어 있었다. 남동생이 집에 있는 요일과 시간을 정해 놓고 만반의 준비를 갖추고 그 집에 들아 가자 갑자기 조사대상자 본인이 나타났던 것이다. 이런 때는 즉시 가공의 스토리를 만들어서 얼버무리면서라도 급히 그곳을 빠져나오는 것이 좋다.

또, 사진을 입수하지 못해서 본인과 마주친 경우도 있다.

탐문조사를 위한 방문을 하려고 할 때, 바둑을 두고 있는 두 사람이 보였던 것이다. 이것은 많은 정보를 입수할 수 있는 좋은 기회로 생각하고 그 사람들과 이야기를 진행해 나갔다. 그런데 이야기 도중에 두 사람 중의 한명이 조사대상자 본인임을 알게 되었다. 본인이 바둑을 매우 좋아해서 그날은 가끔 들르는 이웃집에서 바둑을 두고 있었던 것이다. 이럴 때에도 마찬가지로 탐정은 그 상황을 빨리 종료시키고 물러나야만 한다. 의뢰를 받는 시점에서 사진을 입수하지 않았기 때문에 이런 상황이 발생했던 것이다. 사진이 없는 경우라면 본인의 얼굴정도는 의뢰 접수 시 물어보거나 특징 등을 비슷하게라도 그려놓는 등 본인의 용모, 풍채 정도는 어느 정도 파악해 두지 않으면 안 된다. 이러한 실패 예는 본인의 용모나 풍채에 별로 특징이 없었던 원인도 있긴 하지만 탐정에게는 그것 역시 변명밖에 되지 않고 자격 미달임을 명심해야 한다.

탐정이 탐문조사 시 상대와 얘기 중에 만일 의심, 경계를 받거나 상대를 화나게 했을 경우에는 바로 정중하게 사과를 해야 한다. 그렇게도 못할 상황이라면 즉시 피하는 수밖에 없다. 급하게 휴대전화가 들어온 척 하면서 밖으로 나가는 방법도 생각할 수 있다.

또한 상황에 어울리지 않는 복장도 실패로 연결될 가능성이 높다.

TPO(Time, Place, Occasion)에 적합한 복장으로 자신을 변화시켜야 하므로 장소의 조건을 처음부터 파악해 두지 않으면 안 된다.

탐문 현장은 주택가나 상가, 사무실 뿐 아니라 때로는 고급클럽부터 민속주점까지 탐문을 위한 현장은 매우 다양하다.

그냥 무조건 가서 바로 탐문조사업무에 임한다면 긴장할 수도 있어서 실패하기가 쉽기 때문에 각 장소의 특성을 미리 답사해 두어야 한다.

실제 조사가 아니더라도 평소에 여러 곳을 조사해 두는 자세가 필요하며 탐정에게는 '모른다, 몰랐다'라는 사실은 허용되지 않는다.

8) 탐문 시 오래 머무르지 않도록 한다.

탐문조사 시 필요한 정보를 얻어내기 위해 필요 이상으로 오래 머무르는 것은 좋지 않다. 너무 오래 머물렀을 때 상대로부터 많은 질문이 나오기 시작하면 탐정은 고도의 주의를 요할 때이다. 상대에게 역으로 질문을 당하게 되고 최후에는 '신분증을 보여 달라'고 해서 궁지에 몰리는 상황도 발생한다.

탐문의 요점을 잡아 정리가 되면 신속히 철수하는 것도 탐문조사에서는 중요한 일이다. 탐정이 탐문자리에 오래 머물게 되는 이유로는 탐정이 조사 내용의 요점 부분을 도출시키지 못하고 너무 주변 이야기만 겉도는 경우이다.

예를 들면, 'A씨는 보통 언제 쯤 돌아옵니까?', '대개 6시경입니다. 그런데 어제는 웬일인지 밤 9시경에 들어왔어요.'라는 대화가 오고 갔다면 여기서 탐정은 '왜 그날은 9시에 돌아왔을까요?'라는 질문으로 확인하지 않으면 안 된다. 귀가 시간이 밤 9시였다는 것은 그날에 어딘가 들른 곳이 있을지도 모르고 그 이유를 제때에 질문을 했다면 그것을 알아낼 방법이 있었을 것이다. 그러나 요점을 질문 하지 않은 채 다른 예기만 계속한다면 아무런 정보도 찾아낼 수 없다. 이렇게 되면 상대는 이미 대화에 흥미를 잃어버리게 되면서 탐정에 대한 경계심이 생기게 되는 것이다. 그렇게 되고 나서 처음으로 본인이 들른 곳에 관한 얘기를 유도하기 위해 다시 질문을 해도 정말 친절하거나 한가한 사람이 아닌 한 다시 얘기해 주지는 않을 것이다.

한곳에 오래 머물지 않고 소기의 목적을 이루려면 '왜? 어떻게?'와 같은 의문이 머리에 떠올랐을 때 타이밍을 잘 찾아 상대에게 지체 없이 질문을 하는 기술이 매우 중요한 것이다. 누가, 언제, 어디서, 무엇을, 왜, 어떻게, 즉 5W1H의 원칙을 항상 머리에 넣어두어야 한다.

탐정에게 정교한 화술이 있다면 5W1H의 원칙을 바탕으로 되도록이면 대화 초기에 빨리 이끌어 내야 할 것이다.

제 7 장

탐정의 관찰묘사와 기억훈련

1. 관찰(觀察)묘사(描寫)의 의의
2. 기억훈련(기억술)

제7장 탐정의 관찰묘사와 기억훈련

1. 관찰(觀察)묘사(描寫)의 의의

1) 관찰묘사의 개념

관찰(Observation)이란 사물이나 자연현상을 주의 깊게 살펴보는 것으로 탐정의 정보수집 활동에서는 조사대상이나 사물의 현상, 동태 또는 사건의 전말을 감지하는 과정이라 할 수 있다.

모든 관찰활동은 인간의 감각작용(Sensation)에 의해 이루어지는데 감각이란 시각, 청각, 후각, 미각, 촉각 등 인간의 오감 정보를 직접 작용하여 재현하는 기술로 의식경험의 반영이라고 할 수 있다. 그러나 인간의 감각은 관찰자의 배경 즉, 교육 · 경험 · 직업 · 환경 또는 인간의 착오에 의하여 정확하지 못한 경우가 많다. 그러므로 정확한 관찰을 위해서는 인간이 지니고 있는 오관의 지각작용[84]을 항상 교체해 가면서 활발히 이용해야 한다.

묘사(Description)란 관찰의 결과를 재생, 표현하는 것을 말한다. 관찰과 묘사는 밀접한 관계에 있으므로 통상 관찰묘사(Observation and Description)라는 하나의 낱말로 사용하는 경우가 많다.

관찰묘사는 정보수집활동에 있어서 중요한 기술 중의 하나로 첩보의 원천에 접근하여 가치있는 사물의 현상(인물 포함)과 어떠한 사건 내용을 면밀히 관찰하여 그것을 정확히 묘사하는 것으로 탐정 및 정보요원들이 일상적으로 활용하여야 할 수집기술이다. 그러나 인간이 가지고 있는 관찰능력의 차이가 많기 때문에 수집된 첩보의 가치도 크게 달라지는 것이다. 예를 들어 똑같은 사실을 두 사람이 관찰하였다 하더라도 이것을 묘사한 두 사람의 내용은 서로 다르게 된다. 이때 평소 관찰묘사에 대한 훈련을 받은 사람과 그렇지 못한 사람 간에는 많은 차이가 있다.

---

84) 전체감각작용 중에서 시각은 84% 내외, 청각은 13% 내외, 후각은 2% 내외, 기타 촉각과 미각은 1% 내외 정도라고 한다.

관찰묘사에 대한 정확한 이해는 훈련에 의하여 이루어지며 평소의 생활화를 통해서만이 그 기술이 향상됨으로 계속적인 노력이 필요하다. 이러한 훈련은 통상 심리학과 기억술, 그리고 스케치에 대한 기본적인 소질을 향상시킬 수 있도록 계획되어야 한다.

● 사례 1. : 관람객이 가장 선호하는 전시물 찾아보기

만약 당신이 중앙박물관을 방문하여 관람객이 가장 많이 모이는 전시물은 무엇인가?라는 관찰력에 대한 테스트를 받았을 때 어떻게 할 것인가?

여러 가지 답변이 나올 수 있겠지만 가장 명쾌한 답은 전시물 바로 앞 마룻바닥이 가장 많이 닳고 전시물을 보호한 유리가 가장 많이 손때가 묻은 곳이다.

● 사례 2 : 관찰에 의한 전쟁 징후 포착

1941년 5월초 영국주재 대사관 미국 무관보좌관인 Brian소령은 어느날 독일 무관으로부터 초청을 받고 독일대사관 Borman대령의 사무실을 방문하였는데, 여태까지 책상 뒤면 벽에 영국지도가 붙여져 있었는데 갑자기 영국지도는 사라지고 대신 소련지도가 붙여져 있어서 혹시 독일, 소련 간 전쟁이 일어나는 것이 아닌가 하고 자기 사무실에 돌아오자마자 본국에 관찰 사실을 보고하였는데, 정확히 50여일 뒤에 전쟁이 발발하였다.

● 사례 3 : 육군정보학교 학생들의 관찰력 테스트

관찰력 테스트는 육군정보학교 창설직후 장교기초과정 제1기생 32명을 대상으로 평소의 관찰력 테스트를 한 결과이다.

〈자료 7-1〉 학생들의 관찰력 테스트

질문내용	답변결과	사실(정답비율)	참고
전 시간 교관의 얼굴 형태는?	달걀형 12명 둥근형 12명 역삼각형 5명 기 타 3명	둥근형(38%)	대상교관은 3시간 동안 교육하고 약 10분전 교실을 떠난 상태임
전 시간 교관의 언어는?(도별)	서 울 21명 전라도 7명 충청도 2명 경상도 1명 강원도 1명	전라도(22%)	

질문내용	답변결과	사실(정답비율)	참고
교통신호등의 세로 색깔 위치는?	정 답 18명 오 답 14명	적색, 황색, 녹색(51%)	
학교 정문 옆에 있는 식당 이름은?	정 답 5명 오 답 27명	진미식당(12%)	

• **사례 4사례 : 목격자들의 기억**

모 은행에서 낮12시경에 발생한 은행 강도사건에서 목격자 10에게 물어 본 범인의 인상착의

〈자료 7-2〉 은행 강도 인상착의 조사

연 령	응답자 수	얼굴형태	응답자 수	옷의 형태	응답자수
24~26 18~30	1 2	계란형	5	청색잠바 청색셔츠	1 2
30~32 33~35	2 3	둥근형	2	검은잠바 색깔 불명잠바	1 3
36~38 38~40	1 1	야윈 역삼각형	3	회색잠바 흑색 신사복	2 1
실제 : 32세		실제 : 야윈 역삼각형		실제 : 회색잠바	

• 흥미로운 사실은 범행시간이 대낮이고 목격자가 많았으므로 대체적인 인상착의는 종합적으로 파악할 수 있으나 실제로는 전혀 맞지 않은 응답자가 많았음.
• 물론 당황하여 똑똑히 관찰하려고 노력하지 않은 탓도 있겠지만 평소에 의식적인 관찰습관을 가지지 않은 결과라 볼 수 있다.

2) 관찰의 원칙

(1) 관심(Interest)의 원칙

정보수집활동에 종사하는 사람들은 일상생활에 있어서 모든 사물의 현상이나 사건에 관하여 항상 관심을 갖도록 노력하여야 한다. 특히 임무와 목적과 관련시켜 매사에 깊은 관심을 갖고 있어야 하며 사소한 일에도 흥미와 주의력을 집중시켜 관찰하는 태도를 가져야 한다. 우리가 잘 알고 있는 James Watt(1736~1819)는 물주전자의 끓는 물의 현상을, Issac Newton(1643~1727)은 사과가 떨어지는 현상을 보고 그것에 관심을 집중한 결과 각각 증기기관과 만유인력이라는 위대한 결과를 창출하였는데, 이것은 매사에 관심을 두고 살펴봐야 한다는 사실을 입증해 준 좋은 예이다.

〈자료 7-3〉 루빈의 잔[85)]

 루빈의 잔	옆의 그림을 순수한 면에서 보면 하나의 술잔처럼 보인다. 여기에 관심의 원칙을 적용하면 새로운 현상을 발견할 수 있다.

(2) 분류(Classification)의 법칙

관찰의 두 번째 원칙은 분류이다. 이 원칙은 많은 개체를 관찰할 때 활용하면 관찰의 신속성과 묘사를 위한 기억에 많은 도움을 준다. 분류에는 두 가지 방법이 있다.

① 많은 수의 분류법

많은 수를 관찰하는데 있어서 분류를 하는 방법은 정확하고도 신속한 관찰 및 묘사를 위하여 그 대상을 가로 또는 세로의 가상선을 머리 속에 그어 놓고 그 수를 파악하는 방법이다. 행사진행 시의 대규모로 모인 인원수 파악 등과 같이 많은 인원 및 많은 차량의 이동 대열을 먼 곳에서 관찰할 때 그 수량을 계산하는 방법이다.

---

85) 루빈의 잔 : 덴마크의 심리학자 루빈(E. J. Rubin)의 발상에 의한 게슈탈트 도해법이다.
그림에서 볼 수 있듯이 루빈의잔(1921)은 어느 영역이 도형(figure)이 되는가, 혹은 어느 영역이 배경(ground)이 되는지 도형-배경의 반전도형이라고 할 수 있다. 흰 부분을 전경(foreground)으로 하면 잔으로 보이고 반대로 검은 부분을 도형으로 하면 두 사람이 마주 보고 있는 형태가 되며 흰 부분은 배경으로 밀려난다. http://www.ktaaseoul.or.kr/ta_gestalt.asp

〈자료 7-4〉 같은 수 및 양에 의한 분류법

		o o o	o o o o o o o o	oooooo oooooo oooooo oooooo
		o o o o o o	o o o o o o o o o o o o	oooooo oooooo oooooo oooooo
		o o o o o o o o o	o o o o o o o o o o o o o o o o	oooooo oooooo oooooo oooooo

② 같은 종류끼리의 분류법

이 방법은 여러 가지 다양한 물건들이 복잡하게 섞여 있을 때 한꺼번에 관찰하는 것이 아니라 같은 종류 또는 비슷한 개념의 유형을 찾아 분류하는 관찰방법이다.

일본의 유명한 ‘나까노(中野)’정보학교에서는 학생선발 면접시험 시에 10가지 이상의 물건을 책상 위에 두고 면접시험이 끝난 후, 다른 교실에서 관찰력과 기억력 테스트를 하기 위해 “면접 시 무슨 물건이 있었는지를 묻는 식으로 학생들의 관찰력을 시험하였다 한다. 우리는 일반적으로 어떤 사물을 한꺼번에 그 전부를 기억하려고 초조한 마음을 가지지만 이와 같은 분류의 원칙을 알고 적용하면 놀랄 정도로 관찰력이 향상 될 것이다.

〈자료 7-5〉 같은 종류끼리의 분류법

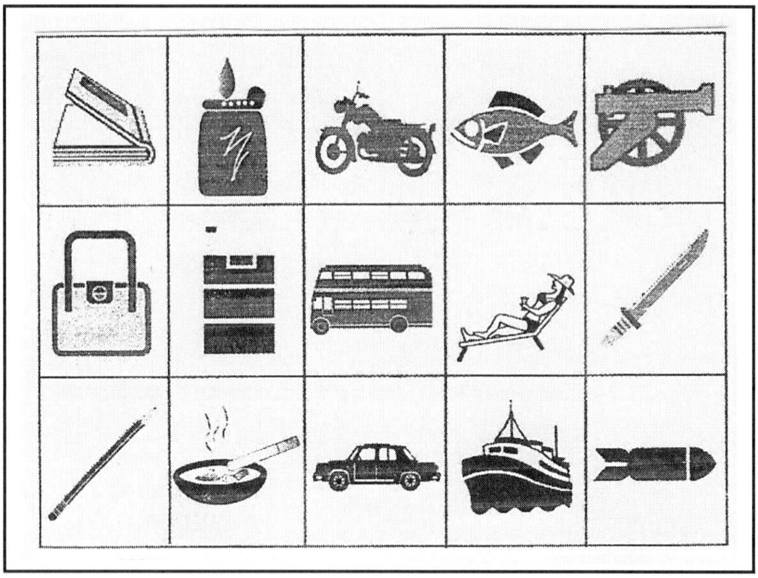

(3) 연상(聯想)의 법칙

연상이란 과거의 경험에 기초를 두고 일어나는 과정으로서 관심을 서로 결합시키는 것을 말한다. 이 연상은 관찰 시에 두 개의 완전히 상이한 사항을 동시에 상기시켜 결합시킴으로서 묘사에 효과를 얻으려는 것이다.

연상은 이론적인 제한이 없으므로 관찰자 자신이 마음대로 마음속에서 만들어 내면 된다. 따라서 합리적인 사건이나 사항보다 엉뚱하거나 불합리한 것일수록 기억하는데 효과가 있다. 따라서 이론적으로 분류할 수 없는 문제에 봉착하였을 때 제일 좋은 방법은 자신의 과거의 경험에서 인상 깊었던 것이나 예시적인 것을 생각하여 결합시키면 된다. 논리적이고 보편적인 연상은 곧 잊어버리기 쉽지만 불합리한 연상은 꽤 오랫동안 기억 속에 남아 다시 되살아나기 쉬운 것이다.

예를 들어 9982의 전화번호를 기억하려 할 때 99곱셈의 원칙을 연상하여 9x9+81인데 하나 더 더해서 82라고 암기하는 식으로 불합리한 연상을 해 두면 쉽게 암기할 것이다. 그 외 어떤 특정한 숫자를 기억하고자 할 땐 남성들의 군대시절 군번이나 주민등록번호, 자신의 차량이나 알고 있는 다른 번호와 연관시켜 연상하면 좋다. 이 연상의 원칙을 지나치게 사용해서는 안 되며 특히 잊어버리기 쉬운 어떤 관찰대상의 양이나 성질의 것인 경우에 한하여 적용시키면 효과가 크다.

(4) 비교의 법칙

어떤 사물을 관찰할 때 자신이 이미 과거에 경험하여 알고 있는 사실과 비교하여 기억한다는 것은 묘사할 때에 매우 큰 도움이 된다. 예컨대, 어떤 큰 건물을 관찰하여 묘사할 때 '그 건물은 상당히 높고 멋있는 것 이었다'라고 하면 매우 막연한 상태로 묘사된다. 그러나 '그 건물의 높이는 그 앞에 서 있는 사람과 비교할 때 약 10배 정도의 건물이며 서울역과 비슷한 모양을 한 건물이다'라고 하면 어느 정도는 정확하게 묘사되었다고 할 수 있다. 또한 일상생활에서 사용하고 있는 휴대폰, 신용카드 등 자신의 소지품 크기(길이, 넓이 폭 등)를 사전에 정확히 측정하여 익숙하게 사용할 수 있도록 평소에 노력하면 정보수집 활동 시 더욱 효과적인 관찰을 수행할 수 있을 것이다.

3) 묘사(描寫) 및 재생

관찰은 관찰 자체로서 끝나는 것이 아니라 묘사를 전제로 한 관찰이다. 따라서 관찰의 최종 산물은 '묘사(재생)'가 되어야 한다.

관찰결과에 대한 재생방법(recalling Method)에는 ① 사물과 현상(사상: 事象)묘사방법 ② 인물(人物)묘사방법의 두 가지가 있다. 사상묘사방법에는 구두브리핑 및 제스츄어, 문서, 사진, 그림(도시: 圖示)등이 있으나 여기서는 가장 중요한 도시(圖示)와 인물묘사법에 대해서만 설명하도록 한다.

(1) 그림(도시: 圖示)묘사

도시(圖示)는 주로 스케치하는 것으로 이때의 스케치는 예술성 보다 정확성이 요구되며, 정확성은 곧 스케치의 생명이라고 할 수 있다.

① 원근법(遠近法)

〈자료 7-6〉 도시(圖示)묘사

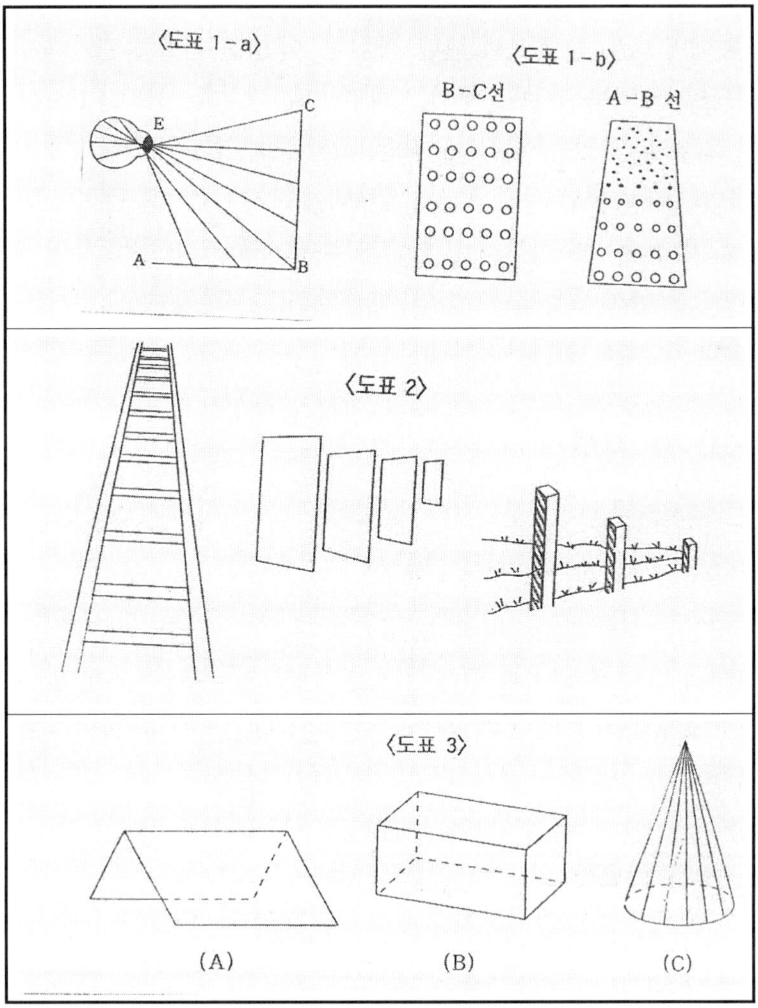

도표 〈1-a〉의 E(眼球)에 나타나는 B - C, A - B의 영상(映像)은 도표 〈1-b〉와 같이 나타난다. 그러므로 동일한 평면상에 원근(遠近)을 정확하게 표시하기 위해서는 근거리에 있는 물체와 선을 원거리에 있는 것 보다 크게 표시하여야 된다는 원칙이다. 따라서 〈도표 2〉는 이러한 원칙을 적용하여 도식화 한 것이다.

② 입체법(立體法)

평면에 입체감을 나타낼 때는 〈도표 3〉에서와 같이 A, B, C처럼 보이지 않는 부분은 점선으로 표시하거나 때에 따라서는 음영을 그려 넣을 수 있다.

(2) 인물묘사

사물이나 현상을 묘사하는 사상(事象)묘사 보다 더 어려운 것이 인물에 대한 묘사이다. 사람의 얼굴과 모습은 각각 현저한 차이가 나타나지 않고 유사한 점이 많기 때문에 세밀한 관찰과 묘사요령을 체득해야 한다. 인물묘사에 있어서 가장 중요한 부분은 얼굴이다.

우리가 어떤 사람을 연상할 때 우선 머리에 떠오르는 것은 복장, 언어, 태도, 걸음걸이의 특징도 있겠지만 무엇보다도 얼굴이다. 그것은 사람의 얼굴이야말로 그 사람을 특징지어 주는 상징이기 때문이다. 따라서 탐정은 사람을 식별해야할 경우가 많으므로 인물관찰에 따르는 묘사의 정확한 방법을 알아야 한다는 것은 기본적이고도 필수적인 조건이다. 인물묘사방법에는 기본묘사, 보통묘사, 정밀묘사 등이 있다.

〈자료 7-7〉 인물묘사방법

묘사방법	묘 사 내 용
기본묘사	■ 인물식별을 위한 기초적인 판단자료 ① 성별 ② 연령 ③ 인종(민족) ④ 신장 ⑤ 체중 ⑥ 체격 등 * 이때 성명, 가명, 출생지, 배경 등을 알 수 있으면 더욱 좋다.
보통묘사	■ 체포를 요하는 사람에 대한 구체적인 사항 ① 성명 ② 생년월일 ③ 인종(민족) ④ 체중 ⑤ 신장 ⑥ 체격 ⑦ 성별 ⑧ 연고자관계 ⑨ 사진 ⑩ 주소 ⑪ 지문 등
정밀묘사	■ 사람을 식별하는데 가장 중요하고 세밀하게 표현되는 방법 ■ 일반적인 정보 특정한 사람을 구성하고 있는 행정적인 제요소와 객관적인 특징 ① 성명 ② 별명 ③ 생년월일 ④ 주민등록번호 ⑤ 지문 ⑥ 국적 ⑦ 현주소(주소) ⑧ 습관 ⑨ 음성 ⑪ 언어 ⑫ 질병 ⑬ 태도 ⑭ 오락 및 취미 ⑮ 가족사항 ⑯ 정당관계 ⑰ 직업 ⑱ 교육 ⑲ 군사 및 사회경력 ⑳ 범죄기록 등 ■ 일반적인 특징은 기본묘사에 포함 된 내용과 동일하나 주의할 것은 신장, 체중, 연령을 기록함에 있어 반드시 5단위 숫자로 구분하여 기록하여야 한다. 예컨대 23세가량 되는 사람의 연령 기록 시는 '20~25세'로 하는 것이다. ■ 인물묘사 중에서 가장 어려운 인상을 묘사하는 것으로 흔히 몽타쥬(Montage)를 작성하게 된다.

묘사방법	묘 사 내 용
	○ 특수한 신체적 특징 ① 얼굴 : 형, 색깔, 특징 ② 두발 : 형, 숱, 색깔 , 특징 ③ 머리 : 두개골의 형, 특징 ④ 이마 : 넓이, 길이, 특징 ⑤ 눈썹 : 형태, 색깔, 특징 ⑥ 눈 : 형태, 색깔, 특징 ⑦ 코 : 형태, 콧구멍, 특징 ⑧ 입 : 형태, 크기. 특징 ⑨ 치아 : 색깔, 모양, 의치, 특징 ⑩ 입술 : 형태, 특징 ⑪ 턱 : 형태, 경사, 수염, 특징 ⑫ 귀 : 형, 위치, 특징 ⑬ 어깨 : 넓이, 경사, 특징 ⑭ 배 : 돌출도 ⑮ 손(팔) : 손가락의 특징, 반지, 팔의 동작 ⑯ 다리 : 걸음새. 형태. 특징 등

〈자료 7-8〉 탐정 기억법의 한 예

• 장소기억방법	➡	처음 도착한 장소에서는 어디에나 있는 목표물을 중심으로 우선 머리에 넣어둔다.	• 파출소 • 우체국 • 은 행 • 학 교 • 관 청 • 백화점 • 슈퍼마켓 등

		구체적인 특징이나 복장의 모습을 생각한다	
		(구체적인 특징)	(복장의 모습)
• 인물기억방법	➡	• 키가 크다 · 작다 • 뚱뚱한 체형 · 마른체형 • 피부가 희다 · 검다 • 수염의 유무 • 안경의 유무 등	• 화려하다 : 수수하다 • 캐쥬얼 : 정장 • 좋아하는 색 • 좋아하는 브랜드 • 액세서리 • 향수 · 머릿기름 등

(3) 관찰묘사 시 고려사항

① 의심의 유지

관찰 시에는 막연한 상태보다 그 대상에 대하여 항상 의심을 가지고 관찰하여야 한다. 의심이 유지됨으로서 관찰은 발전과 계속성을 가질 수 있으며 세밀한 부분까지 포함시킬 수 있다.

② 묘사의 전제(前提)

관찰 후에는 반드시 그 결과로서 묘사를 해야 되기 때문에 다시 표현할 것을 염두에 두어야 한다.

③ 객관성의 유지

관찰 시에는 관찰자 자신의 편견이나 예상을 피해야 하며 결과를 예측하지 말아야 한다. 주관적인 결정을 금하는 이유는 관찰자가 중요치 않다고 생각하는 것이 때로는 중요한 정보가 될 수도 있기 때문이다.

④ 관찰의 생활화

탐정과 같은 정보수집자는 항상 주의력을 갖는 생활 즉, 사람 · 물건 · 사실 · 사건 등에 대하여 의심을 가져야 하며 이러한 것이 자동적으로 생활화 되어야 한다.

⑤ 대상에 대한 사전지식

대상에 대한 배경정보는 관찰자로 하여금 시간, 노력, 효과 면에서 많은 도움이 된다. 따라서 대상에 대한 내용은 물론 주위환경까지도 사전에 조사하여 충분한 지식을 갖도록 노력하여야 한다.

⑥ 가치판단

관찰자는 지역과 시간에 제약성을 갖고 활동하기 때문에 관찰대상이 많거나 광범위할 때는 그 대상의 정보가치 여부를 판단하여 관찰의 우선순위를 결정하여 중요한 것을 중점적으로 관찰하여야 한다.[86]

86) 강기욱, 전게서, pp.140~161.

2. 기억훈련(기억술)

1) 기억술의 의미

관찰묘사와 기억력은 정보수집활동 상 밀접한 관계가 있으며 특히 경계가 삼엄한 곳에서 제한 된 시간 내에 목표(Target)를 관찰하고 요점을 수집하기 위해서는 기억력에 따라 많은 영향을 받게 된다. 아무리 예리하고 정확한 관찰을 하였다 하더라도 묘사 시에 기억을 상기시키지 못하면 정확한 정보수집이 불가능하다.

기억이란 과거의 경험을 인간의 정신 속에 간직하고 되살리는 것을 말한다.

기억을 오래 유지하기 위한 원리, 즉 기억술의 원리는 마음속에 인위적인 구조를 만들어 생소한 생각, 특히 자신이 기억하기 어렵고 서로 동떨어진 일련의 생각을 그 구조 속에 짜 넣는 것이다.

오랫동안 기억술로 널리 적용되었던 예로는 운율이 있는 시를 만들어 단어를 몇 개씩 묶어서 외우는 방법을 들 수 있다.

심리학자들에 의하면 인간은 한번 기억한 것은 결코 잊지 않으며 가령 잊었다고 하는 것은 기억해 내지 못할 따름이라고 한다. 따라서 기억술의 원리는 생각해 내지 못하는 것을 생각해 내는 기술로서 이미 알고 있는 사항과 그것을 연상시키는데 그 핵심이 있다.

미국의 CIA, 러시아의 SVR, 영국의 MI6, 이스라엘의 모사드, 중국의 국가안전부 등도 유능한 요원을 양성하기 위해 기억술과 같은 과목을 가르친다. 선진국의 탐정아카데미도 국가정보기관과 유사한 커리큘럼을 운영한다.87)

2) 기억술의 종류

기억술은 크게 두 가지로 분류된다. 하나는 순수한 기억 요령 같은 것으로 기억 효율을 높이는 방법이다. 또 하나는 인간의 능력을 향상시킴으로써 기억력을 향상시키는 방법이다. 시모니데스에 따르면 연회장의 좌석과 그 좌석에 앉은 사람들에 대응해 기억하는 자리 방법(장소법)이나, 여기서 파생되어 물건을 거는 걸이를 상상하고 이에 기억해야 할 것을 대응시키는 후크 방법(걸이법) 등이 전자의 예로서 알려진다.

---

87) 탐정신문, '탐정의 기억술은 IQ보다 전문 훈련에 더 의존', http://www.idtt.co.kr/1061, 2020.11.06.

기억술의 중요한 개념의 하나로 '나누기'와 '짜 맞추기'가 존재한다. 단기기억은 7±2의 법칙에 따라 너무 많은 정보를 한꺼번에 머리 속에 집어넣으면 그것에 대처할 수 없다. 그래서 방대한 정보를 기억할 때는 그것을 몇 개의 작은 조각으로 나누어 각각의 조각으로 그것을 기억하고, 후에 그것을 연결해 짜 맞추어 기억을 완성한다는 개념이다. 학문으로로는 인지심리학의 대상이다.

후자의 사례로는 시야를 넓히거나 우뇌를 활성화시키는 방법 등이 있고, 기억력 향상에 좋은 음식이나 생활 스타일을 추구하는 것 등이 있다. 이 가운데 학문적으로 증명되지 않은 주장들도 적지 않고 유사과학의 영역을 벗어나지 못하는 것도 있다.

(1) 장소법

장소법은 기반결합법으로도 불리며 흔히 '기억의 궁전'으로 잘 알려진 기억술이다. 장소(자택이나 실제의 장소, 혹은 가공의 장소라도 상관없다)를 떠올려 냄으로써 그것에 기억하고 싶은 대상을 배치하는 방법이다. 기억하고 싶은 대상을 자신이 머리에 떠올린 공간에 배치하는 것으로, 인간은 예를 들면 남의 집에 갔을 경우에서도, 어디에 뭐가 있었는지 비교적 잘 기억하고 있다는 성질을 이용한다. 기억하고 싶은 대상이 추상적인 경우는 치환법을 써서 이미지화하기 쉬운 대상으로 변환해 기억한다.

이 방법은 해마에 있는 장소뉴런의 특성을 이용하고 있다. 장소뉴런은 이름 그대로, 장소의 기억을 조절한다. 장소의 기억은 동물에게 중요하기 때문에 장기 기억으로 보존되기 쉬운 성질을 갖고 있다. 그 장소로써 기억을 보유하는 기간은 다른 기억술과 비교해 두드러지게 길다. 단점으로는 한 장소에 너무 많은 정보를 채우다 지나치게 혼란을 초래할 수 있기 때문에 약간의 정보 밖에 들어갈 수 없다는 것. 그래서 충분한 정보를 가득 담을 수 있지만 장소의 확보에 시간이 걸린다는 것이다. 세계 기억력 선수권의 세계 최고 선수는 수백 개 정도의 이미지를 경기 중에 기억하고 있다.

층 구조를 이루고 있는 것을 기억하는 경우는 몇 층이 되든 층마다 위치한 방을 기억함으로써 장소로 이용해 기억할 수 있다. 이 수법은 열매식이라고도 불린다.

(2) 이야기법

이야기를 만들어서 기억하고 싶은 대상을 등장시키는 방법이다. 기억하고 싶은 항목을 시간적으로 배열하는 것이다. '연쇄결합법'이라고도 불린다.

(3) 영상화기법

이야기법과 마찬가지로 기억하고 싶은 대상을 가지고 스토리를 만드는 방법이지만, 가장 큰 차이점은 '언어정보'인 스토리만 사용하는 것이 아닌, 최종적으로 '시각 등 감각정보'인 영상으로 만들어 기억하는 방법이다.

그 특성상 스토리 기억법보다 연습량이 요구되지만 그만큼 효과가 더 있으며, 비교적 양이 적은 정보를 기억할 때 장소법보다 유리한 점이 있다. 이야기법과 마찬가지로 '연쇄결합법' 이라고도 불린다.

(4) 머리글자법

기억하고 싶은 대상의 머릿 글자를 떼서 기억하는 방법이다.

(5) 치환법(변환법, 연상법)

인간은 추상적인 것보다 구체적이고 시각적으로 이미지화하기 쉬운 것이 더 기억하기 쉬우므로, 숫자 등을 다른 사물로 치환(변환)해서 기억하는 방법이다. 영상화기법이나 장소법을 사용하기 위한 필수적인 전 단계이다.

구체적인 과정으로는, 추상적이고 나에게 익숙하지 않은 정보를 구체적이고 이미지화하기 쉬운 단어로 연결하는 '연결'단계와, 연결한 단어를 가지고 구체적인 심상을 만들어내는 '구체화'단계가 있다.

익숙하지 않은 새로운 정보를 나에게 익숙한 다른 정보로 변환한다고 하여, '변환법' 혹은 '심상법', '연상법'이라고도 한다.[88]

관찰활동에 가장 많이 이용되는 연상결합법에 대한 예를 들면 다음과 같다.

① 기초결합법

기초결합법은 우리가 이미 알고 있는 사실을 미리 준비하여 이것을 기초로 기억하는 것을 말하며 그 기초의 순서가 명확하여야 하고 그 순서에 번호를 붙여 기초표를 작성하여 여기에 암기할 대상을 결합하는 방법이다. 이러한 기초가 되는 사실은 얼마든지 있는데 여기서 몇 가지 예를 들면 다음과 같다.

---

88) https://ko.wikipedia.org/wiki/%EA%B8%B0%EC%96%B5%EC%88%A0(검색:2021.09.02.)

- 신체부분

  머리 → 이마 → 눈썹 → 눈 → 코 → 입 ....등의 순서
- 버스정류장, 지하철정거장, 열차정거장 등의 명칭
- 집의 내부 구조

  대문, 출입문, 현관, 응접실, 안방, 공부방, 화장실, 부엌 등

이상과 같이 우리가 잘 잊어버리지 않는 사실에 대상을 결합시켜 두면 추후에 쉽게 상기해 낼 수가 있는데 이때 결합된 상태가 불합리할수록 기억의 효과가 크다는 것이 실험에 의하여 밝혀지고 있다.

〈자료 7-9〉 경부선 완행열차의 정거장에 대한 기초표

기초표	대 상
① 서울역에서	(여자)가 탔다
② 용산역에서	(신문)을 샀다
③ 노량진역에서	(구두)를 벗었다
④ 영등표역에서	(강도)를 맞았다
⑤ 수원역에서	(담배)를 피웠다
⑥ 오산역에서	(비행기)가 추락하여 불타고 있었다
⑦ 평택역에서	(냉면)을 사 먹었다
⑧ 천안역에서	(자동차)가 기차 안으로 들어왔다
⑨ 조치원역에서	(담배)가 회장실에 빠졌다
⑩ 대전역에서	(초가집)을 한 채 샀다

■ 기초 결합 시 주의사항

- 여러 가지 종류의 기초표를 가급적 많이 만들어 둘 것
- 반드시 연산결합 된 상태를 상상해서 정해 둘 것
- 가급적 빨리 기억할 것
- 상상 시 망설이거나 다른 것으로 바꾸지 말 것
- 물건의 이름을 말할 때에는 그 물건이 어떤 물건인가를 특정 지을 것(자동차 → 누구의 자동차)
- 가급적 밀접하게 직접적으로 결합 된 상태를 상상할 것('담배가 화장실에 빠졌다'하는 것은 화장실에서 잃어버렸다 하는 것보다 직접적이다)

■ 기초 결합법의 연습방법

- 자기 자신이 문제를 내는 것보다 다른 사람이 문제를 내는 것이 더 효과적이다.
- 연습 시에 대상물을 불러주는 사람은 발음을 명확하게 하고 처음에는 10초의 간격으로 하고 점점 시간을 줄이도록 한다. 이때 기억하는 사람이 도중에 어느 것을 미처 결합하지 못했다 할지라도 그것을 남겨둔 채 계속 진행하여야 한다.
- 여러 개의 기초표를 작성해 놓고 처음에는 그것을 옆에 놓고 보면서 연습하다가 숙달되면 기초표를 치워버린다.

이상과 같은 방법으로 최초단계에서는 10문제 정도로 연습하고 숙달되면 점차 40~50문제까지 증가시켜 매일 최소한 10분정도씩 규칙적으로 연습하면 효과적이다.

② 연상결합법

연상결합법은 여러가지 사물을 기초표 없이 순서대로 결합시켜 기억하는 방법으로서 제①의 사물을 제②의 사물에 결합시키고 제②의 사물을 제③의 사물에 결합시켜 기억하는 방법이다. 연상결합법은 기초결합법이 숙달되었을 때 실시해야 효과적이며 기초결합법과 병행해서 사용하면 더욱 효과적이다.

■ 〈보기〉 관찰대상 : 기차, 담배, 권총, 나침반, 쌍안경, 시계, 주민등록증, 안경, 군인, 사진

- 기차가 담배를 피웠다.
- 담배위에 권총이 올라앉았다.
- 권총이 나침반과 싸웠다.
- 나침반이 쌍안경을 죽였다.
- 쌍안경이 시계를 깼다.
- 시계가 주민등록증을 불태웠다.
- 주민등록증이 안경을 덮었다.
- 안경이 군인으로 입대했다.
- 군인이 사진을 공격했다.

③ 탐정의 기억법 사례

〈자료 7-10〉 탐정기억법의 예

<table>
<tr><td rowspan="2">장소기억법</td><td rowspan="2">처음 도착한 장소에서는 어디에나 있는 목표물을 중심으로 우선 머리에 넣어둔다</td><td>• 파출소
• 우체국
• 은 행
• 학 교
• 관 청
• 백화점
• 슈퍼마켓(등)</td></tr>
<tr></tr>
<tr><td rowspan="2">인물기억법</td><td>구체적 특징</td><td>복장모습</td></tr>
<tr><td>• 키가 크다, 작다
• 뚱뚱한 체형, 마른체형
• 피부가 희다 · 검다
• 수염의 유무
• 안경의 유무 등</td><td>• 화려하다, 수수하다
• 캐쥬얼, 정장
• 좋아하는 색
• 좋아하는 브랜드
• 액세서리
• 향수 등</td></tr>
</table>

제 8 장

탐정의 잠복 · 미행기법

1. 탐정의 감시조사
2. 탐정의 잠복기법
3. 탐정의 미행기법

제8장 탐정의 잠복 · 미행기법

1. 탐정의 감시조사

1) 감시조사의 의미와 목적

탐정의 감시활동이란 의뢰인의 계약에 의해 정보수집 요구에 해당하는 개인들의 활동이나 신원, 현상에 관한 정보를 얻기 위해 특정한 사람, 차량, 장소 그리고 물품들에 대해 지속적으로 관찰하거나 듣는 공개적 혹은 비공개적 행위라 할 수 있으며, 탐정은 주로 탐문, 잠복, 미행 등의 방법으로 감시조사가 이루어진다.

감시활동은 의뢰인의 계약에 의해 정보수집 요구에 해당하는 일반적인 정보를 수집하거나, 의심스럽거나 위법한 행위를 찾아내거나 방지하기 위한 것, 또는 그러한 행위 및 인물의 증거를 확보하는 등 감시조사는 주로 다음의 목적을 위한 것들이 많다.

- 범죄 · 위법행위를 찾아내거나 방지하기 위해
- 불법 · 위법행위자의 증거를 확보하기 위해
- 범죄나 인가 받지 않은 활동들의 증거를 얻기 위해
- 감시대상의 활동에 대한 상세한 정보를 얻기 위해
- 다른 경로로부터 얻은 단서와 정보를 좀 더 구체화시키기 위해
- 감시대상이 현재 어디에 있는지를 알아보기 위해
- 정보제공자가 제시한 정보의 신빙성을 입증하기 위해
- 추후에 있을 인터뷰에서 사용될 정보를 얻기 위해
- 감시대상과 관련한 사람들의 소재를 파악하기 위해
- 법정에서 사용될 증거를 얻기 위해
- 사람들의 신원을 파악하기 위해

2) 감시조사 구분

감시는 다양한 방법으로 진행되는데 개별적으로 분리되어 진행되거나, 혹은 다른 요소들과 혼합되어 사용될 수도 있다.

감시는 개인적으로는 혼자 해야 하는 탐정의 책임을 잊어서는 안 되지만 조사의 종류에 따라 절대 혼자서 진행할 수 있는 것이 아니다.

어떤 방식으로 감시가 진행되든지 이 모든 작업은 팀워크에 큰 비중을 두고 있으며 무전기 같은 커뮤니케이션 도구를 사용하면 팀워크를 효과적으로 발휘할 수 있다.

탐정이 혼자서 도보 혹은 차량으로 감시를 하는 것에는 매우 큰 위험이 따르게 된다. 우선 탐정 자신이 위태로운 상황에 빠질 수도 있고, 감시대상을 놓치는 상황이 발생할 수도 있다. 또한 감시대상이 자신을 감시하고 있는 탐정을 알아볼 수 있는 가능성도 매우 크다.

감시를 하면서 감시대상의 눈에 띄지 않으려면, 조금 물러서서 대상으로부터 거리를 두어야 하는데 이렇게 되면 결국 대상을 시야에서 놓칠 수도 있고 또한 감시 대상을 업무에 다시 연결할 수 있는 모든 고리를 잃을 수 있다는 위험이 뒤따른다.

그러나 사실 탐정이 팀 안에 속해 있는 경우에도, 탐정 각자가 다른 팀원들과 떨어져 있는 경우가 많아서 스스로도 자신이 대상을 미행하고 있는 유일한 사람이라고 느낄 수 있다.

감시조사의 방법에는 다음과 같은 것들이 있다.

- 도보감시 - 도보로 하는 감시 활동
- 차량감시 - 차량을 이용한 감시
- 잠복감시 - 한 자리에 머물면서 하는 감시
- 시스템감시 - 기계적, 기술적 감시 조사
- 종합적 감시

3) 감시대상자의 유형

탐정은 타겟(대상자)의 나이, 성별 및 특성요소 등을 감안해서 감시 패턴이 달라져야 한다. 예를 들면 나이든 사람의 경우 일반적으로 아침 일찍 일어나는 경향이 있어 새벽부터 감시 업무가 시작돼야 한다.

젊은 사람을 감시할 경우는 보통 퇴근하고 저녁에 활동을 하기 때문에 스케줄 대부분이 저녁부터 밤늦게까지 감시 활동 시간이 늘어난다.

밤늦게 감시 업무를 수행할 경우 타겟이 술집이나, 클럽 등 실내에 진입하면 자연스런 감시 비용이 추가로 발생될 수 있다. 따라서 비상상황을 대비해 충분한 여비를 준비해야 적절한 감시 업무를 수행할 수 있다.[89]

어린이의 미행 시 상황에 상관없이 어린이 특성 상 돌발행동이 많으므로 특히 주의한다. 어린이는 걷는 속도가 어른에 비해 느릴 수도 있으나 경우에 따라선 갑자기 뛰기도 한다. 또한 모든 사물과 주위환경에 관심과 호기심이 발동하기 때문에 의외의 상황까지 주의를 기울여야 하는 등 어려움이 많은 대상임을 특히 유의한다.

또한 조사 대상자가 과거에 감시를 받은 적이 있는지를 의뢰인으로부터 의뢰계약 시 반드시 확인하는 것이 매우 중요하다. 만약 그런 적이 있다고 한다면, 예전에 있었던 감시업무의 결과도 꼭 알아내야 하며, 그때 어떤 위험이 있지는 않았는지 물어서 새로운 전략을 적용시켜야 한다. 조사 대상자의 감시 인지상태에 따른 분류하면 다음과 같다.

- Aware - 인식을 하고 있는 상태
- Unaware - 인식을 못하고 있는 상태
- Semi-aware - 반 정도만 인식을 하고 있는 상태
- Hidden - 숨어있는 감시대상

4) 감시의 단계

감시 작업은 다음과 같은 단계로 나누어질 수 있다.

① Pick up,

② follow,

③ housing이다.

이것들은 계획을 짜서 감시업무를 본격적으로 시작 할 수 있는 단계를 의미한다.

조사 대상자가 집에서 나오거나 차에 타고(pick up 단계), 2분 동안 운전을 해서(follow 단계), 신문판매대에 앞에서 멈춰 서서 그곳으로 들어간다(housing 단계).

그러고 나면 사이클은 다시 시작되는데, 조사 대상자가 고정 지점인 가게나 장소에서 나와 다시 차에 타게 되고(pick up 단계), 다시 운전을 하고(follow 단계) 조금 후에 직장에 도착(housing 단계)하는 이러한 일련의 단계들이 계속하여 반복되는 것이다.

89) 탐정신문, [미국] 탐정이 보다 성공적인 감시를 위해 알아야 할 감시 요령, http://idtt.co.kr/986, 2020.10.21.

5) 사전 준비 및 기초(예비)조사

(1) 조사대상자의 사전 정보

탐정은 감시업무가 진행되기 전에 필히 상세한 사전계획과 준비만이 최상의 결과를 만들어 낸다는 것을 명심하여야 한다.

모든 감시업무(미행과 잠복)는 실시 전에 잠복 업무장소와 조사대장자에 대한 기초조사를 하여야 한다. 우선 계약 시 의뢰인으로부터 조사할 인물(조사대상자)의 기본적인 자료, 특징과 사진 등 많은 정보를 얻어내도록 해야 한다. 그러나 때로는 고객이 가지고 있는 정보가 잘못 전달이 되거나 혹은 부정확할 경우도 있기 때문에 그 정보들 중에서 어떤 것이 중요하고 어떤 것이 아닌지를 결정해야 한다.

머리모양 등 여러 가지 모습이 변했을 가능성도 있어서 의뢰인으로부터 입수한 사진에만 의존하지 말고 예비조사 단계에서 실제 본인의 얼굴을 확인해야 한다.

대개 탐정은 예비조사를 위한 잠복을 하고 있다가 조사 대상자가 집에서 나올 때 얼굴을 확인은 물론 이때 본인의 걷는 법, 보행시의 습관, 신체특징 등을 동시에 파악해 둔다.

- 조사 대상자의 이름, 별명, 가명
- 집 주소 그리고 조사대상과 관련된 주소
- 전화번호
- 조사대상자 특징
- 조사 대상자의 사진이나 비디오를 구할 수 있는가
- 교통수단 및 차량정보
- 가족신상과 다른 집안관련 정보들
- 직업상태
- 습관이나 취미 및 하루 일과 등에 관한 정보

(2) 대상지역의 사전 현장답사

탐정은 자신의 업무가 진행 중인 현장지역의 지리에 익숙하지 않으면 자신의 능력을 발휘할 수 없고 오히려 위험에 처할 수 있다. 따라서 감시조사를 하기 전 타겟이 주로 활동하는 조사대상 지역의 정확한 주소, 도로현황, 건물현황, 특징을 파악하고 현장을 반드시 답사해야 한다.

최근에 신도시가 많이 생기고 기존 도심에도 재개발이 진행되면서 지역 환경이 많이 변하고 있고, 또한 주요 도로를 기준으로 하는 새로운 주소와 구주소가 혼용되어 많은 어려움이 있기 때문에 주소를 가지고 직접 현장에 가서 문패 옆의 주소를 확인하거나 이웃사람에게 물어서 확인해야 한다.

차량 네비게이션은 전국 지도가 자세히 내장되어 있어 활용도가 높다. 또한 인터넷 포털 사이트에서 제공하는 지도 서비스도 정확도가 매우 높아 유용하다.

도로현황을 파악하는 것은 도보미행, 차량 미행 시에 도움이 된다. 타겟이 움직이고 있는 도로가 막다른 골목인지, 일방통행인지, 유턴이 금지되어 있는지, 좌회전이 금지되어 있는지 사전에 조사를 해야 작전 중 현장에서 당황하지 않을 수 있다.

다른 사람의 감시를 받는다고 의심하는 타깃은 자신이 주로 활동하는 지역의 지리에 익숙하기 때문에 고의로 탐정을 함정에 빠뜨리곤 한다.

막다른 골목으로 탈출로가 없다면 무리해서 미행할 필요가 없고 진행방향에 지름길이 있다면 노출위험을 감수하고 추적할 필요 없이 미리 우회해서 대기할 수도 있다.

현장을 철저하게 파악하는 것이 조사의 기본임에도 불구하고 이를 소홀히 여기는 탐정이 많다.

또한 탐정은 도심과 시골 지역에서 활동할 때도 노출되지 않도록 주의해야 한다.

감시대상지역이 유흥가, 일반 주택가, 도심가, 상가 등 그 유형에 따라 탐정의 복장, 위장, 행동 요령에 영향을 미치기 때문에 탐정은 해당 지역의 특성에 적합한 복장을 착용해야 하고 눈에 띄지 않도록 행동해야 한다.

무리한 추적, 차량 위장이 용이한 지역이 있고 사소한 돌출행동도 노출되거나 제3자에게 인식되기 쉬운 지역도 있다.

야간에는 차량이 많지 않은 시골이나 공단지역의 경우 추적이나 미행이 쉽게 노출되므로 무리한 미행은 삼가는 것이 좋다.

복잡한 도심의 경우 미행이 발각되지는 않지만 다수의 차량과 인파로 인해 미행이 어렵기 때문에 초보자보다는 숙련된 탐정을 투입하는 것이 타겟에 대한 정보를 수집하는데 유리하다.

또한 야외인지, 도심인지에 따라서 미행이 용이한지, 관측이 유리한지도 정해지는데 주변의 장애물, 즉 옆집, 강이나 작은 하천, 큰 키의 나무, 담장 등도 잘 파악해서 활동 시 대응요령을 연습해야 한다.[90]

---

90) 민진규, http://www.wsnews.co.kr/sub_read.html?uid=12529, 2016.06.02.

(3) 가상의 시나리오(커버스토리) 준비!

커버스토리란 미행 및 잠복감시활동 시 탐정이 자신의 진짜 목적과 의도를 감추어 제3자가 탐정의 본래의 목적을 알아차리지 못하게 하기 위한 방법을 말한다.

잠복, 미행감시 실시 전 먼저 대상자의 주변 환경에 대한 예비조사(기초조사)를 반드시 실시한 후 주변의 지리, 지형, 환경 등의 특성을 미리 파악함으로서 대상자나 주변인으로부터 의심을 피할 수 있는 커버스토리를 만들 수 있다.

가령 근처에 공사현장이 있을 경우에도 탐정이라는 사실은 밝히지 말고 가공의 스토리를 준비한 후에 사정을 이야기 하고 작업 인부로 가장할 수도 있다.

또한 조사 대상 주변이 상가라면 '이 근처 손님들의 출입 상황을 조사하고 있다'는 식의 '시장조사'라는 스토리가 유효할 것이다.

어떤 특정 가게를 정해서 조사하고 있다는 가공의 스토리를 만들어 놓고 실은 바로 그 옆 가게를 조사하는 방법도 있다.

사전에 잠복 장소의 근처에 있는 몇몇 가게에 가공의 스토리를 전달해 두는 것이 좋은데 혹은, '무엇을 하느냐?'라는 질문을 받았을 때 잠깐 비밀 유지를 부탁하는 방법도 있다. 예를 들어 어떤 부인이 다가와서 '여기서 무엇을 합니까?', '잠깐 시장조사를 하고 있습니다. 자세한 이야기는 해 드릴 수 없지만, 걱정 마십시오.'라는 식의 자연스러운 행동으로 주변에 안심을 시켜야 한다.

앙케이트 설문조사 직원으로 가장했을 땐 그 업무에 맞는 명함도 준비하고 바인더, 주제에 맞는 인쇄물 등도 만들어 준비한다면 의심상황에 대비할 수 있을 것이다.

그러나 이러한 커버스토리를 통한 행위들이 공무원을 사칭하거나 비윤리적이거나 불법, 위법행위에 해당되지 않도록 주의해야 한다.

따라서 탐정은 평소에도 여러 가지 상황에 따른 완벽한 커버스토리를 잘 적용시킬 수 있도록 많은 경험과 노력으로 노하우를 축적할 수 있도록 하여야 한다.

6) 감시조사 시 이상적인 자세

- 조사의 중요사항이나 순서, 방법에 대해서는 반드시 사전에 충분한 연구와 준비가 필요하다.
- 모든 업무는 계획적으로 하고 노력, 경비, 시간을 허비함이 없이 능률적으로 신속, 정확

히 해야 한다

- 진실파악을 위한 정보수집이라는 사명감으로 예리한 관찰력으로 충분히 조사하는 끈기나 노력을 기울여야 한다.
- 시간적 여유가 없다고 해서 조사에 소홀함이 있거나 조사를 중지해서는 안 된다.
- 숙달된 직감력은 중요하지만 직감력에만 의존하는 것은 위험하며 어떤 경우든지 속단을 하지 않도록 한다.
- 탐정업무에 필요한 다양한 상식, 법률 등의 지식함양과 정신자세 그리고 임기응변에 대처할 수 있는 평소의 생활태도가 중요하다.
- 항상 사회정세변화를 주시하고 그에 대응한 조사방법에 대한 연구를 게을리 하지 말아야 한다.
- 어떠한 경우라도 신념과 자신을 가지고 조사에 임해야 한다.
- 모든 상대방에 대해서는 항상 성실과 봉사의 자세로 겸허하게 대처해야 한다.
- 모든 조사는 공평무사해야 한다. 즉 주관적인 편견이나 선입관, 사적인 감정을 배제하여야 하며 불법 또는 외부압력 등으로 왜곡되어서는 안 된다.
- 다양한 형태의 유혹과 위협에 이성을 잃어서는 안 되며 단호히 대처할 수 있는 결의와 정직성 및 용기가 필요하다.
- 조사대상자에게 조사사항 이외의 문제가 있다 하더라도 그것은 탐정의 권한 밖의 사항임을 잊지 말아야 한다.
- 조사업무 시 탐문태도가 위압적이거나 지나치게 비굴해서는 안 된다.
- 조사업무 시 탐정의 부주의한 언동은 사건 해결에 중대한 장해가 될 수 있으므로 어떠한 이익을 요구하는 발언은 절대 금물이다
- 조사보고서는 조사에 의해 명백하게 확인 된 사실을 있는 그대로 솔직하게 작성하고 추정이나 예측 등으로 보충하거나 사실에 기인하지 않는 과장된 표현이나 수식을 해서는 안 된다.
- 조사의 지시항목은 정확히, 상세히 기록할 필요가 있지만 필요이상 길게 늘어놓지 않도록 주의하고 중복되지 않도록 기술해야 한다. 탐정의 조사업무가 성공했어도 보고서 작성방법이나 표현이 불충분하거나 중요사항이 누락되어 있으면 의뢰인의 합리적인 판단을 방해하는 것이 된다.
- 탐정은 감시조사를 하는 기간 동안에는 중간에 중단되는 일이 없이 감시가 지속적으로

수행되어야 한다. 예를 들어, 어떤 감시 대상을 아침 7시 30분경부터 몇 시간 동안 미행하기 시작했는데, 10시경에 교통체증으로 그 대상을 놓쳤다가, 30분후에 감시 대상을 찾아서 다시 감시를 재개하였다 하더라도 이것은 결과적으로, 일정 시간 동안 목표를 관찰할 수 없었기 때문에 감시가 지속적으로 되었다고 볼 수 없다.

2. 탐정의 잠복기법

1) 잠복과 미행의 관계

탐정이 의뢰인이 요청한 조사 대상자의 각종 증거 자료를 수집하는 방법에는 여러 가지가 있는데 주변인에 대한 탐문, 타깃(조사대상자)이 머무는 장소를 중심으로 잠복, 이동하는 타겟을 감시하는 미행, 데이터 조사 등을 통해 정보를 수집한다.[91]

그중 가장 기초가 되는 것이 '미행'과 '잠복'이며 탐정 업무의 대부분이 이 두 가지에 집약되어 있다고 해도 과언이 아니다.

미행은 '동(動)', 잠복은 '정(靜)'의 형태로 이 두 가지가 합쳐져서 대부분의 조사 과정 중에 동시에 행해지고 있다. 예를 들면, 조사대상자가 자택이나 어떤 장소에 있으면 잠복이고 그 대상자가 밖으로 나가면 미행이 되는 것으로 미행과 잠복이 계속 반복되기도 한다. 다시 말해서 첨단 기계를 사용한다고 해도 최후에는 인간의 눈과 귀, 손발에 해당하는 오감, 통찰력, 인내력, 그리고 체력이 중요한 역할을 하기 때문에 탐정업무는 미행과 잠복이 확실히 되지 않으면 성공할 수 없다.

우리가 영화 속의 탐정모습이나 경찰의 수사처럼 여러 명이 이 일을 하는 것으로 일반적으로 알고 있고, 또한 여러 명의 인원과 여러 기동수단을 이용한 '현대적 탐정'의 이미지를 만드는 탐정회사들이 많은 것도 사실이지만, 탐정들의 미행과 잠복은 팀으로 구성되어 있긴 해도 자기 혼자서 하는 것을 기본이라고 생각해야 한다.

한사람을 조사하기 위해 여러 명의 인원을 확보하고, 자동차나 자전거를 여러 대 준비한다는 것은 있을 수 없는 일이다. 그렇게 한다면 주변으로부터 눈에 띄기 쉽고 조사업무에 드는

91) 탐정신문, [일본] '탐정이 타겟에 대해 조사하는 방법은 탐문과 잠복 등 4가지', http://www.idtt.co.kr/799 (검색: 2021.09.06.)

경비가 많이 지출이 되므로 의뢰인의 의뢰비도 올라가기 때문이다.

이와 같이 미행과 잠복은 실제 조사에서는 동시에 진행되고 있지만 알기 쉽게 미행과 잠복을 나누어 설명한다.

2) 잠복감시의 의의

잠복감시란 조사대상자 및 관련자의 발견, 주소확인, 유리한 증거나 자료의 수집 등을 위해 관련자의 근무지. 주거지 등 일정한 장소나 특정지역에서 계속적으로 은신하여 비밀리에 감시하는 방법을 말한다.

즉 잠복은 타깃(조사대상자)이 머물고 있는 장소나 건물 주변에서 대기하면서 타겟의 이동을 감시를 하게 되는데 이때 타깃의 감시망에도 포착되지 않아야 하며 또한 이웃집 사람, 지나가는 행인, 경비원 등의 눈에도 띄지 않도록 주의해야 한다.

잠복은 최소 1시간에서부터 길게는 며칠간 이어지기 때문에 지루한 업무이다.

잠복은 인내심도 요구되지만 눈앞을 지나가는 행인이나 자동차의 특징을 파악해야 한다. 조사 대상자의 의복이나 차량 번호, 불특정 다수의 얼굴이나 차량 종류도 기억해야 할 대상이다.[92]

타깃이 이동하다가 멈춘 장소는 집, 직장, 상업용 건물, 공공건물, 호텔 등으로 다양하다. 따라서 건물이 위치한 지역의 특성에 적합한 잠복 근무지를 선택해야 한다.

예를 들어 건물의 출입구가 2개라면 양쪽을 모두 감시할 수 있는 장소에 관측소(OP)를 설치해야 한다. 이러한 장소를 찾기 어렵다면 감시 인원을 늘려서 분산 배치해야 잠복의 목적을 달성할 수 있다.

강한 추위나 더위 등 기상조건은 잠복 시 매우 힘들고 탐정의 주의력을 분산시키기는 등 많은 영향을 미치기 때문에 계절, 비나 눈과 같은 기상조건도 감안하여 잠복을 계획하고 장소를 결정해야 한다.

잠복은 단순히 타깃의 이동을 감시하는 목적 이외에도 명확한 증거자료를 확보하려는 의도에서 수행한다. 따라서 타깃의 실체를 확인할 수 있을 정도의 해상도를 갖춘 사진이나 동영상 촬영이 중요하다.

관측소가 타깃이 머무는 장소와 먼 거리에 위치한다면 망원 렌즈가 장착된 카메라를 휴대

---

92) 탐정신문, 탐정의 기억술은 IQ보다 전문 훈련에 더 의존, http://www.idtt.co.kr/1718.

해야 한다. 또한 야간이나 악천후와 같은 상황에서도 선명한 화질의 사진을 찍을 수 있도록 평소에 훈련해야 한다.93)

3) 잠복감시 유형

(1) 외부 잠복감시

① 잠복장소의 선정

외부 잠복은 '어디서, 어떻게 잠복할까?'가 매우 중요하다.

긴급시를 제외하고는 사전에 현지답사를 하여 보다 적절한 장소를 선정하여야 한다. 대상시설에 출입구가 여러 개 있는 경우에는 각 출입구마다 잠복하는 것이 원칙이다. 될 수 있는 한 대상자 행동을 감시하기 쉬운 위치를 선정하여야 한다.

② 감시에 간격이 생기지 않도록 할 것

잠복장소에는 부득이한 사정이 있는 경우 외에는 반드시 1개소에 2명 이상의 감시원을 배치하여 감시에 간격이 생기지 않도록 해야 한다.

③ 감시 요령

- 일반 집의 방을 빌려 감시할 경우에는 외부에서 알지 못하게 실내를 어둡게 하고 필요시는 유리창, 문틈, 문구멍 등으로 감시하는 것이 좋다.
- 무전기, 망원경, 특수망원경 등 장비를 활용해야 한다.
- 잠복시에는 여러 가지 변장을 하는데, 탐정 자신이 만든 커버스토리 그대로 거기에 맞는 소도구도 확실히 응용해야 한다. 주변장소에 적절할 뿐만 아니라 자연스러움을 잃지 않도록 해야 한다.
  예) 거리에서 감시조사를 해야 할 경우 설문조사 직원, 거리 모퉁이의 화가, 손금 보는 사람, 관상가처럼 변장할 수도 있지만'교통량 조사'와 같은 커버스토리는 거리의 혼잡함에 뒤섞여 의심을 피하기 쉽다.
- 멀리서 잠복하며 살피는 경우도 있는데 이런 경우는 시야가 확 트인 장소가 유효할 것이다. 예를 들면, 조사대상자 집에서 역까지 아주 가깝거나 혹은 길이 하나밖에 없는 경우다. 이런 때는 조금 떨어진 장소에서 가끔 망원경으로 대상을 확인할 수도 있다.94)

93) 탐정신문, 잠복을 위한 관측소(OP) 설치 요령, http://www.idtt.co.kr/1718, 2021/04/06.

(2) 내부 잠복감시

① 장소의 선정

내부 잠복감시는 조사대상자의 거주지 근처에 있는 부지 안이나 건물 등과 같은 일정한 공간에 들어가서 주변의 양해를 얻어 대상을 감시하는 것이다. 내부 잠복 장소로는 다양한 실내 공간도 있을 수 있으며 주택지에선 마당 끝, 아파트에선 비상계단과 같은 장소가 많이 이용된다.

② 감시 요령

- 주변의 양해를 얻는다 해도 탐정 신분을 밝혀서는 절대 안된다.
  예) 주변상황에 맞는 가상의 시나리오(커버스토리)를 설정해서 탐정의 조사라는 걸 눈치 채지 못하도록 조심하면서 대상을 감시하는 것이다.
- 어떠한 경우라도 대상자의 집에 직접 들어가서 주거침입이라는 범법행위를 일으켜서는 안 된다.
- 탐정을 복수로 배치하여 교대로 감시하는 것이 좋다.

〈자료 8-1〉 내부 잠복감시

- 내부 잠복감시는 실내에서 뿐만 아니라 양해를 얻은 이웃집의 마당이나 건물과담 사이에서 감시할 수도 있으나 조사대상자에게 보이지 않도록 한다.
- 탐정을 여러명 배치하여 교대로 감시.

94) 안태영, 경찰수사, 박문각, 2018, p.202.

4) 상황별 잠복감시기법

(1) 항상 빛을 등지고 잠복하라!

탐정이 시야가 넓은 장소에서 먼 거리 대상을 잠복 조사 할 때는 낮과 밤, 장소에 따라 밝기의 차이가 있다는 것에 특히 주의해야 한다. 낮에는 시야가 밝고 확실하기 때문에 잠복 관찰하기가 쉬운 반면 탐정 자신도 주변 사람들에게 쉽게 보일 수 있어 의심받을 확률도 높다.

따라서 낮 시간 잠복 시 기본 원칙은 태양을 등지고 잠복하는 것으로 즉, 역광상태에 자신의 몸을 두며 흐린 날에도 같은 요령으로 한다. 될 수 있으면 자신의 얼굴을 주변에서 보기 힘든 위치에 두고 반대로 주변의 사물이 눈이 부셔 볼 수 없는 상황은 스스로 피해야 한다.

〈자료 8-2〉 빛을 등지고 잠복

- 잠복시의 기본은 항상 태양이나 불빛을 등지도록 하여 탐정의 얼굴이 주변에서 잘 보이지 않도록 하며, 동시에 탐정 자신에게도 주변의 사물이 눈부셔 잘 보이지 않는 상황은 피해야 한다.
- 야간잠복감시의 경우도 가로등과 같은 불빛을 등지고 감시한다.
- 증거사진 촬영 시에도 빛을 등지는 것이 더욱 효과적이다.

밤에는 탐정 자신도 사물을 관찰하기 힘들지만 상대도 탐정을 보기 힘들기 때문에 낮에 비해 조사대상자 가까이서 잠복하는 것이 좋다.

게다가 낮에 태양 빛을 등지고 감시하는 것과 같은 이치로 자동차의 헤드라이트나 번화가, 상가에서 나오는 밝은 불빛을 뒤로 하고 상대를 감시하는 것이 바람직하다.

편의점의 예를 들면, 편의점은 밤에는 안이 잘 보이지만 낮엔 그 안을 쉽게 보기 어렵듯이 이러한 자연의 원리에 관한 부분까지 염두에 두어야 한다.

또한, 어둠 속에서의 담배는 특히 금물이다. 담뱃불은 의외로 눈에 잘 띄고 담배 냄새도 역시 멀리까지 전달되기 때문에 주변사람들에게 자신의 위치를 쉽게 알려주게 되는 격이다.

(2) 한 장소에 오래 머물지 않는다!

탐정의 잠복감시 중 한 지역에 오래 머무르게 되면 조사대상자가 눈치 채지 못했다 하더라도 그 지역 상인이나 주변사람들에게 의심을 받기 쉽다. 사람들은 자기 주변에 수상한 인물에 대해 과민하게 되어 '이 주변에 무슨 용무입니까?'라는 질문을 직접 하기도 하고 간혹 경찰에 신고를 해서 갑자기 경찰이 나타나 소지품 검사를 당하는 경우도 있다. 이러한 때야말로 상대를 완전하게 믿게 하고 안심시킬 수 있는 커버스토리 설정이 매우 중요할 것이다.

(3) 대형건물 잠복기법

조사현장 상황에 따라 다르지만 백화점과, 대규모의 빌딩에서는 여러 명이 한 팀이 되어 동시에 잠복해야 하는 경우도 있다. 어느 장소든 3, 4명이 한군데 모여 있는 모습은 당연히 주변의 눈에 띄어 의심을 받거나 시선이 집중되기 쉬우므로 역할을 분담하여 분산해서 잠복하는 것이 최선의 방법이다.

(대형건물 내에서의 잠복의 일례)

- 조사대상자의 얼굴이나 출입체크를 마친 탐정(D)은 팀장과 다른 탐정에게 보고한 후 바로 현장을 떠난다.
- 출입구, 엘리베이터는 반드시 지키며 확인한다(A).
- 조사대상자가 피하거나 도망가는 경우를 생각하여 뒷문에도 배치한다(C).
- 가장 가까운 역까지의 도로에도 사람을 배치(B)하는 것을 잊어서는 안 된다.
- 특히 규모가 매우 큰 빌딩이라면 가능한 대상자가 향하는 계단이나 건물과 빌딩과 연결된 지하철 출입구 등에도 탐정을 배치하여 만전을 기하도록 한다.

〈자료 8-3〉 대형건물에서 출입구 잠복 위치

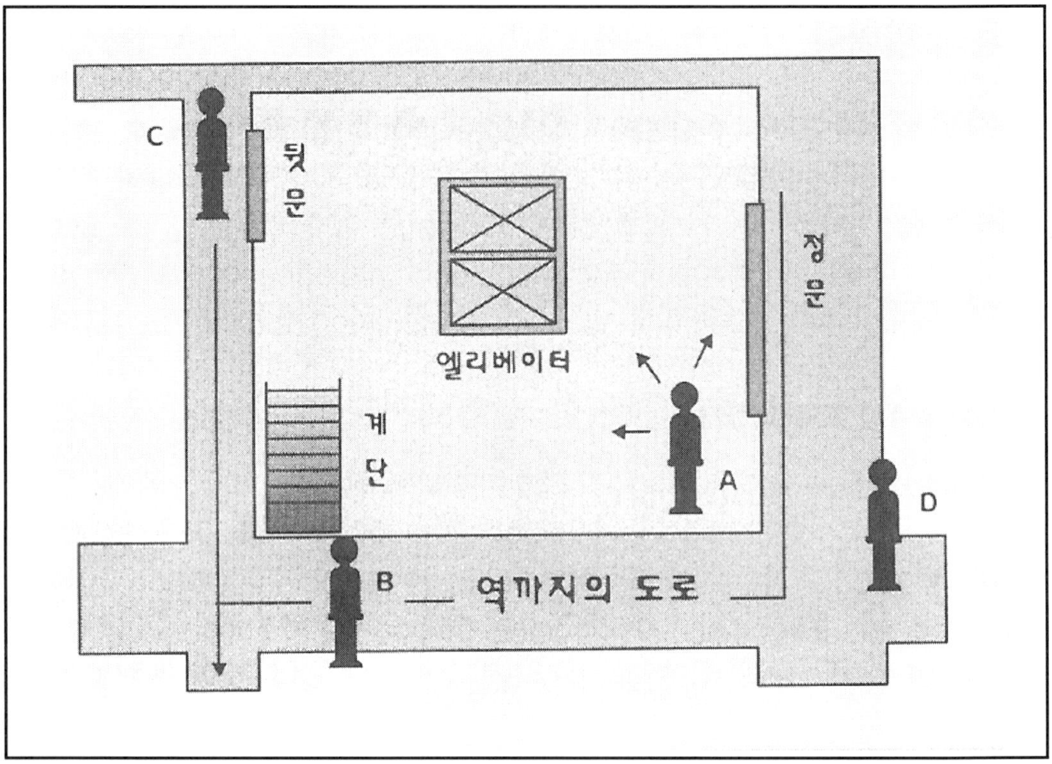

(4) 식당, 커피점 등에서의 잠복

- 미행감시 중 조사대상자가 커피숍에 들어간 경우는 우선 출입구를 체크한다. 출입구가 여러 개 있을 경우엔 철저하게 확인해야 한다.
- 증거사진 촬영을 위해 커피숍 안으로 들어가지 않으면 안 될 상황이 생긴다 해도 상대의 뒤를 쫓아서 바로 들어가지 않는 것이 기본이다.
- 커피숍이나 식당에 들어갔다고 해서 그곳에서 어느 정도 머물 것이라는 생각을 해서도 안 된다. 일단, 상대가 안으로 들어갔어도 가게 안이 혼잡하거나 기다리는 사람이 오지 않는 등의 상황으로 바로 가게를 나오는 경우도 있다. 휴대폰으로 만나는 장소 등은 쉽게 변경할 수 있다고 생각해야 하며, 가령 대상자가 미행을 의식했다면 의도적으로 엉뚱한 곳으로 들어가는 경우도 있다.
- 대상자가 자리를 잡고 앉는 것이 확인되면 출입구 확인 후 그 다음 행동으로 옮겨야 한다.
- 상대의 대화를 듣기 위해 다른 동료의 지원을 요청하는 경우도 있는데 그때 대화를 듣기

위한 지원인지, 두 명이 같이 들어가야 하는 지원인가를 순간에 빨리 판단해야만 한다.

- 한 사람이 들어야 한다면 앉는 위치는 실내 전체의 모습이 잘 보이는 곳이나 대상자의 대화를 잘 들을 수 있는 상대의 뒷좌석이 가장 좋은데 이때 동시에 변장할 필요가 있는 지도 빨리 판단해야 한다.
- 증거품으로 가게의 성냥을 받아두는 것도 잊어서는 안 된다.
- 커피숍에서 음료수 요금은 주문 후 바로 지불해 둔다.

〈자료 8-4〉 식당, 커피점 등에서의 잠복 위치

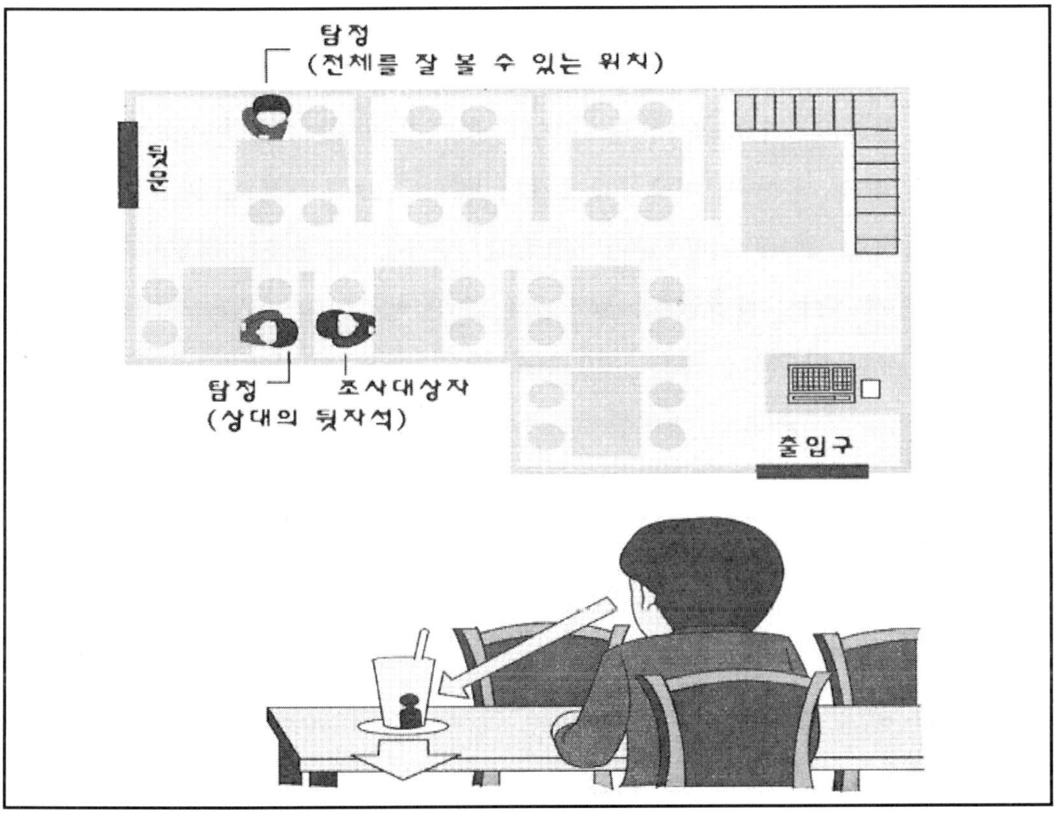

(5) 자동차 잠복 요령

드라마나 영화 등에서는 형사가 자동차 잠복을 하는 장면이 자주 나오는데 탐정의 자동차 잠복은 형사에 비해 그리 많지 않다.

- 잠복할 경우에는 상대 자동차에서 떨어져 잠복하는 것이 좋다.

- 혼자서 잠복이 어렵다면 2인 잠복 체제를 갖추어 1명은 차 안에, 다른 한명은 밖에서 잠복을 하는 것이다.
- 차안에 1명이 있을 경우에는 운전석을 피하고 조수석에 앉아 운전기사가 있는 것처럼 가장한다면 의심받을 확률이 그만큼 적기 때문이다.
  그러나 상대가 주차장에 들어가거나 차를 바꿔 타는 경우도 발생할 수 있어서 완전한 방법이라고는 할 수 없지만 상황에 따른 방법이 될 수도 있다.
- 대상자의 차에 가까이 주차하여 잠복을 하는 경우, 특히 몇 일 동안 계속되는 잠복 조사일 경우에는 매일 바뀌는 차의 종류와 차 색깔에 주의해야 하며 연료는 항상 가득 채워져 있는 상태로 준비해야 한다.
- 탐정이 주차장소를 선정할 때는 신중을 기하지 않으면 안 된다. 신중치 못한 노상 주차는 그 자체만으로도 주변사람들에 의하여 신고 될 가능성이 높기 때문이다.
- 주택가의 잠복은 특히 조심해야 한다. 혼란 없이 평온한 생활을 바라고 있는 주택가의 특성 상 주민들은 주변의 사소한 변화에도 민감하여, 경찰에 신고하는 확률이 높기 때문이다. 그러므로 의심받지 않을 만한 모습을 하는 것은 물론, 주변 주민들이 이상히 여겨 말을 걸어 왔을 때 단순히 '친구를 기다리고 있다'는 정도의 이유로는 주변을 납득시킬 수가 없으므로 주민에게 얘기를 해도 괜찮을만한 가공의 스토리를 준비하는 것이 중요하다.

결론적으로 말하자면, 꼭 필요한 경우가 아니면 잠복조사에 자동차를 사용하지 말아야 한다. 그것은 무엇보다도 제3자가 차번호를 기억할 염려가 있기 때문이다.

조사대상자가 자신이 조사받고 있다는 것을 전혀 모른다고 해도 다른 이유로 다른 사람에 의해 탐정의 수상한 행동을 경계할 가능성도 있기 때문이다.

이것은 실제 미행과 잠복의 모든 경우에 해당되는 것으로서 조사대상자에게만 의심받지 않는다고 해서 만사 OK라고 생각해서는 절대 안 된다.

특히 아마추어나 서투른 탐정들은 조사대상자에게만 신경을 집중하는 실수를 하는데 사실, 가장먼저 의식해야 할 것은 그 주변으로부터 의심받지 않는 것이다.

예를 들면 백화점에는 전문 보안요원들이 있으면서 항상 주변을 감시하고 있고 또한 고급 주택지나 정부요인의 저택 주변에는 자체 경비원이나 혹은 경찰이 항상 감시할 수도 있다. 이와 같은 장소에서의 잠복조사는 아무리 고도로 숙련된 탐정이라도 매우 어렵다. 조사대상자에 대한 조사보다 먼저 그 주변 상황을 파악해 두지 않으면 순조로운 미행과 잠복을 할 수 없다는 것을 반드시 명심해야 한다.

〈자료 8-5〉 자동차 잠복

- 자동차 내에서의 잠복은 최종수단으로 생각한다.
- 조사대상자 뿐만 아니라 주변의 시선에도 신경을 써야 한다.
- 주차 장소는 주변의 시선이나 의심을 받지 않도록 신중하게 선택해야 한다. 의심을 받거나 도로변 주차로 주민들이 신고하여 문제를 일으킬 염려도 있다.
- 차내에서 혼자 기다릴 때는 운전석은 피하고 조수석에 앉아 운전사를 기다리고 있는 것 같은 모습으로 가장한다.
- 백미러나 사이드 미러를 사용하여 주변상황도 자주 관찰한다.

(6) 추운 겨울의 잠복

날씨가 추운 겨울의 잠복조사는 매우 힘들다. 장시간 걸리는 경우엔 교대로 잠복하는 경우도 있지만 속옷, 양말을 이중으로 겹쳐 입는 등 방한을 완벽히 준비해야 하며 휴대용 비상식품을 코트에 숨겨두기도 하는데 이때 코트의 색상에도 신경을 쓰지 않으면 안 된다.

탐정의 사무실이나 동료로부터 지원을 부탁할 수 없는 시외나 타 지역 잠복시엔 오직 혼자서 추위를 참으며 업무를 할 수 밖에 없는 경우가 있다. 이런 때에는 추위를 이겨낼 수 있는 휴대용 난로가 필수품이다.

사방이 눈으로 쌓인 곳에서의 잠복 시 주변이 모두 흰색이기 때문에 눈에 띄기 쉽고 우선 아주 추운 날씨의 눈 속에서는 아무리 탐정이라도 한곳에 계속 있기에는 한계가 있다.

한겨울에 눈이 많지 않던 도시에서 갑자기 폭설이 내리면 버스, 자동차 등의 교통수단이 불통되기 때문에 조사대상자의 행동도 갑자기 바뀌는 경우가 많으므로 탐정은 이러한 변화에도 늘 대응할 수 있어야 한다.[95]

---

95) 김태환 · 강영숙 역, 프로탐정의 테크닉, 백산출판사, 2004, pp.31~44.

3. 탐정의 미행기법

1) 미행의 의의

미행(尾行, Following, Shadowing)의 사전적 의미는 '몰래 뒤를 따라다님'이며, 법률적으로는 '혐의자의 뒤를 밟아 그 행동을 감시하는 것'을 의미한다.

우리나라의 현행 법률상 무조건 남의 뒤를 쫓아 미행하는 것은 적법한 행위가 아니지만, 뺑소니차량 현수막에 의한 목격자 및 정황증거를 찾아 주는 일과 형사소송법 제212조, 213조에 근거하여 피의자가 도주 시 피해자의 요청에 의하여 소재를 찾아주는 일은 적법하다고 볼 수 있다.

따라서 여기에서 서술하는 미행감시기법이란 탐정이 의뢰를 받은 적법한 행위에 관한 것들로서 불법적인 증거자료 및 조사 자료의 수집 또는 조사대상자의 소재지, 기타 여러 가지 조사에서 필요한 내용을 확보하기 위하여 대상자를 추적 감시하는 유동감시(Moving Surveillance)기법을 의미한다.

일반적으로 미행을 단순히 따라 걷는다고 생각하면 안 된다. 단순히 요령만 익히고 경험을 쌓는다고 미행능력이 향상되는 것은 아니기 때문이다. 타깃이 노련한 도피자이거나 장거리 미행이라면 숙련된 전문가만이 감당할 수 있다.

범인을 체포하고 중요한 증거를 확보하는데 미행만큼 효과적인 수단이 없다고 판단한다. 선진국에서는 경찰이나 국가정보기관도 요원들에게 미행기술을 익히도록 독려하며 체계적인 미행 훈련을 받도록 한다.

예를 들어 도피자가 추적자의 존재를 알고 의도적으로 혼잡한 장소로 들어가거나 폐쇄된 공간으로 추적자를 유인할 경우에는 아마추어는 대응하기 어렵다.

또한 소규모 음식점, 점포 등은 출입구 1개가 보편적이지만 호텔이나 대형 빌딩은 출입구가 최소한 2개 이상이라 추적이 쉽지 않다. 입구는 알고 있지만 타깃이 도주할 수 있는 출구의 수를 미리 파악하지 못했다면 추적이 실패할 가능성이 높다.

도보 미행, 차량 미행, 대중교통 미행 등을 수행할 때 순간적인 상황 변화에 따른 대처능력도 탐정에게 요구된다.

오히려 미행하다가 감시 대상자에게 발각되거나 붙잡혀 두들겨 맞는 탐정도 있다고 한다. 탐정이 미행 임무를 수행할 때는 대부분 2명 이상이 팀을 구성한다. 이러한 상황에서는 개개인의 능력도 중요하지만 팀워크도 이에 못지않게 중요하다.

유능한 탐정이 되려면 이론교육과 함께 전문가로부터 고난이도 미행훈련을 받는 것이 현명하다.96)

2) 미행감시의 분류

미행의 형태는 감시대상자의 성질, 미행의 구체적인 목적, 미행임무를 수행하는 탐정의 수, 이동로의 상황 등에 따라 다음과 같이 분류할 수 있다.

(1) 조사대상자의 행동수단에 따른 분류

① 도보미행 : 감시대상자가 도보로 이동하는 경우에 실시하는 감시 형태.
② 차량미행 : 감시대상자가 차량으로 이동하는 경우의 감시형태

(2) 미행 선(Following Line)의 수에 따른 구분

① 단선(單線)미행 : 탐정과 감시대상자가 같은 방향에서 하나의 선으로 연결되어 이루어지는 미행 형태
② 복선(復膳)미행 : 조사대상자를 중심으로 탐정들이 여러 방향으로 감시할 때 여러 선으로 이루어지는 미행 형태

(3) 탐정 수에 의한 구분

① 단독미행 : 한명의 탐정에 의한 미행.
② 공동미행 : 두 명 이상의 탐정에 의해 실시되는 미행.

(4) 도보미행기법 분류

도보미행은 노출 될 위험성은 높지만, 직접 걸어 다니면서 많은 정보를 습득할 수 있어 정보의 중요성에 대한 정확성과 신뢰도는 크다고 볼 수 있다.

도보미행을 한명이 하는 것은 너무 위험하기 때문에 최소한 두 명 이상이 필요 하다. 도보미행감시는 크게 나누어 '단선미행(單線尾行)'과 '복선미행(複線尾行)'이 있다. 이것은 조사대

96) 탐정신문, '미행은 가장 화려하고 전문적인 탐정의 조사방법', http://www.idtt.co.kr/1077, 2020,11.10.

상자를 쫓아 여럿이 미행하다가 실패하여 혼자 남은 상태인 단독미행과는 다른 개념이다.

'단선'이란 탐정 한사람과 조사대상자가 한 개의 선으로 연결되어 있는 상태를 의미하는 것이고 당연히 '복선'은 여러 명이 미행하는 것이다.

그러나 이것도 잠복조사와 마찬가지로 기본은 항상 1인에 의한 단선 미행이란 것을 잊어서는 안 된다. 여럿이 미행하고 있어도 도중에 한명이 남는 상황이 생기는 경우가 많다.

오래된 이야기지만 1972년 일본의 아사마 산장사건 수사에서도 처음엔 여러 명의 형사들이 범인을 미행했다고 한다. 그러나 최후에 범인의 은신 장소를 발견했을 때는 한사람이 행한 단선미행이었다고 한다. 최후까지 미행을 했던 형사는 '어디까지나 미행의 기본 원칙에 충실했기 때문에 가능했던 것이다.'라고 하였다. 당시 이 형사는 그다지 경험이 많지 않았으며, 반대로 미행에 실패했던 형사들은 캐리어가 있는 형사였다고 한다. 놀랍게도 미행에 실패했던 형사들은 오랜 경험에서 얻은 선입관을 갖고 자기 나름대로의 응용술에 의지한 나머지 기본을 잊어버리고 말았던 것이다.

탐정도 이와 마찬가지로 여러 명이 같이 하는 미행이라 하여 안심하지 말고 언제나 혼자서도 할 수 있도록 훈련하고 기술을 몸에 익혀 컨디션을 조정하지 않으면 안 된다. 그렇지 않으면 복선 미행도 단순한 오합지졸에 불과할 것이다.

탐정은 거리에서의 도보 미행 시 돌발 상황에 대비하고 조사대상자의 의도를 미리 읽어내기 위해서 끊임없이 생각하고 다음과 같은 상황에선 어떻게 하면 좋을 것인지 자신에게 질문을 던져야 한다.

- 만약 조사대상자가 길을 건넌다면…
- 만약 조사대상자 건물에 들어간다면…
- 만약 조사대상자가 뒤 돌아서 내 쪽으로 걸어온다면…

팀원들 간에 의사소통이 부족하다면 도보 미행을 하는 것은 확실히 어려운 일이다. 통신망(무전기)이나 연락수단이 없다면 혼란은 더욱 가중될 것이고 미행 대상을 놓치게 될 가능성이 높거나 혹은 실제로 노출 될 가능성도 매우 높다. 따라서 휴대폰 외에 서로 소통할 수 있는 첩보용 무전 장치는 필수적인 장비이다.

① 단독(한사람) 도보미행

한사람에 의한 도보미행은 통행이 복잡한 곳에서는 대상자를 놓치지 않기 위해 비교적 가까운 거리에서 뒤따라가야 하며, 반대로 통행이 한산한 곳에서는 먼 거리를 두고 뒤따라가야 한다. 따라서 보행자가 적은 경우에는 탐정이 목표인 대상자를 발견하기가 쉽지만 탐정이 역으로 대상자의 눈에 띄기 쉽다.

② 2인1조 도보미행

2인1조에 의한 도보미행은 한명이 미행하는 것보다 훨씬 융통성이 있다. 보통 첫 번째 감시자가 목표(조사대상자)를 가까운 거리에 두고 미행하고, 두 번째 감시자는 먼 거리를 두고 미행한다. 이때 두 번째 감시자는 같은 길을 따라 미행할 수도 있고, 또는 반대편 길을 따라 미행할 수도 있다. 또한 주기적으로 두 사람의 감시자가 미행위치를 교대하여 바꿈으로서 조사대상자에게 의심을 받는 일이 없도록 한다.

③ 3인 이상 도보미행

이 방법은 가장 정교하고 세밀한 기술로 미행하기 때문에 미행대상자가 감시자들을 탐지하기는 어렵다. 일반적으로 첫 번째 감시자가 목표의 돌발적인 행동에 대비하기 위해 대상자 뒤의 가까운 거리에서 미행한다. 두 번째 감시자는 동일한 길에서 첫 번째 감시자 뒤에서 일정한 거리를 두고 뒤따라간다. 세 번째 감시자는 반대편 길에서 목표와 나란히 걷거나 조금 뒤쳐져서 미행한다.

타겟(조사대상자)이 걸어갈 수 있는 길이 여러 길이 아니고 비교적 통로가 제한된 지역에서는 한명의 감시자는 목표가 눈치 채지 않도록 주의를 기울여 목표 앞에서 걸어갈 수도 있다. 미행하는 탐정의 위치는 수시로 바뀌는데, 특히 교차로에서 많이 바뀐다. 이런 경우 목표 뒤에 바짝 뒤따라가던 감시자는 길 반대편으로 걸어가고, 다른 감시자가 목표 뒤를 따라간다. 세 사람의 미행감시자 중에서 한사람이라도 목표의 의심을 받게 되면 다른 감시자로 교대된다.[97]

4) 상황별 도보미행요령

(1) 미행 시 일반적 유의사항

- 미행의 실패는 탐정으로서 자격미달임을 명심하고 평소에 꾸준한 훈련을 해야 한다.
- 미행실시의 기본방향은 뒤, 뒷방향이 곤란할 때는 좌, 우 방향을 기억한다.

97) 강기욱, 전게서, p.377.

- 감시대상자의 머리모양, 얼굴, 복장(신발 포함), 보행 시의 습관 등을 사전에 사진, 실물 확인으로 파악해 두어야 한다. 실물이나 복장 등은 바뀔 수 있지만 보행 시 움직임은 쉽게 바뀌지 않기 때문에 멀리서도 판별하기 쉽다.
- 미행 감시 중 대상자의 바로 직선상의 뒤에서 미행하지 말고 비스듬한 뒤쪽에서 미행하는 것이 유리하다.
- 감시대상자에 따라서는 건물(자택, 사무실 등)에서 나올 때나 길모퉁이를 돌 때에 반드시 뒤를 돌아보거나 확인하는 경우도 있으므로 특히 유의한다(특히 의뢰인이 과거에 직접 미행했거나 다른 조사회사에 의뢰하여 실패한 경우).
- 도보미행 시 감시대상자가 행동을 시작해도 바로 서두르지 말고 약간의 여유를 가지고 미행으로 옮기는 것이 바람직하다.
- 도보미행 중 시선처리는 감시대상자의 후두부를 주시하는 것은 좋지 않다. 감각이 발달하거나 미행을 의심하고 있는 대상자는 고개를 갑자기 돌려 확인하는 경우가 발생하므로 시선이 마주치지 않도록 특히 조심해야 한다.
- 미행감시 수행 중 주위의 상황과 환경에 적합한 위장을 통하여 최대한 노출을 방지해야 하며, 대상자에게 들키는 위급한 상황에선 최대한 침착하게 그 상황을 모면할 수 있는 기지를 발휘할 수 있어야 한다.[98)]

(2) 거리의 은폐물 이용

탐정은 미행 도중 위험상황이 발생하거나 필요시에 거리의 지형지물을 일시적인 은폐물로 이용하여 위험한 상황을 피할 수 있어야 한다.

- 다른 보행자
- 공중전화박스
- 광고판
- 주차된 차
- 버스 정류장
- 가로수
- 가로등
- 건물로 들어가는 입구

98) 손상철, 전게서, p.227.

- 도로 상의 쌓아 놓은 방치물이나 물건 등

(3) 탐정의 위치 및 임무 교대

도보 미행 시 상대에게 여러 차례 목격 당하는 경우와 상대가 유별난 행동을 하는 경우 등 탐정에게 위험한 상황에는 특히 주의를 기울여야 한다.

보통 임무 교대가 필요한 상황은 다음과 같은 경우이다.

- 대상자가 감시하고 있는 탐정을 알아보기 시작했을 때
- 한 탐정이 미행역할을 오랜 시간 맡았을 때
- 대상자가 길에서 갑자기 방향을 바꾸거나 되돌아올 때
- 건물에 들어가는 척 하다가 바로 돌아서 나올 때
- 대상자가 자주 뒤돌아볼 때
- 대상자가 정지했다가 다시 움직이기 시작했을 때
- 상대가 같은 지역을 특별한 볼일도 없이 반복해서 돌 때
- 상대가 물건을 떨어뜨리면서 주변상황을 살필 때
- 상가 유리를 통해 주변 모습을 자주 확인할 때
- 상대가 유별난 행동을 하는 등의 경우는 상대방이 탐정의 미행을 알아차리는 위험한 상황이므로 자연스러운 미행임무 교대가 필요하다.

미행팀의 규모가 클수록, 더욱 자주 교대를 해줄 수 있지만 그저 교대를 위한 교대를 해서는 안 된다. 길을 걸어가면서 교대를 할 때에는 백업(교대자)이 교대역할을 맡을 수 있는 위치에 있는지 항상 물어보아야 한다(이런 경우를 "계획된 교대"라고 부른다.) 만약 대답이 'YES'라면 가게에 들어가거나, 옆길로 빠지거나 다른 쪽 길로 이동하거나, 백업이 자신을 통과해서 교대역할을 맡을 수 있게 한다.

(4) 미행상대의 전체적 특징과 보행습관 체크

탐정은 미행 전 상대의 기초조사를 반드시 하고 사진도 수집하지만 사진에만 의존하지 말고 상대의 전체적인 행동과 보행습관, 버릇 등을 체크해야 한다.

사진을 받았다고는 하지만 머리나 얼굴모양 등은 사진과 크게 다를 가능성이 있고 또한 복장은 수시로 바뀔 수도 있다.

따라서 탐정은 조사 상대가 처음 나올 때 순간에 그 모습을 모두 파악하지 않으면 안 되는

데 그때의 머리모양, 안면, 복장(구두포함)의 색과 형태, 보행 시의 습관, 기타 행동 등의 체크를 해 둔다.

그 중에서도 조사대상자 본인임을 인식하기 위한 중요한 체크 포인트는 보행시의 행동버릇이다.

어떤 사람이라도 버릇만큼은 좀처럼 고치기 힘들기 때문에 몸 전체적인 움직임을 파악해 두면 멀리서도 본인임을 판별하기 쉽다.

특히, 사람은 방향에 따라 신체의 모습이나 얼굴 모습도 조금 다르기 때문에 전후좌우에서 빨리 확인해 두어야 한다. 또, 처음부터 미행을 경계하고 있는 조사대상자 그 자체에도 신중을 기하여야 한다.

실제로 경찰이 범인 검거 과정에서 증거가 없고 어두운 밤을 틈타 벌어지는 사건은 CCTV 마저 무용지물인 경우가 많았지만 범인들의 특별한 행동자세, 움직임, 걸음걸이, 보행습관으로 범인을 검거하는 사례가 증가하고 있다. CCTV 속 걸음걸이를 분석해 용의자를 지목해 내는 법보행 기법은 이제 과학 수사의 하나로 자리 잡아 가고 있다.

법보행 분석(걸음걸이 기법: gait analysis)은 사람마다 다른 걸음걸이의 특성을 분석해 동일인 여부를 가려내는 과학수사다. CCTV에 용의자의 모습이 찍혀도 얼굴이 보이지 않거나 영상 화질이 좋지 않은 경우, 용의자를 특정해 검거하더라도 'CCTV 속 인물은 내가 아니다'라며 잡아떼는 경우에도 법보행 분석은 힘을 발휘할 수 있다.

즉 사람의 움직임을 면밀하게 분석해 건강 상태는 물론 나이, 키, 몸무게, 걷는 속도 등의 특성을 분석해 범인을 특정해 내는 과학 수사이다. 법보행 분석은 범인이 얼굴을 가리거나 옷을 갈아입어도 동일인 여부를 가려낼 수 있어서 하반신 몽타주라고 불리기도 하는데 수개월째 제자리걸음이던 사건을 해결한 결정적인 실마리가 됐다.

'걸음걸이 기법(gait analysis)'을 활용한 경찰의 폐쇄회로TV(CCTV) 분석 자료가 국내에서 2013년 원세훈 전 국정원장 자택 화염 병 투척 피의자 구속 시 처음으로 적용되었고, 2015년 발생한 '대구 금호강 살인사건' 항소심 재판에서 법보행 분석이 법정에서 처음으로 증거로 인정됐다.

법보행 분석이 가장 발달한 나라는 영국에서는 분석을 맡은 의사의 법정 증언이 증거능력을 인정받고 있다. 영국에서는 2000년 7월 31일 런던 중앙 형사법원에서 범인이 변장마스크, 장갑과 바지 두벌을 착용하고 귀금속상점에서 강도를 저지른 후 바지를 갈아입어 변장했던 사건에서 보행감정서를 제시해 유죄판결을 받아내는 등 600건의 의견서와 200건 이상의 보고서를 제출한 바 있다.[99)]

〈자료 8-6〉 보행분석(gait analysis)

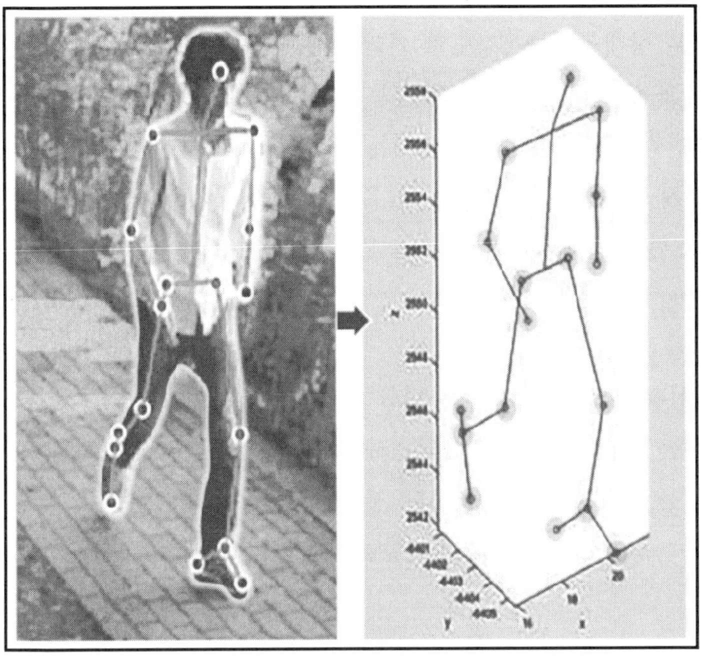

• 자료: https://blog.naver.com/ybori2088/222361345368

〈자료 8-7〉 조사대상자의 보행 시 버릇 체크

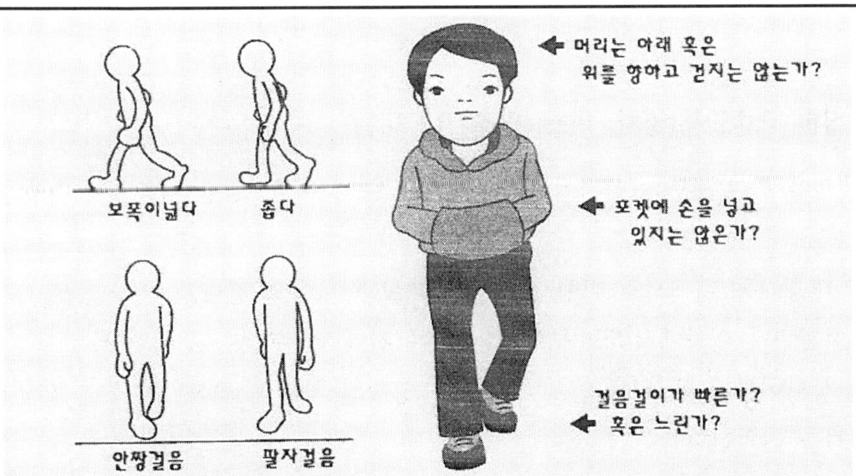

• 조사대상자 몸 전체의 움직임을 살펴서 파악해 두면 멀리서도 당사자를 쉽게 확인할 수 있다.
• 전후좌우의 인상이 다를 수도 있으므로 반드시 확인해 둔다.

99) CBS노컷뉴스, https://www.nocutnews.co.kr/news/1066216, 2013.07.10.

(5) 적당한 미행 거리

미행 시 탐정은 상대와 어느 정도의 거리를 두어야 할까?

미행은 고무줄과 같아서 미행 시 상대와의 거리는 상황에 따라 어떤 식으로든 신축성이 있어야 한다. 일반적으로 미행의 기본거리는 15m를 잡고 있는데, 이정도의 거리는 탐정 쪽에서는 조사대상자가 잘 보이면서 대상자 쪽에서는 탐정을 알아차리기 힘든 최적의 거리이다. 그러나 실제 현장과 상황에 따라서는 15m가 아닌 1m에서 100m정도의 먼 거리까지 변하기도 한다.

또한 '미행은 물과 같다'라는 말도 있다. 물은 용기(容器)에 따라 얼마든지 형태가 변하는 것처럼 미행도 상황에 따라 얼마든지 변할 수 있기 때문이다.

실제 미행에서는 그때마다 몇m나 되는지 재어 볼 수도 없고 생각할 그럴 여유도 없다. 상대와의 거리감은 눈으로 보는 것 보다 자신의 몸으로 확인하는 것이 좋다.

거리감을 몸으로 느끼기 위해선 자신의 발을 사용하는 보행수로 훈련을 쌓으면 좋을 것이다.

(6) 보행속도

대상자와 같은 속도가 좋지만 대상자보행속도에 맞추다 보면 자연스럽지 못할 뿐만 아니라 대상자 및 제3자에게 의심받을 수도 있으므로 주위상황에 맞추어 자연스럽게 행동 하도록 한다.

(7) 혼잡한 대중교통(열차, 버스, 전철) 내 미행

실제 미행을 하다 보면 도심지에서는 보행미행 보다 대중교통을 이용하여 미행을 하는 상황이 더 많을 수 있다.

혼잡한 대중교통 내에서의 미행 요령을 살펴보면 다음과 같다.

- 고속전철이나 열차에서의 미행에서는 같은 칸에 타는 것이 원칙이다.
- 어떤 상황이든지 우선 차 안으로 들어가 상대의 차량과 좌석위치 등을 확인해 둔다.
- 행선지를 파악한다.
- 대상자보다 먼저 승차하지 않는다.
- 승차 후에는 차 내부를 두리번거리거나 너무 주의 깊게 살피지 않는다.
- 승차 중에는 끊임없이 대상자를 감시한다.

- 대상자보다 늦게 하차한다.
- 상대와 어느 정도 떨어진 위치에 있을 때 탐정이 대상자가 있는 한쪽 방향으로만 예리한 시선을 향하고 있는 모습은 주변의 의심을 받기 쉽다.
- 전철이 혼잡할 경우에는 조사대상자와 같은 칸에 있어도 무방하지만 비어 있는 경우에는 조사대상자와 같은 칸이 아닌 옆 칸에 타는 것이 기본이며 그곳에서 연결부의 유리창을 통해 상대를 감시한다. 이때 탐정이 앉거나 서 있는 위치는 상대와 같은 방향인 옆으로 앉는 것이 바람직하다.

  대각선으로 앉으면 시야가 넓어져 상대를 보기는 쉽지만 역으로 상대에게 눈에 띌 가능성이 높다.
- 다음 도착역에서는 어느 쪽 문이 열리는지 반드시 체크해 두어야 한다.
- 만원버스 내에서의 미행은 상대가 눈치 채지 않을 정도의 적정거리를 유지해야 하지만 혼잡할 때에는 밀착하는 상황이 더 많다. 즉, 만원버스에서 대화를 듣기 위해 대상자 바로 뒤에 서 있을 수도 있다.

미행의 기본방향은 '뒤'이지만, 뒷방향이 곤란할 땐 '좌우'라는 것은 생각하도록 한다.

〈자료 8-8〉 지하철 이용 시

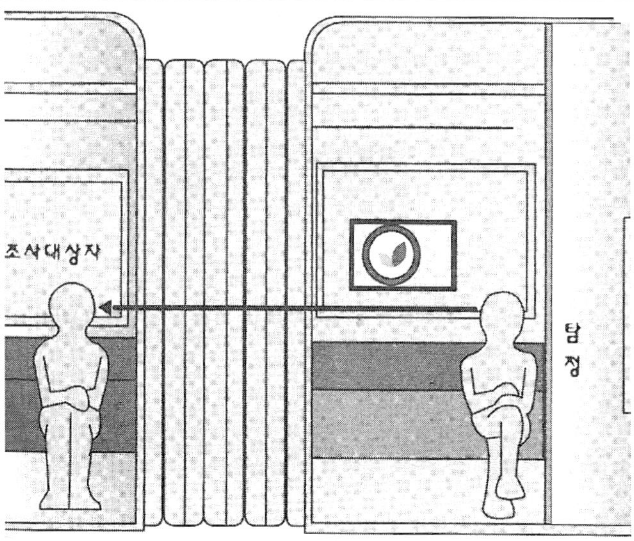

- 지하철이 한가한 경우에는 조사대상자의 옆 칸에 위치.
- 앉는(혹은 서는)위치는 조사대상자와 옆으로 나란히 위치.
- 차량연결부위의 유리창을 통하여 대상자의 행동을 주시하다가 상대가 이동 시 같이 이동함.

(8) 건물의 모퉁이를 돌 때

이때는 보폭을 넓혀서 접근하며, 이때 돌아간 모퉁이에 대상자가 숨어있는 경우도 고려하여 신중히 움직여야 한다. 대상자에 따라서는 건물(자택, 사무실)에서 나올 때나 길모퉁이를 돌 때에 반드시 뒤를 돌아보거나 확인하는 경우도 있으므로 특히 유의한다(특히 과거에 의뢰인이 직접 미행하였거나 다른 탐정회사에 의뢰하여 실패한 경우).

(9) 비 오는 날

비 오는 날의 미행은 우산을 쓰기 때문에 상대를 놓치기 쉽기 때문에 혼잡시와 마찬가지로 상대와의 거리는 조금 더 가깝게 잡는다. 상대도 비 오는 날에는 우산을 쓰기 때문에 맑은 날처럼 주위가 모두 시야에 들어오지는 않는다. 상대가 주변을 그다지 경계하지 않는 한 가까이 접근해도 문제는 없을 것이다.

그런데 주택가나 인적이 드문 곳에서는 상대를 관찰하기 쉽고 놓칠 염려는 없지만 탐정 자신도 상대의 눈에 띄기 쉽다. 이런 상황에서는 거리를 충분히 두고 미행 할 수밖에 없고 특히 시골의 외길과 같은 상황에서는 매우 멀리 떨어져 미행하는 경우도 있다.

(10) 상대의 갑작스런 행동변화 시 요령

미행 중, 상대가 커브 길을 돌아 시야에서 사라져 버리는 경우가 있다.

그런 때는 역시 빠른 걸음으로 쫓아가는 것이 기본이지만 그대로 쫓아가다가 상대가 갑자기 돌아 나왔다면 어떻게 할 것인가? 그땐 당황하지 말고 자연스럽게 위장 행동을 해야 한다.

예를 들면, 구두끈을 고쳐 맨다거나, 자전거가 세워져 있을 땐 자전거를 닦는 척 해서 위장 행동을 하는 것도 하나의 방법이 될 것이다.

이와 같이 상대의 갑작스런 돌발행동에도 탐정은 당황하지 말고 기지를 최대한 발휘하는 순간의 판단력이 매우 필요하다.

(11) 엘리베이터 이용 시

상대가 백화점 등의 대형마켓에 들어갈 경우, 에스컬레이터는 비교적 미행하기가 쉽다. 그러나 엘리베이터에서는 반드시 같이 타야 하는 것이 기본이다.

엘리베이터 안내원이 없는 경우에는 탐정 자신이 버튼을 누르는 역할을 해서 상대를 먼저 내리도록 한다.

그런데 남성의 탐정이 백화점 같은 곳에서 여성 상대를 미행 하는 경우, 여성 속옷매장과 같은 곳에 들어간다면 어떻게 할 것인가?

보통의 남성이라면 당황하겠지만 탐정은 선물 사는 척 하면서 위장을 하거나 같은 업계사람을 위장하여 매장의 상품 조사를 하는 척 하면서 여러 가지 행동을 자연스럽게 할 수 있어야 한다.

〈자료 8-9〉 엘리베이터 이용 시

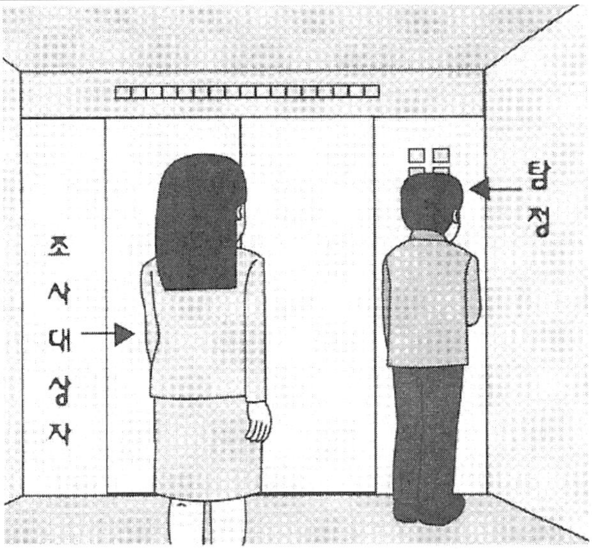

- 엘리베이터는 조사대상자와 같이 타는 것이 기본
- 엘리베이터 안에서는 대상자에게 얼굴을 보이지 않도록 함.
- 탐정이 버튼을 누르는 역할을 함
- 탐정은 상대가 내리는 바로 위층의 버튼을 누르며 상대가 먼저 내리게 함

(12) 노약자, 어린이 미행 시

상황에 관계없이 미행이 곤란한 조사대상자가 있다.

우선, 노인과 같이 걷는 속도가 느린 사람이다.

노인은 미행 시 아무리 거리를 충분히 두어도 탐정도 똑같이 느린 걸음으로 간격을 유지하면서 미행하려면 매우 어렵고 눈에 띄기 쉽기 때문이다. 너무 느릴 경우에는 한번 돌아가서 기둥 등 거리의 은폐물이나 물건 뒤에서 기다리는 등 속도를 여러 가지로 바꾸면 좋을 것이다.

초등학생 이하의 어린이의 미행도 매우 어렵다.

어린이까지 미행하나? 라고 생각할지 모르겠지만 어린이들의 집단따돌림이나 가출인의 거처나 소재파악 조사의 경우도 많기 때문이다.

가령, 가출한 남편이나 혹은 아내 쪽에서 애들을 보기위해 의뢰하는 케이스가 여기에 해당된다.

어린이는 키가 작아 놓치기 쉬운 면도 있지만 어른보다 주위의 상황에 대해 직접적이고도 민감하게 반응하는 등의 특성 자체가 미행을 어렵게 만드는 것이다.

어른이라면 뭔가 이상한 일이 있어도 생각으로 끝내고 말지만 어린이에게는 어른과 같은 그런 선입관이 없기 때문에 이상한 일이 있으면 즉시 표현을 하게 되는데 '아저씨, 뭐하세요?'라고 직접적으로 크게 소리 지르며 물어보기 때문이다. 이런 의심을 갖게 된 어린이는 집에 뛰어 들어 가면서도 '엄마. 저기 이상한 사람이 있어요'라고 바로 큰 소리로 알리는 것이다. 특히 상가나 주택가에서 친구들과 같이 있는 아이들은 그런 경향이 더욱 강하다. 그러므로 탐정은 의외의 상황까지 주의를 기울일 필요가 있다.

(13) 상대가 갑자기 택시를 탈 때

걷고 있던 미행 대상자가 택시를 타는 상황은 매우 빈번히 일어난다.

이런 경우엔 상대가 택시를 탄 것을 확인한 후 자신의 차를 타고 간다면 그땐 이미 늦다. 노련한 탐정이 되려면 상대의 움직임을 보는 것만으로도 상대가 택시를 잡으려고 하는 분위기를 사전에 파악할 수 있어야 한다. 가령, 상대가 먼저 택시를 잡는다고 해도 시내 중심심부라면 크게 서두를 일은 아니다. 그 정도의 간격을 두어도 아마 택시 한대는 있을 것이다. 또한 도심에서는 교통신호와 정체현상이 많아서 거리가 멀어지는 별로 없을 것이다.

그러나 아무리 기다려도 정말 택시가 오지 않는 경우엔 어떻게 할 것인가? 도심부나 번화가에서 정체현상이 심하다면 택시 타는 것을 과감히 포기하고 뛰어서 일단 뒤를 쫓아가 상대가 탄 차를 확인한 후, 정체 중에 빈 차가 있으면 그때 택시를 타는 것이다. 그것도 안 된다면 택시회사와 차 넘버를 기억하여 전화로 하차장소를 물으면 좋을 것이다.

(14) 타깃(Target)이 계획이나 습관을 바꿀 때

먼저 타깃이 평상시와 다른 시간, 혹은 취약시간에 움직일 가능성을 대비해야 한다.

식사시간이 규칙적이고 아침식사를 반드시 하고 출근을 하는 습관을 수십 년째 이어오던 사람도 중요한 시점에는 감시요원을 따돌리기 위해 식사를 거르고 출근하기도 한다. 또한 잠자리에 들기 위해 집의 전등을 소등하여 감시요원이 철수하거나 감시가 허술해지는 틈을 타서 아지트(agit)를 빠져나올 수가 있다.

10년 이상 매일 오전 7시30분에 출근하던 사람이 갑자기 7시에 출근하기도 한다. 감시요원들은 일정기간 감시를 하면서 타깃의 습관이나 행동요령을 숙지하고 관성적으로 이에 대한 대비만 하기 때문에 영리한 타깃과의 두뇌게임에서 지는 경우가 허다하다.

(15) 혼잡한 시간대의 미행

타깃이 출퇴근 등 사람이 많이 몰리는 혼잡한 시간대에 움직이는 경우이다.

대규모 아파트 단지에서 많은 사람들이 출근하는 시간대와 업무용 빌딩에서 대부분의 사람들이 동일 시간대에 몰리는 점심시간이나 퇴근시간, 백화점 등 비업무용 빌딩에서 많은 사람들과 엉켜서 행동할 경우 타깃을 특정하여 파악하기 쉽지 않다.

특히 타깃에 대한 감시를 처음 시작한 탐정은 타깃의 인상착의를 정확하게 파악하기가 쉽지 않다. 혹은 타깃의 사진이 오래된 경우, 의상이 바뀐 경우 등은 실제 확인이 매우 어렵다.

이때 타깃의 현재 복장이나 용모 등 현재의 정보를 잘 알고 있는 의뢰인이나 관계인이 직접 확인해주면 대응하기 한결 수월하다.

예를 들어 아침에 입고 나간 옷이 어떤 것인지 혹은 평소에 검은 테 안경을 주로 착용하는 것 등도 타깃의 신원을 확인하는데 중요한 역할을 한다.[100)]

(16) 막다른 골목 미행 시 요령

자신이 그 지역에 익숙하지 않아 막다른 골목에 들어설 경우 당황하지 말고 자연스럽게 행동하여야 한다. 자신이 그곳에 볼일이 있어서 온 것처럼 커버스토리를 정해 이류를 확보한다. 이러한 상황에 대비한 구체적인 행동요령을 알아보자.

• 가급적 신속하게 돌아서서 나와야 한다. 좁은 막다른 골목에서 몸을 돌려서 나오는 것이 의심을 불러 일으킬만한 상황인지 고려하여 가급적 타겟의 눈에 띄지 않게 나온다.
  도보미행은 신속하게 움직일 수 있으나 차량미행의 경우 골목이 너무 좁아 차를 돌리기 어려울 수도 있으므로 상황판단을 빨리 해야 한다.
  차를 돌릴 수 없을 경우 당황하지 말고 천천히 후진을 해서라도 돌아 나오도록 한다. 대

100) 민진규, http://www.wsnews.co.kr/sub_read.html?uid=17643, 2016.07.21.

형차보다는 소형차가 도심에도 운전을 하기 편리하다.

- 도저히 돌아 나올 상황이 되지 않는다면 근처 건물에 들어가는 척하면서 시간을 벌어야 한다.

  차량으로 미행하였을 경우에는 길에 차를 주차하고 타깃의 시야를 벗어날 수 있는 방향으로 자연스럽게 걸어간다.

  주위에 가판대가 있으면 담배나 음료수를 산다거나 담배를 피우면서 딴청을 피울 수도 있다. 전화를 해서 친구를 찾는 중인데 골목을 잘못 들었다는 등의 통화내용이 상대방에게 들릴 정도로 크게 하면서 자연스럽게 빠져 나오는 것도 하나의 방법이다.
- 어떤 상황이 발생해도 타깃을 쳐다보거나 관심을 불러 일으켜서는 안 되며 특히 서로 눈이 마주치는 일(Eye contact)이 없도록 한다.

혹시 타깃이 의심을 갖고 자신에게 다가와서 말을 걸더라도 당황하지 말고 침착하게 행동한다. 미행임을 알아차린다는 명백한 증거를 제시할 수 없기 때문에 허둥대거나 당황하지 않고 자연스럽게 행동한다면 위험상황을 피할 수 있을 것이다.[101)]

(17) 타깃을 놓쳤을 때

도보미행이던 차량미행을 하던 교통 혼잡, 장애물, 타깃의 기만행동 등으로 목표를 놓치는 경우가 발생한다.

이때도 당황하지 말고, 그동안 타깃의 행동패턴, 지역의 지리정보 등을 종합적으로 분석해서 다음과 같이 순차적으로 대응한다.

- 타깃(대상자)의 근접거리에서 감시를 하던 탐정은 타깃을 놓친 사실을 재빨리 다른 팀원과 팀장에게 보고를 한다.

  혹시 주의태만에 대한 질책과 처벌이 무서워 숨기는 경우가 많은데 이는 오히려 상황을 악화시킬 뿐이다.

  대상자가 갑자기 시야에서 사라졌다는 것은 누군가 자신을 미행하고 있음을 눈치 채고 은폐물을 이용해 숨었거나 순간적으로 가발을 쓰거나 옷을 바꿔 입어 혼란을 유발하고 확인할 가능성이 높다.

  이때는 주변을 둘러봐서 사람들의 상반신 대신 하반신을 유심히 관찰한다. 상의, 모자, 가발은 짧은 시간에 바꿔 입을 수 있으나 하의나 신발은 바꾸기가 어렵기 때문에 보고

---

101) 민진규, http://www.wsnews.co.kr/sub_read.html?uid=19440, 2016.08.09.

전에 확인 해 봐야 한다.

이와 같은 요령은 외국의 탐정학교나 국가정보기관에서 요원들을 훈련시킬 때 미행자를 따돌리는 요령으로 가르쳐주는 방법이지만 상대를 놓친 경우에도 응용해서 찾을 수 있는 방법이기도 하다.

- 감시활동에 투입된 팀원과 백업 요원들을 총동원해 주변지역을 면밀하게 조사를 진행한다. 대부분 미행을 당하고 있다는 사실을 감지한 후 멀리 도망가는 것이 아니라 역으로 미행자와 차량을 확인하기 위한 목적으로 주변의 지형지물에 은신해 있을 가능성이 높다. 주변 건물이나 주차장을 가로 및 세로로 구분한 격자를 만들어 팀을 나눠 조사해 보면 의외로 빨리 찾을 수가 있다. 타깃은 자신이 감시하고 있다는 사실을 알아차리면 어떻게 해서든지 미행자를 따돌리려고 한다.
- 타깃을 놓친 현장 주위에서 수색하고도 발견하지 못했다면 미리 정해둔 다음 행선지로 이동해 대기한다.

  예를 들어 출근길에 미행하다가 놓쳤다면 근무하는 회사에 먼저 가서 대기하고 퇴근 길에 놓쳤다면 집에 먼저 가서 대기하는 것이다.

  미행하는 목적이 타깃의 주요 행적을 찾기 위한 것이므로 반드시 동선의 모든 행적을 일일이 추적해야 하는 것은 아니다.

미행감시조사에서 하루가 중요하기도 하지만 무리해서 추적하다보면 현장에서 미행 사실이 노출되기 때문에 사전 작전계획 시에 행동요령을 잘 숙지시켜 현장요원들을 투입시켜야 한다.102)

6) 자동차(차량)미행감시

(1) 차량미행감시의 분류

① 단독차량에 의한 감시

- 1대의 차량 미행은 한 사람이 도보 감시를 하는 경우와 같이 위험과 결점이 많다.
- 목표차량은 항상 시야에서 떨어지지 않아야 하고 동일 차량으로 계속 미행하여야 하는 어려움이 있다.
- 감시요원들은 차안에서 서로 좌석을 바꾸거나, 모자 · 코트 · 안경을 착용하거나 벗는 등

102) 민진규, http://www.wsnews.co.kr/sub_read.html?uid=19714, 2016/08/11.

단독미행차량의 취약점을 최대한 극복하여야 한다.

② 2대 또는 그 이상의 차량감시

- 2대 또는 그 이상의 차량으로 감시할 경우에는 감시자들이 서로 미행위치를 바꿀 수 있을 뿐만 아니라 경우에 따라서는 불필요한 차량을 떠나보낼 수 있는 장점이 있다.
- 1대의 미행차량이 목표차량을 뒤따르면서 무전기로 다른 차량들에 대하여 감시를 위한 지시를 한다.
- 다른 미행차량들은 앞서 가는 미행차량을 뒤따라 갈 수도 있고, 목표차량을 추월하여 앞서갈 수도 있으며, 다른 차선이나 옆 차선에서 나란히 달릴 수도 있다.
- 교차로에서는 목표차량의 방향에 따라 대열의 변형이 생기게 되는데 목표차량이 우회전이나 좌회전을 할 경우 바로 뒤에 따라 가던 감시차량은 통상 똑바로 직진하고 나머지 감시차량은 목표차량이 회전해서 가는 방향으로 뒤따라간다.
- 이럴 경우 또 다른 1대의 감시차량이 목표차량의 바로 뒤에 붙어서 미행하게 되며 운전사는 다른 감시차량에게 무전기를 통해 지시하게 된다.
- 최초에 목표차량 뒤에서 뒤따르다가 교차로에서 직진해 버린 감시차량은 U턴을 하거나 한 블록 돌아 나와서 새로운 위치 선정을 하게 된다.[103)]

(2) 자동차미행감시 요령

① 자동차 미행 전 준비

- 의뢰를 받는 단계에서 상대가 늘 이용하는 길을 상세하게 의뢰자로부터 미리 들어두는 것이 매우 중요하다.
- 미행에 사용될 자동차는 미행 전 필요한 정비를 하고 연료는 충분히 채운다.
- 음식과 음료수 및 급할 때 차내에서 해결할 수 있는 소변용기도 미리 준비한다.
- 필기도구와 메모지, 망원경, 휴대폰, 무전기 등도 미리 준비한다.
- 고속도로 하이패스 장착과 상황에 따라 현금통행 할 수 있도록 현금도 준비한다.
- 차량미행에 사용되는 차량은 차종이나 색상은 대체로 심플한 것으로 준비하며, 일반적으로 외관이 눈에 잘 띄지 않고 희미한 색깔의 차량이 무난하다. 특별한 차종이 필요할 때는 렌터카를 이용한다.

---

103) 강기욱, 전게서, p.380.

- 차량 문을 열고 닫을 때 차량 내부의 사람이 보이지 않도록 차량 실내등은 작동하지 않도록 미리 조절해 둔다.
- 미행하기 전에 상대방 자동차의 종류, 연식, 형식, 차량번호 기타 특징을 파악해 둔다.

② 자동차 미행 시 일반적 요령

- 한적한 곳의 차량미행

  교외, 시골과 같이 교통량이 한적한 곳에서는 대상자의 차에 너무 근접해서 미행하면 상대가 의심하기 쉬우므로 가능한 충분한 거리를 유지하고, 경우에 따라서는 제3의 차를 끼워 넣는 것도 한 방법이다.
- 혼잡한 곳의 차량미행

  도심지와 같이 교통이 복잡한 곳에서는 교차로, 신호기가 있는 장소나 횡단보도가 있는 곳에서는 정지신호 때문에 대상차량을 놓치는 경우가 많으므로 가능하면 근접 미행해야 한다.
- 감시차량과 목표차량 간의 거리는 교통의 흐름과 교통량에 따라 다르지만 대부분의 감시차량과 목표차량 사이에 한 대 또는 두 대의 차량 간격을 두고 미행한다.
- 탐정이 직접 운전하는 차로 미행하는 경우, 상대의 차에 바짝 붙는 것 보다는 상대의 차 사이로 두, 세대의 차가 있는 것이 보통이지만 상황에 따라서는 1m~100m까지 도보미행 시와 같이 차간 거리도 신축성 있게 잡아야 한다.
- 대상차가 주차 시에는 약간 떨어진 곳에 주정차하고 행동을 감시한다.
- 감시차량에는 보통 2명 혹은 그 이상의 감시요원이 승차한다. 감시대상자가 차를 주차시키고 걸어가는 경우를 대비하여 한사람은 차에 대기하고 다른 사람은 대상자를 도보로 뒤따라가야 하기 때문이다.
- 차량이 이동 중일 때는 운전자는 운전에만 신경을 집중해야 하고 미행 감시자는 목표인 조사대상자를 감시하고 무전기를 사용하여 목표의 행동에 대한 특징을 메모한다.
- 미행 중 대상자를 놓치지 않기 위해 무리한 미행으로 교통법규를 위반을 하는 경우가 있는데 특히 교통사고가 발생하지 않도록 주의한다.

  만약 빨간 정지 신호등을 무시하고 달리거나, 또는 위험하고도 급작스러운 차선변경을 하는 경우엔 사고위험성도 높지만 대상자로 부터 의심을 받게 된다.
- 상대차가 유턴을 할 경우, 미행감시차량은 유턴지점을 지나서 유턴하는게 좋다.

- 골목, 좁은 길 미행

  자동차 미행 시 일반 큰 도로에서는 신호나 끼어들기에 조심하는 정도여서 도보미행 시 보다는 큰 어려움은 없을 것이다.

  그러나 상대가 큰길에서 골목과 같은 좁은 길에 들어가는 경우에는 타겟에게 의심받을 수가 있기 때문에 차간 거리를 어느 정도 떨어져 미행하게 되므로 상대를 놓칠 경우가 많다. 그러나 큰 도로에서 골목으로 들어간다는 것은 부근에 상대의 목적지가 있는 경우가 많기 때문에 방향성을 미리 알고 있으면 정차 중의 상대를 발견할 가능성이 매우 높다.
- 상대가 잠깐 들르는 곳을 알고 있다면 무리하게 차로 계속 미행하지 말고 먼저 그 장소 부근에 가 있는 것도 하나의 방법이 될 수 있다.
- 자동차만 보고 미행하기 보단 차 안의 조사대상자에 집중!

  택시나 자동차, 그 외의 이동수단으로 상대를 미행하는 상황에서는 차 자체에 더 주의가 가게 됨에 따라 상대가 차에서 내렸는데도 알아차리지 못해 생각지도 않게 미행을 놓쳐 실패하는 일이 의외로 많다. 이것은 차에 탔다면 적어도 멀리 가거나, 한 구간 정도는 가겠지 하는 선입관이 실패의 원인이 되는 것이다.

  또한 정체가 심할 때의 장소가 특히 커브길이라면 걷는 쪽이 훨씬 빠르다는 생각으로 조사대상자가 바로 차에서 내리는 경우도 있는데 이때 거스름돈도 영수증도 받지 않고 빨리 내린다면 택시 문을 열고 내리는 시간은 순식간이 될 것이며, 이때 마침 새로운 승객이 탄다면 내릴 때처럼 눈에 보이지 않을 수도 있을 수도 있다.

모든 이동수단들은 형태를 갖춘 하나의 상자일뿐 미행의 대상은 어디까지나 그 안에 있는 사람이다. 대상자가 자동차나 엘리베이터에 탔다고 해서 엘리베이터만을 감시하는 탐정은 없을 것이다. 이런 기본 원칙을 잊어버린다면 자주 실패의 원인이 될 것이다.

또 다른 방법으로는 자전거를 이용하는 경우도 있다.

골목에서는 자동차 보다는 자전거가 더 편리하며 골목이 복잡하여도 먼저 빠져 나갈 수 있는 이점이 있다. 그러므로 전문 탐정사무소에서는 전용차, 전용 자전거를 항상 준비하고 있다.

〈자료 8-10〉 차량미행

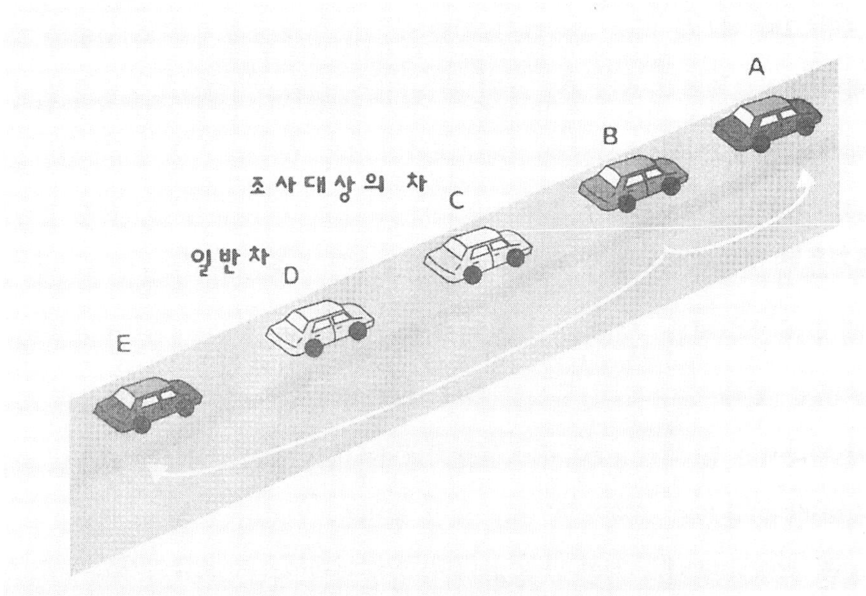

- 여러 대의 차(A, B, E)로 미행 시 중간에 탐정차량의 전 · 후 위치를 바꾸는 등 의심을 사지 않도록 주의한다.
- 대상자의 차에 가까이 붙어 가는 일은 피한다.
- 중간에 다른 일반차(D)를 끼워둠으로서 대상자의 차(C)에서 쉽게 볼 수 없도록 한다.
- 차간 거리는 도보미행 시와 같은 요령으로 상황에 따라 신축성 있게 조절한다.

- 고속도로 미행

고속도로 미행은 일반도로 보다 매우 빠른 속도를 낸다는 점에서 운전에 신경을 써야 히기 때문에 이렵고. 특히 야간에 고속도로 미행에서는 고도의 주의력이 필요하다. 따라서 고속도로미행이 예측될 때에는 네비게이션 장치를 설치하는 것이 좋다.

탐정의 미행조사는 한사람이 조사하는 것이 기본이지만 고속도로 미행 시에는 안전을 위해서 두 명 이상의 탐정이 필요하다. 고속도로가 한가하다면 차간거리는 충분히 여유 있게 두지만 혼잡한 고속도로라면 가까이 접근해서 할 수도 있다.

고속도로 주행 중, 차간거리와 함께 주의할 점은 고속도로 휴게소에 들어가는 경우이다. 주차위치나 차에서 내린 후의 행동에도 신경 써야 하는 점이다. 특히 고속도로 출구의 통행료 계산 시엔 가능한 빨리 통과해야 한다. 거스름돈은 꼭 받을 생각을 하지 말고 상대보다 먼저 통행료 지불을 끝내고 빨리 빠져나가 갓길에서 대기하고 있는 것이 좋다.

- 탐정은 모든 조사업무 시 시내 중심부의 철도역이나 지하철의 경로, 환승역 등은 반드시 파악해 두어야 한다.
  미행 대상자가 지방 도시로 갈 때, 탐정은 낯선 도시의 교통사정까지는 익숙하지 않을 것이다. 지방 도시의 미행은 쉽지 않지만 미행 조사의 기본만 확실히 숙지한다면 초행길에서도 큰 문제는 없을 것이다.
- 미행의 실패는 탐정으로서도 실격!
  미행의 실패는 표면에는 그다지 나타나지는 않는다. 물론, 상대를 놓쳤다거나 혹은 미행하는 것을 들켰다는 것은 탐정의 완전한 실패라 할 수 있다.

그렇다면 최후의 목적이 되는 사진 촬영 등의 증거만 확실히 잡았다고 해서 미행에 성공했다고 말할 수 있을까?

우리들이 생각하기에는 탐정의 업무로서는 성공했다고 해도 미행 그 자체는 성공했다고 말하기는 어렵다. 문제는 결과가 아니라 그 과정이다.

예를 들면, 한가한 전철 내에서 탐정이 미행 중의 상대에게서 조금이라도 눈을 뗐다면 그 시점에서 미행은 실패라 할 수 있다.

상대가 때로는 같은 칸에 계속 있을 수도 있겠지만 눈을 잠깐 뗀 사이 하차할 가능성도 있을 것이고, 또는 순간에 탐정 자신의 바로 앞으로 나오거나 잠드는 경우도 있을 것이다. 이런 것들은 단순히 운이 좋았다고 볼 수 있다.

그런 식으로 운 좋은 조사를 계속해 나간다면 언젠가는 상대를 미행할 때 실패를 맛보게 될 것이다.

그러한 운 좋은 순간을 다행히 넘겨 온 서투른 탐정들이 주변에는 매우 많다. 당연히 그런 운에 맡긴 탐정업무나 탐정회사 경영은 오래가지 못할 것이 뻔하다.

물론 우리 생활에서 행운도 가끔 중요한 요소가 되긴 하지만 탐정업무에서 반드시 기억해야 할 것은 운이 아닌 평소의 꾸준한 훈련과 연습뿐이다.

결론적으로 미행의 실패는 즉, 탐정으로서의 실격을 의미한다.

탐정의 미행 실패는 잠복, 탐문과 같은 기술의 실패보다 더 치명적이기 때문이다.

어떤 탐정이 조사에서는 프로라고 자칭한다면 이 세상의 다른 분야의 프로와 마찬가지로 자기의 책임도 충분히 인정하고 받아들일 줄 알아야 한다. 그렇지 못하면 탐정은 영원히 고리타분하고 가치 없는 존재가 될 것이다.[104]

---

104) 김태환 · 강영숙 역, 전게서, pp.46~59.

제 9 장

탐정의 가장(假裝)과 변장(變裝)기법

1. 탐정의 가장(假裝)
2. 탐정의 변장(變裝)

제9장 탐정의 가장(假裝)과 변장(變裝)기법

1. 탐정의 가장(假裝)

탐정이 정보수집 업무를 위해선 우선 탐정의 신분을 은폐하기 위한 가상의 스토리(커버스토리)를 설정하고 그 스토리에 맞게 자신의 모습을 바꾸어야 하는데 그 종류에는 가장과 변장 두 가지가 있다.

가장이란 정보요원이나 탐정이 주위환경에 자연스럽게 어울리도록 복장, 장신구 등 외부 모습을 바꾸는 것은 물론 정상적이고 합법적인 직업을 가진 것처럼 전체적인 변신을 하여 본연의 임무인 정보 수집을 수행하는 것이다.

탐정은 무엇보다도 상대방으로부터 의심받는 행동은 삼가야 하므로 자신의 신분, 활동, 이용수단 등이 어색하거나 이상하지 않도록 자연스러워야 하며 가장은 완벽할수록 매우 안전한 방법이 될 것이다.

예를 들면 특수카메라로 특수 공장시설물을 촬영하거나 눈에 띄게 이상한 차림을 한 사람은 수상한 사람으로 의심받기 쉽지만 그러나 보통의 카메라를 들고 그 시설물을 배경으로 아주 우연인 것처럼 여자 친구를 촬영한다면 의심받을 확률은 적을 것이며 가장을 잘 이용한 것이다.

1) 가장(假裝)의 분류

(1) 장기적 가장

장기 가장은 오랜 기간 동안 탐정 자신을 은폐해 가상 시나리오(커버스토리)에 따라 특정인의 임무에 맞도록 행동을 해야 하기 때문에 상당한 주의와 노력이 요구된다.

장기가장을 위해서는 가장을 하여 임무를 수행하는 탐정이나 정보요원의 출생지와 교육적 배경뿐만 아니라 그의 실제임무와 실제거주지 등 그에 관한 모든 사실이 은폐되도록 꾸며져야 한다. 가상스토리의 내용뿐만 아니라 행동, 대화 등도 누가 봐도 가장에서 정한 진짜처럼 보여야 하며 사소한 내용이라도 가장에 맞게 모두 일관성 있게 기억하고 행동하여야 한다.

(2) 단기적 가장

이것은 가장직업에 적합지 않은 어떤 일을 해야 할 때 그 이유를 설명할 수 있는 가상의 스토리(Cover Story)를 미리 준비해야 함을 뜻한다. 예를 들면, 탐정이 임무수행 상 장기가장으로 성실한 상인의 역할로 정했는데 어떤 생명공학협회가 주최한 세미나에 참석하지 않으면 안 될 상황에서 이는 장기가장에서 설정한 상인의 신분은 이에 어울리지 않기 때문에 세미나에 참석하여도 전혀 의심을 받지 않을 다른 역할을 정할 필요가 있는 것이다. 이 때는 잠시 세미나에 참석하는 한 연구원으로 가장하여 오랫동안 보지 못했든 옛 친구라든가, 또는 고향사람의 안부를 묻기 위한 단기 가장이 필요한 것이다.

(3) 예비가장

예비가장이란 탐정이 업무 수행 중 여러 가지 상황에 대비하여 사용할 수 있는 또 다른 가장을 사전에 미리 준비해 두는 가장을 말한다. 예를 들면 탐정이 장기가장으로 신문사의 해외특파원인데 갑자기 주재국 정부에서 외신기자들에게 기사를 그들 본사에 더 이상 보내지 못하게 한다. 이러한 경우 그 탐정은 자기나라에서 파견 된 무역상사 지점장으로 곧 취직이 되어 활동할 수 있는 신분으로 예비가장을 사전에 준비하여야 한다.

2) 가장(假裝)계획

탐정은 장차 활동할 국가나 지역에 관한 풍부한 정보가 없이는 가장계획을 작성할 수가 없다. 따라서 우선적으로 가장계획 작성에 필요한 목표지역 및 임무에 대한 주요 정보를 수집하여야 한다.

- 어떻게 생활할 것인가?(주택, 음식. 의복, 오락 등)
- 어떤 일(직업)을 하고 있는가?(근로조건, 근로법, 직업의 종류, 무역, 임금, 취업에 필요한 자격 등)
- 정치적 현황은?

- 인구의 구성은 어떠한가?(상이한 민족의 종류, 인종, 종교 등)
- 경제적 현황은?(GNP, 노동자의 연간 평균소득, 물가, 은행의 운용방식 등)
- 정부에 의한 주민 통제방법은?(여행통제 및 제한사항, 주택 및 작업장에 관한 규정 및 제한사항, 신분등록 및 기타신분증, 전화도청, 우편검열, 국가기관 · 경찰 및 군기관의 구성형태 등)

가장계획은 해당 임무 수행자의 인간성과 적성에 맞게 계획되어야 하며, 가장 속의 인물로서 생활하거나 일을 하기에 적합하여야 한다.

예를 들어 교사경험이 없으면 교사로서 행세할 수 없고, 무역거래에 대한 실무경험이 없이 무역상사 직원이 될 수 없으며, 중국어를 잘 모르면서 중국에서 온 것 같이 활동할 수는 없는 것이다.105)

탐정과 같은 정보수집활동을 하는 사람들은 단순히 가장(假裝)만 하는 것이 아니라 그 가장 속에 깊이 파묻혀서 활동할 줄 아는 기술과 마음가짐이 요구되기 때문에 천의 얼굴을 가져야 한다. 오늘은 깔끔한 신사차림을 하다가도 내일은 기름때 묻은 노동복으로 전형적인 공장엔지니어로도 변신할 수 있어야 하고, 특히 위험한 상황 하에서도 용감하고 침착한 태도로 대처할 수 있는 임기응변과 또 급히 변장할 줄 아는 훌륭한 배우가 되어야 한다.

2. 탐정의 변장(變裝)

1) 변장의 의의

변장이란 일정한 목적으로 복장에 변화를 주어 외모를 다르게 변화시키는 것을 의미한다. 변장술에는 인체에 부착하는 모든 물체인 의복, 머리장식, 신발류, 액세서리, 기타 화장 등을 활용할 수 있다.

역사적으로는 범죄수사의 수단으로 수사관이 인상, 착의, 언어, 동작 등을 변화시켜서 신분이 노출되지 않게 하는 경우와 범죄자가 잠적을 목적으로 여장, 남장, 개장(수염, 점 만들기) 등으로 하여 은신하는 경우가 있다.

105) 강기욱, 전게서, pp.299~305.

탐정의 정보수집이나 비밀활동 시 노출을 예방하고 상대방에게 의심을 받아 위험에 처했을 때 간단하고도 신속하게 회피하기 위해서는 효과적인 변장술이 필요하다.

우리가 가끔 영화에서 보는 변장처럼 안면을 비롯한 신체일부를 의료적 방법으로 성형수술을 하거나 사람의 얼굴에 정교한 마스크를 입혀 완전히 다른 사람으로 변장시키는 등 특별한 기술과 시간이 소요되는 경우는 실제 탐정의 업무에서는 활용될 수 없는 기술이다.

보통 변장에는 특수하고 대단한 물건이 쓰인다고 생각하지만 긴박한 업무를 하는 탐정의 변장에 가장 기본적이고 효과적인 방법은 개인의 특징을 발견하여 이 특징을 적절하게 변형시키는 것이다.

일본탐정협회의 창립자인 고다마 미치나오 회장의 지론 중에 '마음까지 변장해야 한다'라는 말이 있다. 누군가로 바뀌어야 한다면 마음부터 바뀌지 않으면 안 된다는 의미도 있지만 이것은 사실 항상 평온한 마음을 가져야 한다는 뜻이기도 하다. 상대의 갑작스런 말이나 행동에도 항상 포커페이스(poker face : 감정을 겉에 나타내지 않는 표정)로 대처하지 못한다면 변장해도 아무 소용이 없기 때문이다.

물론 아무런 변장을 하지 않아도 처음과 두 번째가 실제로 달라 보이는 인상을 상대에게 줄 수 있을 정도의 기술도 필요하다. 그 기술은 훈련으로 몸에 익히는 방법 이외에는 없다고 생각한다.[106]

2) 의복, 소품에 의한 변장 기법

가장 기본적이고도 효과적인 주요 변장 아이템으로는 여러 가지 색상의 겉옷(상의), 각종 모자, 안경, 넥타이, 구두 및 신발, 소품 등을 이용한 변장이다.

변장의 포인트는 위의 기본적 아이템으로 조합을 시켜서 다양한 상황에서의 변장패턴을 만들어 가능한 한 본래의 인상과는 매우 달라져 보이게 하는 것이다.

변장 시 모자만 쓰거나 혹은 안경만 쓴다는 것은 별로 효과가 없기 때문에 모자와 안경은 상의(上衣)와 함께 한 세트로 착용하거나 벗기도 한다.

변장 전 슈트(상의)를 입고 있었다면, 변장 시에는 상의를 벗고 안경과 모자를 쓰거나 혹은 평소에 안경을 쓰던 탐정이라면 상의를 벗은 채 안경을 쓰지 않고 모자만 써도 모습이 많이 바뀔 것이다.

---

106) 김태환 · 강영숙 역, 전게서, pp.77~79.

단, 변장을 위해서 어떤 것을 신체에 붙였다 뗐다 하는 것만으로 변장이 끝났다고 생각하거나 변장도구에만 의존하면 절대 안 된다. 때로는 다리를 질질 끄는 모습을 하거나 등이 굽은 자세를 취하는 등 신체와 인상을 같이 변화시키는 방법도 있다.

탐정의 변장 시 중요한 점은 전체적인 인상을 바꾸는 것이기 때문에 우선 사람의 눈이 가는 부분부터 바꾸어야 한다는 것이다. 즉, 모자=머리, 안경=눈, 상의=상반신의 부분을 바꾼다는 뜻이다.

(1) 의복에 의한 변장 요령

- 의복

  의복에 의한 효과적인 변장은 빈약한 체격을 비대한 체격으로 변장시키거나 반대로 뚱뚱한 사람을 마른 체격으로 변장시키는 것이다.

  이는 옷감과 무늬, 복장디자인, 의복 형태 등이 있는데 두터운 섬유에 선이 굵고 세로로 된 무늬나 체크형 무늬의 옷을 입으면 뚱뚱하게 보이고, 반대로 얇은 섬유에 선이 가늘고 직선 무늬의 옷을 입으면 보다 마른 사람으로 보인다.

  또한 양복의 디자인에도 양복 깃이 넓고 상의와 하의의 길이가 약간 짧은듯하면서 체격보다 약간 큰 의복을 입으면(동절기에는 여러 벌의 내복을 껴입으면 더 효과적임) 뚱뚱하게 보인다. 반대로 양복 깃이 좁고 길이가 약간 길며 자기 체격에 꼭 맞는 옷을 입으면 날씬해 보인다.

  옷감의 재료로는 뚱뚱하게 보이기 위해선 스펀지, 솜, 기타 부드러운 재질의 섬유가 좋고 마르게 보이기 위해서는 가죽 등이 효과적이다.

- 넥타이

  넥타이는 넓고 좁은 것, 화려하거나 단조로운 것에 따라 사람의 인상이 바뀔 수 있으니 상황에 따라 효과적으로 활용한다.

- 구두

  탐정은 스타일에 따라 운동화를 신거나 구두를 신을 수도 있다. 구두 착용 시 구두굽이나 구두 밑창에도 신경을 써야 하는데, 걸을 때 소리 나는 구두는 미행 시에 눈에 띄기 쉽기 때문에 고무제품이나 합성수지제품의 가벼운 구두가 더 좋을 것이다. 구두는 뒤굽을 높이거나 낮추어서 신을 수 있으며, 키가 커보이도록 하려면 구두 속에 키높이 깔창을 끼워 신거나 특수하게 맞추어서 신으면 더욱 효과적이다.

- 모자

  모자는 여러 환경에 두루 쓰일 수 있는 안팎 양면용의 리버서블 타입(reversible type)으로 모자의 챙이 없는 것이 좋으며, 평소 모자를 쓰지 않던 사람이 중절모를 쓰거나 기타 여러 가지 형태의 다양한 색깔의 모자를 상황에 따라 수시로 바꿔 쓰면 된다.

(2) 모발의 변장 요령

모발의 변장이란 머리스타일의 변경, 머리 가발, 수염, 눈썹 등을 이용한 변장이다.

머리변장이라고 하면 먼저 가발을 떠올리는 사람도 있는데 여성 탐정이라면 가발을 쓰는 경우도 있긴 하지만 남성인 경우, 일반적으로 가발은 들키기가 쉽다. 특히 남성이 가발과 가짜수염을 잘못 활용하면 모습이 어색하고, 상대 및 주변인들에게 위화감이나 묘한 인상을 줄 수 있기 때문에 별로 사용하지 않는 것이 좋다.

모발의 변장은 두발의 색깔을 염색할 수 있으나 탐정의 변장 시 밝은 염색은 별로 효과적이지 못하다. 따라서 헤어스타일을 바꾸는 것이 더욱 효과적인데 이는 삭발, 스포츠형, 기타 여러 헤어스타일로 바꾸면 예상 외로 사람의 인상이 크게 달라진다.

가발은 여러 가지가 있지만 기본적으로 직선형 머리와 파마형의 곱슬머리가 있고, 또한 나이를 속이기 위해 희끗희끗하게 흰머리를 넣어 특수 제작한 가발도 효과적이다.

콧수염이나 턱수염을 사용할 때는 단단히 부착하여야 하며, 머리털 색깔과 잘 어울리도록 한다. 눈썹 변장은 면도에 의한 방법, 눈썹 뽑기에 의한 방법, 화장품으로 그리는 방법(여성에게만 해당) 등이 있다.

(3) 안경에 의한 변장

안경은 무엇보다 시력에 이상이 없다면 평소 안경을 쓰지 않던 사람이 안경을 쓰거나, 시력이 나빠 꼭 안경을 써야 될 경우에는 안경대신 콘택트렌즈로 대신하여 안경을 벗는 것이 인상을 바꾸는데 효과적이다.

그 외에 얼굴모양을 다르게 보이기 위해선 폭스형, 웨링턴형, 둥근형 등 다양한 스타일의 안경을 활용하면 된다.[107]

안경으로 변화를 줄때는 검은 테 안경이 매우 좋다. 검은 테 안경은 안경을 썼을 때와 벗었을 때 의외로 인상이 매우 달라져 보이기 때문이다.

107) 강기욱, 전게서, pp.315~317.

〈자료 9-1〉 모자와 안경 이용 시 얼굴 변화

3) 변장실무 요령

(1) 자신의 외형적 특징 파악

남들이 멀리서 나 자신을 알아 볼 때 자신은 모르지만 다른 사람들은 쉽게 알아보는 개별적인 특징들이 각자 있다. 한 인물의 외형에 대한 기본적인 특징들은 다음과 같이 있는데 그 특징들 중 몇 가지만 바꿔도 쉽게 알아보지 못한다.

- 머리 : 스타일, 길이, 색깔, 머릿결 등
- 얼굴 : 수염, 생김새, 피어싱, 장신구, 안경, 화장, 주름살 등
- 체격 : 키, 몸무게, 체형, 자세, 장애여부, 성별 등
- 걸음걸이 : 걷거나 서있거나 달릴 때의 스타일
- 복장과 신발 : 유형, 스타일, 색상, 재질 등
- 소지품 : 보석, 넥타이 및 핀, 배지, 벨트, 버클, 반지, 담배, 장갑 등
- 부속품 : 목발, 지팡이, 서류가방, 가방, 휴대전화기, 책 등

위에 열거된 목록을 사용하여 나 자신의 무엇이 사람들 눈에 띄게 하는지 친구나 다른 사람들(남, 녀)에게 똑같은 질문을 한다. 이렇게 하여 대부분의 사람들이 동의하는 공통되는 특징들을 다섯 개 정도 우선순위별로 알아 낸 후 그 특색을 바꾸어 보는 것이다.

(2) 단시간의 외모 바꾸기 연습

단시간에 외모 및 외형을 바꾸는 가장 빠른 길은 입고 있는 옷의 스타일, 그리고 머리스타일과 머리 색깔을 바꾸고 모자를 이용하는 것으로 가장 많은 변화를 줄 수 있으며 효과 또한 가장 크다.

(3) 평소와 반대로 바꾸기

평상 시 머리카락이 길었다면 짧게 자르고, 짧은 머리일 땐 긴 가발을 쓴다. 또한 캐주얼의 옷차림에서 다른 스타일로 바꾸거나 키 작은 사람은 키높이 구두를 신어서 전체적인 스타일을 변화시킬 수 있다.

(4) 관심을 다른 데로 돌릴 포인트

어떤 부분 하나만으로도 사람들의 주의를 다른 데로 끌 수 있다. 사람들이 그곳에 집중할 때는 외모의 다른 많은 요소들을 간과하기 마련이다. 여기에는 일반적으로 금으로 된 앞니나 두꺼운 안경, 얼굴의 커다란 사마귀나 점, 부러지거나 돌출된 이빨, 부담스러울 정도로 큰 가슴(여성의 경우), 별난 모자, 지팡이, 목발, 외알 안경, 안대 등이 포함된다.[108)]

---

108) Keith Melton and Craig Piligian 저, 임경아 역, 전게서, p.90~93.

〈자료 9-2〉 변장의 변화

• Before : 변장 전 평소의 모습	• After : 업무에 맞는 변장 후

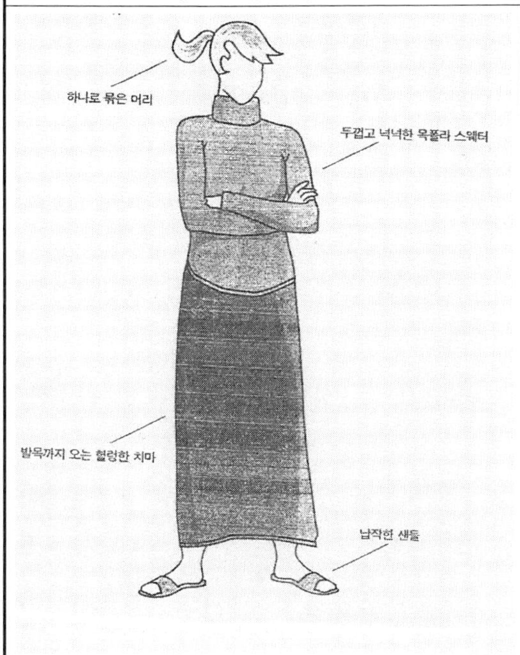

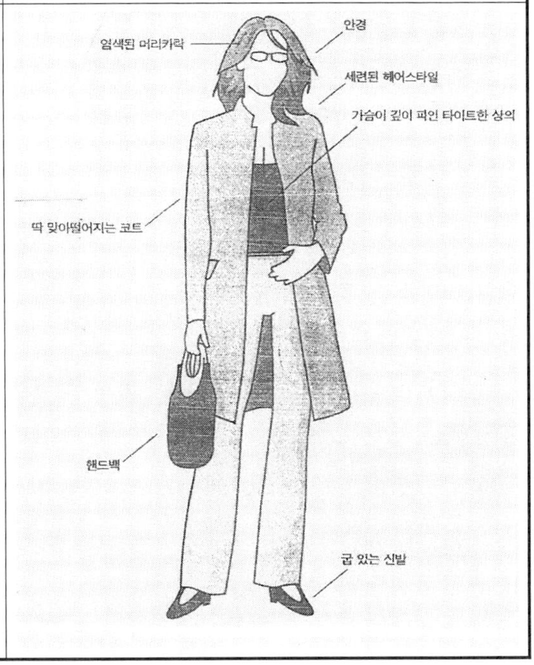

(5) 탐정의 코디네이트(coordinate)

코디네이트의 의미는 둘 이상의 것을 조합해서 하나의 감각으로 만드는 것을 뜻하는 패션 용어이다. 미리 조합된 슈트, 앙상블과는 달리 색, 소재, 무늬, 스타일 등의 밸런스를 계산해서 토털패션으로 조화시키는 것이 특색이다. 따라서 전문 탐정이라면 업무 시 복장의 색체 감각 하나에도 신경 써야 한다.

탐정의 감시업무는 주변 환경에 역행하지 않고 해당 지역의 분위기와 조화를 이루는 것이 가장 중요하므로 전체적인 실루엣이나 옷 색깔에도 주의해야 한다.

사람들은 일반적으로 검은색이 눈에 띄지 않는다고 생각할지 모르지만 미행, 잠복 시 탐정의 복장 색깔 중 검은 색은 피해야 한다. 장례식 때의 잠복이라면 얘기는 다르지만 검은 색은 낮에도 어둡기 때문에 멀리서도 가장 눈에 띄는 색이어서 오히려 돋보이게 된다.

도심지에서 가장 눈에 띄지 않는 색은 회색계열이다. 회색은 도시의 지면이나 빌딩 벽면의 콘크리트나 아스팔트의 색과 비슷하기 때문에 주변 색으로 쉽게 흡수될 수 있다. 그러나 해가 지면 회색이나 갈색은 검게 보이기 쉽다는 것도 기억하면 좋을 것이다.

시가지, 주택가에서 복장의 기본은 정장 슈트(suit)이다.

단 조사대상자가 젊은 사람일 때는 캐쥬얼 복장이 더 바람직 할 것이다.

그러나 산간지역이나 시골 같은 곳에서의 조사업무를 행할 때에는 회색이 아닌, 땅의 흙색이나 야산의 색깔과 비슷하게 입는 것이 좋을 것이다.

(6) 프로 탐정의 필수품!

여기에선 탐정에게 필요한 생활 속의 소품이나 도구에 대해 이야기하고자 한다. 먼저, 사무실 안에서는 전화, 팩스 등의 연락용 기기. 컴퓨터, 필기도구 등의 사무용품, 자료정리용품이 있으면 충분하다.

그러나 더욱 중요한 것은 외부 활동 시 탐정이 개인적으로 상비하고 있어야 할 최소한의 필수품은 다음과 같다

촬영도구, 녹음기, 소형 플래시, 접이우산, 햇빛가리는 모자, 안경, 망원경, 비닐봉투, 휴대폰, 현금과 면허증이다.

① 휴대폰

현대 사회의 휴대폰은 단순히 전화기능만 있는 것이 아니라 탐정으로서 활용할 수 있는 많은 앱을 편리하게 활용할 수 있기 때문에 필수적이긴 하지만 감시업무 중 휴대폰 벨소리로 인해 상대나 주변의 시선을 끌거나 감시업무에 방해가 되지 않도록 주의한다. 또한 만일의 경우 업무 중에 분실하였을 땐 조사와 관련된 연락처가 제3자에게 들어날 가능성이 높고, 자신의 신분이나 관계가 밝혀질 수도 있기 때문에 분실되지 않도록 신중을 기해야할 것이다.

② 가방

탐정이 미행이나 잠복감시업무 중에는 가방이나 파우치(작은 가방)를 들지 않고 양손이 비어 있는 상태가 더 좋다.

탐정은 힘센 장정처럼 필요한 물건들을 모두 소지하여 움직임이 거북한 것 보다는 언제나 가벼운 차림이 좋다.

물론, 가방에 구멍이나 틈을 내어 핀홀 렌즈(pin hole lens)를 부착하여 촬영하는 경우는 예외라고 볼 수 있다.

〈자료 9-3〉 핀홀카메라 가방

- 탐정은 기본적으로 손에 짐을 들지 않는 것이 좋다.
- 예외로 비디오 촬영 시에는 핀홀카메라를 설치한 가방을 팔에 끼고 주로 상반신을 촬영하는 경우이다.

③ 녹음기

탐정에게 필요한 녹음상황은 크게 두 가지로 분류할 수 있다.

상대의 대화를 녹음하는 상황과 메모 대신 조사과정 중 중요한 내용들을 음성으로 수시로 녹음하는 상황이다.

어느 쪽이나 소형이며 고성능이면 더 바람직하겠지만, 최근에는 녹음, 비디오촬영, 사진촬영 등 기능이 뛰어나 미행 중의 메모 녹음에도 매우 중요한 역할을 하고 있다. 말하자면, '몇 시 몇분에 OO에 들어갔다'고 휴대폰에 녹음을 하는 것인데 이것은 누가 옆에서 보아도 휴대전화로 통화하고 있는 것처럼 보이기 때문에 아무래도 편리할 것이다. 그러나 만에 하나, 전화 명의를 자신의 이름으로 하지 않고 다른 사람의 명의로 해 놓는 배려도 필요하다.

대개 가까운 위치에서 상대의 목소리를 녹음할 때에는 양복의 상의(上衣) 안 주머니에 숨긴 채 녹음을 한다. 그러나 그 자리에서 상대의 대화를 녹음하기 어려운 상황이라면 조사원이 송신기를 몸에 부착하고 떨어진 장소에서 별도의 다른 조사원이 녹음하는 방법도 있다. 그러나 전파를 통한다는 것은 교신내용을 제3자가 들을 가능성도 있기 때문에 최선의 방법이라고는 말 할 수 없으므로 송신기에 의한 녹음은 최후의 수단일 때만 사용해야 한다. 또한 최근 많이 등장한 녹음기능이 있는 보이스 펜, 녹음기능이 있는 시계 등 쉽게 눈에 띄지 않으면서 녹음할 수 있는 다양한 기기들도 사용되고 있다.

그러나 탐정에게 정말로 최후의 녹음 수단이란 기기에 의존하는 것만은 아니다. 어떤 기기도 없이 위험한 상황에 처했을 때는 결국, 자신의 눈과 귀, 그리고 두뇌로 모든 것을 기억해야 되는 것이다. 즉 인간의 주의력, 기억력, 관찰력 이 세 가지를 모두 활용하는 것이야 말로 탐정의 최후의 방법이므로 이러한 것들을 몸에 익숙하도록 훈련해야만 여러 가지 하이테크 기기도 유용하게 사용할 수 있는 것이다.

일본의 탐정학교에서는 '기억한 것으로 기록한다'라는 교육법을 쓰고 있다. 상대의 말을 듣고 있는 그 옆에서 바로 쓰지 않고 일정 시간이 지난 후 기억에 의해 문자화할 수 있도록 지도하는 것이다. 여기에는 물론 예외도 있다. 메모를 해야 할 상황에서는 오히려 무엇인가를 쓰지 않으면 반대로 의심을 받을 가능성도 있기 때문이다. 녹음기나 송신기가 있다고 해서 상대의 말을 성의없이 건성으로 들으면 아무 소용이 없다. 덧붙여 말하면, 이러한 녹음기가 소형이라고 해서 항상 휴대하고 다닐 수는 없다. 필요한 상황이 발생하기 시작하면 갖고 가는 것이다.

④ 소형 플래시

탐정이 사용하는 플래시는 고속도로 휴게소나 노점 등에서 손쉽고 싸게 구입할 수 있는 것이 좋다. 소형플래시로는 일반 플래시 보다 배터리 효율이 높고 밝으며 플래시 전체가 알루미늄 합금소재로 된 매우 가볍고 단단한 것이 좋다. 또한 각 연결 부위는 방수용 고무 패킹 처리가 되어 있어서 비 오는 날에도 사용할 수 있어야 한다.

플래시는 위급한 상황이 생길 땐 호신용구로도 사용할 수 있는 이점도 있다.

⑤ 우산

탐정들의 우산은 휴대가 편리한 소형의 접이식으로 적어도 양복의 안주머니에 들어 갈 수 있는 것이 좋다.

미행, 잠복 중에 갑작스런 비를 피할 수 있을 뿐만 아니라 위급 시 호신용구로도 사용할 수 있는 이점도 있다.

⑥ 모자

모자는 햇빛을 가리거나 주로 간단히 변장하는데도 사용할 수 있는 필수품이다.

모자는 단순한 모양과 색이 좋으며 안팎의 색이 서로 다른 리버서블(reversible) 타입이 좋다. 면 소재로 하나로 된 형태가 좋으며 혹은 비를 맞아도 스며들지 않는 방수처리가 된 것이 좋다. 모자는 변장 이외에도 유용하게 쓰일 수 있는데 같은 팀원끼리 모자로 어떤 표시나 사인도 할 수 있기 때문이다. 동료 조사원끼리 만날 때, 의뢰인이 현장에 꼭 와야만 할 때 등의 내용을 동료에게 알릴 때는 모자의 색을 바꾸면 바로 눈에 띄어 사인을 주고받을 수 있는 것이다. 혹은, 모자에 손을 갖다 대거나, 모자를 쓰고 벗는 등, 야구경기 중 벤치에서 선수에게 보내는 블록 사인과 같은 동작으로 업무 중의 탐정끼리 서로 교신도 할 수 있어 꽤 유용할 것이다.

〈자료 9-4〉 모자 활용 사례

⑦ 안경

자기의 맨 얼굴을 바꾸거나 간단히 가리기 위한 변장용으로 매우 유용한 안경은 검은테 안경이다. 검은테 안경은 안경 그 자체로 인상을 남기기 쉽기 때문에 썼을 때와 벗었을 때의 인상의 차이가 매우 크다. 앞에서 설명했던 것처럼 안경과 모자를 한 세트로 사용한다면 얼굴 자체의 인상이 매우 달라진다.

우리가 영화나 만화에서 본 '슈퍼맨'의 주인공이 크고 검은테 안경만으로 다른 인상을 가진 사람으로 변장한 것을 기억한다면 이해가 갈 것이다.

따라서 검은테 안경과 모자는 탐정에겐 필수 도구가 될 것이다.

⑧ 망원경

이것은 잠복 시 자주 사용되는 도구이다.

드라마나 영화 등에서는 탐정의 조사 모습을 과장시켜 시청자의 눈에 띄게 하기 위해 커다란 쌍안경을 사용하기도 하지만, 실제로는 시중에서도 쉽게 구할 수 있고 눈에 띄지 않게 손 안에 쏙 들어갈 정도의 소형 망원경을 사용하는 것이 좋다.

⑨ 휴대용 비닐봉투

휴대용 비닐봉투는 간단한 물건을 담아 다닐 때 필요하기도 하지만 오히려 변장을 해야 할 때, 물건을 사서 집으로 돌아가는 모습처럼 변장할 때 효과적이다.

특히, 최근에는 주변에 많이 생겨난 편의점의 봉투를 몇 개 준비해 가지고 다니면 짧은 시간에 유용하게 쓰일 수도 있다.

예를 들면, 말끔한 정장 차림의 남성이 편의점 봉투를 들고 간다고 생각해 보자. 그 사람은 그 동네의 주민이나, 인근에서 근무하고 있는 샐러리맨처럼 보일 것이다.

⑩ 현금과 면허증

탐정에게 필요한 것은 현금카드나 신용카드 보다는 현금이다.

카드는 분실 시에 신분이 탄로 날 염려가 있고 재발급하기도 번거롭기 때문이다.

그러므로 미행이나 잠복조사가 시작되면 만일의 경우를 대비하여 보통 때 보다 여유 있게 현금을 준비하는 것이 중요하다.

미행 대상자가 갑자기 열차나 고속버스로 멀리 갈 때도 현금이 많이 있으면 얼마든지 대응할 수 있다. 어디서든 카드를 사용할 수 있다는 생각은 금물이다.

미행을 하던 곳에서 갑자기 자동차를 운전해야 할 경우도 있기 때문에 자동차 운전 면허증은 항시 휴대하는 것이 좋다.

(7) 미국 탐정들의 팔수장비[109]

탐정들이 업무 수행 중 발생할 수 있는 다양한 돌발 상황에 대처가 가능하도록 미국 탐정들이 필수적으로 가지고 다니는 장비들은 다음과 같다.

109) 탐정신문, [미국] 탐정들이 필수적으로 가지고 다니는 장비 Top 10, http://idtt.co.kr/872.

- 파워 인버터
  휴대폰이나 카메라를 충전하기 위해서는 절대적으로 필요하다. 차량용 시거 잭을 사용해 휴대폰이나 카메라를 충전하기 위해서는 AC/DC 파워 인버터가 반드시 필요하다.
- GPS
  보안이나 조사업계에서 경험이 없는 사람들은 스마트폰에 구글맵 등장이후 GPS 장비는 구식이라고 생각하는데 상황에 따라 스마트폰과 네비게이션을 동시에 사용해야 할 경우도 있기 때문에 탐정에게 GPS는 반드시 챙겨야 하는 장비이다.
- 쌍안경
  실시간으로 감시 대상자를 확인해야 할 때 먼 곳에서 감시를 해야 할 경우 쌍안경을 통해 대상자를 모니터링 할 수 있기 때문이다.
- 배터리 충전기
  도보로 대상자를 미행하기도 하고 자동차 시동을 켜선 안 되는 경우도 있기 때문에 배터리 소모에 대비해야 한다.
- 충분한 현금
  조사 중에 주차 미터기와 같은 장애물이 있을 경우 사용해야 되며 현금을 사용해 영수증이나 이동 경로를 남기지 않을 수 있다.
- 소형 삼각대
  카메라를 한 방향으로 장시간 동안 고정해 둘 필요가 있을 경우를 대비한다.
- 위장형 소형카메라
  일반 중형 카메라로는 모든 각도에서 촬영할 수 없으며 사람의 시선을 끌 수도 있기 때문에 소형의 위장형 소형카메라가 필요하다.
- 범용 타이어 수리 키트
  차량의 타이어가 펑크 났을 때 감시 대상자를 추적하지 못하는 일이 발생할 수도 있다. 이때 신속하게 임시로 타이어 펑크를 수리한 후 계속 추적한다.

이상 위에서 열거한 장비들 외에도 활동이 장기간일 땐 여행용가방, 간단한 의약품 등은 탐정이 현장에서 업무를 수행하는데 필요하다. 다양한 장비들을 많이 보유할수록 정확하고 확실한 증거를 수집할 가능성이 높기 때문에 꼭 챙겨 다녀야 할 것이다.

제 10 장

탐정의 증거수집 촬영기법

1. 증거수집 촬영의 의의
2. 상황별 촬영 요령
3. 위장형 촬영장비

제10장 탐정의 증거수집 촬영기법

1. 증거수집 촬영의 의의

현대사회에서 스마트폰, 초소형 캠코더 등 다양하고 첨단화 된 새로운 기기들은 사실관계를 정확하게 녹음, 촬영할 수 있고 사건해결을 위한 결정적인 단서가 되는 중요한 증거들을 영상으로 촬영, 보존하고 생생하게 재생할 수 있다.

그러나 반면에 이러한 첨단 과학기기에 의한 증거 수집을 위한 음성기록이나 영상촬영물은 전문가의 전문적인 감식이 필요할 정도로 비전문인의 조작도 쉬워졌다.

또한 녹음이나 영상촬영 시 상대방의 동의나 피 녹화자의 승낙이 결여되어 있는 것만으로 그 영상물 자체의 증거능력을 무조건 부정하는 것은 옳지 않지만 위법수집 증거자료는 위법수집증거능력의 배제의 법칙에 따라 일반적으로는 인정되지는 않고 있다.

특히 오랫동안 문제시 되고 있는 도청문제가 이러한 문제를 잘 반영해주고 있다고 본다. 그러므로 증거물 채택과정에서 비록 개인에 의해 수집된 증거일지라도 수법에 위법이 없고 그 진정이 인정된다면 다른 여타의 증거물과 다를 바 없이 보아야 하겠다. 형사소송법에서는 가장 큰 목적이 실체적 진실의 발견이므로 날이 갈수록 범죄의 광역성, 교묘성, 흉악성, 복잡성, 첨단 기법성, 이웃 간의 단절 등으로 증거물 수집이 어려워져 실제 범죄수사의 난관에 봉착하였을 때 이러한 영상물이 확실한 증거자료로 효과를 발휘 할 수 있기 때문이다.

따라서 위법수집으로 문제화 되지 않는다면 증거능력의 인정은 타당하다고 할 수 있다. 비록 여러 가지 판례에서는 개인의 불법적인 증거취득도 범죄의 중대성에 비례하여 증거로 인정함에는 타당성의 여지가 있지만 증거 조작의 위험성에 따른 전문가의 감식기술이 발달하고 몰래카메라 등과 같은 불법감식장비에 대한 법률의 제정과 집행기관의 강력한 처벌이 전제된다면 녹음, 영상기록물의 증거능력은 기존의 증거물에서 가장 확실한 증거능력을 갖게 될 것이다.

탐정의 증거수집 업무 중 사진이나 동영상 등의 촬영 자료의 역할은 법정 및 각종 위법행위의 뚜렷한 증거 및 의뢰인에게 필요한 가장 적합한 보고서의 완성과 그 자료의 가치를 높이기 위한 증거이다. 따라서 탐정의 증거 수집을 위한 촬영기법은 사실 전문가의 수준을 갖추도록 노력해야 한다. 촬영 자료가 증거자료로서 그 가치를 인정받기 위해선 현장, 인물 또는 대상물건, 상황 등에 대한 묘사의 정밀여부에 의해 결정되기 때문이다. 전문가수준의 촬영기술들은 망원렌즈의 사용, 적외선플래시 또는 램프의 사용, 그리고 연속촬영카메라의 사용법뿐만 아니라 현재 시중에 판매되고 있는 초소형, 최첨단 촬영장비의 사용법 등도 숙달시켜야 할 것이다.

촬영장비는 여러 가지가 있는데 먼 거리에 있는 대상을 망원렌즈 및 줌(Zoom)을 이용한 촬영, 장시간 동안의 연속적인 촬영(Time Lapse cameras), 초소형 카메라를 이용하여 은폐된 곳에서 촬영을 해야 하는 경우 등 촬영의 상황이나 환경 및 목적에 적합한 기능을 가진 장비를 다룰 줄 알아야 한다.

과거에 비해 광학기술과 전자기술의 발달로 촬영장비가 소형화 · 고성능화 되어 있고, 위장형의 첨단장비도 많이 시중에 판매되고 있지만 탐정의 촬영장비는 기본적으로 다음과 같은 요건을 고려하여 선택하여야 한다.

- 사용자가 촬영장비의 조작법을 잘 알고 있을 것.
- 잘 고장이 나지 않으며 내구성이 있을 것.
- 어떠한 상황에서도 쉽게 사용할 수 있을 것.[110)]

2. 상황별 촬영 요령

1) 교통사고현장 촬영요령

교통사고가 났을 때 결정적 증거가 될 수 있는 것이 바로 사진 자료이다. CCTV나 운전자 증언만으로는 과실여부를 판단하기 어려운 경우가 있기 때문이다. 요즘은 스마트폰 사용자가 늘어나 사고가 난 즉시 사진으로 현장기록을 남겨놓을 수 있는데 현장사진은 차후 중요한

110) 손상철, 민간조사학개론, 백산출판사, 2005, p.222.

증거자료가 될 수 있으므로 꼼꼼하게 촬영하여 남겨두는 것이 좋다. 하지만 정작 사진을 찍을 때 상대방 차량번호만 찍거나 파손부위만 근접 촬영하는 경우 등 어떻게 촬영해야 할 지 모르거나 자료사진이 도움이 별로 되지 않는 경우도 있다. 따라서 본 장에서는 탐정은 물론 누구나 반드시 숙지해야할 교통사고 현장 사진 촬영법에 대하여 간략히 정리하였다.

(1) 사고현장 훼손 전 촬영

가능한 한 사고현장에 아무 변화가 없을 때 촬영해야 한다.

부상자. 차의 정지위치, 파손물과 흐트러진 상황, 차의 파손, 노면에 남겨진 파인 흔적이나 타이어 자국 등 시간이 지나면 없어지기 쉬운 흔적들을 우선적으로 촬영한다.

(2) 부분보다 사고현장을 먼저 촬영(원거리 촬영)

교통사고가 발생하면 사람들은 당황한다. 이때 휴대전화를 꺼내 들고 촬영하는 곳은 대부분 사고로 인해 파손된 부위다. 하지만 차량의 파손된 부위는 현장 상황을 제대로 설명해줄 수 없다. 따라서 파손된 부위를 찍기 전에 교통사고 장소와 상황을 설명할 수 있는 전체 사진이 필요하다.

- 사고 지점에서 20~30m 정도 떨어져 차와 차선이 함께 보이도록 원거리에서 촬영하는 것도 도로상황을 파악하는 중요한 역할을 한다. 도로의 상태와 신호 등의 주변상황을 통해 사고가 난 이유를 추측할 수 있기 때문이다.
- 특히 도로 위에 일방통행이나 합류도로 방향 등의 표시가 있으면 사고 장면과 함께 찍어둬야 한다. 혹시 교통신호가 아직 바뀌지 않았다면 반드시 카메라에 담도록 한다.
- 심야에 사고가 났다면 혹은 전방을 주시하는데 장애물이 있었다면 얼마나 어두웠고 장애물이 얼마나 시야를 가렸는지 확인시켜줄 수 있도록 사진을 남겨야 한다.
- 객관적으로 기록을 남기는 일이야말로 사고를 증명하고 제대로 보상받는 길이다. 간혹 교통사고로 인한 정체 때문에 뒤차가 경적을 울리기도 하지만 양해를 구하고서라도 현장사진을 담을 수 있는 시간을 놓쳐서는 안 될 일이다.

(3) 파손부위는 여러 각도에서 촬영(근접촬영)

- 사고로 인한 파손 부위가 있다면 근접촬영을 통해 자세하게 찍어 둔다. 차량이 파손된 부위나, 파손 정도는 사고차량의 속도 추정에 중요한 자료가 된다.

교통사고에서 얼마나 빠른 속도로 달려와 부딪혔는가는 매우 중요한 문제다. 만약 사고차가 과속(제한속도 20km초과)으로 달렸다면 현행 도로교통법상 11대 중과실에 속해 형사처벌의 대상이 되기 때문이다.

- 파손부위를 근접촬영 할 때는 파손 부위가 구체적으로 차량의 어느 부분인지 명확히 드러나야 한다.
- 차가 도로구조물과 충돌이 있었다면 사고로 인해 파손된 도로구조물도 촬영해 두어야 한다. 파손부위 정도로 속도를 추정하는 원리와 같고 도로구조물이 도로교통법상에 합당하도록 설치되었는지 아니면 사고를 유발할 수밖에 없는 구조물이었는지 향후 항변의 실마리로 삼을 수 있기 때문이다.
- 차의 손상 부분을 명백히 하려면 전후좌우에서 차 전체를 촬영하고, 가능하면 상하로부터 촬영도 한다.
- 부분적인 것과 세부적인 것이 같이 잘 나타나도록 적당한 거리와 각도에서 여러 장을 찍는다.
- 주변에 스키드마크나 기름 자국, 흙 자국 등 단서가 될 만한 차량진행 흔적이 남아있다면 함께 촬영한다.

(4) 기준점을 같이 촬영

- 기준점으로는 건조물의 모서리, 전봇대, 표지판 등 고정적인 물체가 적당하다. 즉 기준점은 사고 후의 현장조사에서 한 번 더 도로를 측정하거나 촬영한 위치를 재현할 수 있는 물체가 적당하다.

(5) 핸들과 자동차 앞바퀴 방향 촬영

- 교통사고 사진을 찍을 때 빼놓지 말아야 할 부분이 있는데 바로 자동차 앞바퀴다. 자동차 앞바퀴는 그 방향에 따라 피해자와 가해자를 가르는 중요한 단서가 된다. 끼어들기로 인해 접촉사고가 발생했다면 특히 중요한 단서는 모두 자동차 앞바퀴에 있다고 해도 과언이 아니다. 따라서 사고가 발생하면 자동차 바퀴 방향을 반드시 카메라에 담도록 한다. 간혹 이런 점들을 눈치 채고 앞바퀴를 서둘러 반대방향으로 돌리는 사고 가해 운전자도 있는데, 앞바퀴와 지면이 닿는 부위를 근접 촬영하면 바퀴를 돌리는 자국이 남아 확인할 수 있다. 지면에 남은 타이어 마크도 분명 중요한 단서가 된다. 바퀴와 함께 이 지면의

타이어 마크를 같이 찍는 것도 잊지 말아야 한다.

(6) 블랙박스 유무 촬영

• 요즘은 차량마다 블랙박스를 장착한 운전자가 늘어나면서 예전보다 사고 경위 파악에 많은 도움을 받고 있다. 하지만 간혹 사고 이후 조사과정에서 블랙박스가 없다고 발뺌하는 운전자들이 있는데 이를 방지하기 위해 사고 후 상대 차량의 블랙박스 유무를 확인한 뒤 사진으로 남겨두는 것이 좋다.[111]

물론 영상을 현장에서 확인할 수 있다면 좋겠지만, 현장의 여건을 비롯해 블랙박스 영상 소유자가 영상을 제공하는 데 합의해야만 가능하다.

교통사고는 한쪽의 일방적 과실에 의해서 발생하지 않는다. 그래서 교통사고가 발생하면 가해자와 피해자가 서로 과실비율을 조정하려는 다툼이 발생하기 마련이다. 만사 보험으로 처리하겠다는 사람이라면 상관없지만, 보험사는 상호 원만한 합의를 우선 하므로 사고 과실비율을 적극적으로 조정해주지 않는다. 따라서 사고 상황에 대해 적극적으로 의견을 내고 이를 증명할 수 있는 증거는 무엇보다 중요하다.

2) 범죄사건 현장 사진촬영

사진의 핵심은 시각적인 전달에 있다. 범죄현장 촬영 시 조사에 임한 자는 어떤 사건이 어디서, 어떻게 발생했는지 보는 이로 하여금 완전히 이해할 수 있도록 유용한 정보를 최대한 담으려고 노력하여야 한다. 일반적으로 촬영한 사진이 적은 것 보다는 많은 것이 좋지만 사신은 그 범죄가 발생한 일차적인 장소뿐만 아니라 범죄 후 수반 된 사건들이 발생한 인접 지역을 포함해야 한다. 필요한 사진의 수와 종류는 해당 사건의 유형, 심각성, 현장의 크기, 관련된 물적 증거의 양과 기타, 다른 요인들에 의해 결정된다.

예를 들면 사진의 물적증거가 필요하고 범죄현장이 넓은 범위에 걸쳐 있는 방화사건의 경우에는 광범위한 지역의 대량사진이 필요하지만 반면 노상 무장강도의 경우는 사건현장에 거의 흔적을 남기지 않으므로 범죄현장에 대한 대량의 사진은 비생산적이 될 수 있다. 단순 절도의 경우와는 달리 살인사건현장은 많은 수의 사진을 필요로 한다. 대부분의 경우 조사관은 물적 증거들이 수집되고 현장에서 옮겨지기 전 원상태의 범죄현장을 촬영할 수 있는 기회

111) http://blog.hyundai-mnsoft.com/601.

를 단 한번밖에 가지지 못한다. 살인사건현장에서 어떤 물체는 그리 중요하지 않게 보일지 몰라도 차후 조사가 진행되는 과정에서 조사관은 그 물체가 실제로 살인도구라는 정보를 찾아 낼 수도 있기 때문에 범죄현장에서 외관과 물체 및 위치사진은 매우 큰 중요성을 가지고 있다.

(1) 범죄사건 현장 사진촬영의 목적

현장사진은 사건이나 범행직후의 사물의 상태를 정확히 촬영하여 둠으로써 사건 발생의 동기 및 경위 등을 명백히 하여 수사자료 또는 증거자료로 제공하기 위한 목적을 위해 이용되지만 세부적으로 서술하면 다음과 같다.

① 영구적인 기록 보존을 위해(To provide a permanent record)

범죄현장 사진은 증거물들이 옮겨지거나 어지렵혀지기 전에 범죄발생 직후 현장이 어떤 모습을 하고 있었는지에 대한 영구적인 기록을 남긴다.

보고서, 범죄현장 스케치와 함께 사진은 조사의 공식적인 기록의 한 부분을 이룬다. 범죄현장 사진은 조사, 기소, 그리고 법정에서 이루어지는 사건에 대한 진술 전체에 이용될 뿐만 아니라 항소가 제기 된 경우, 사진은 범죄를 재구성에도 매우 유용하므로 사진들은 사건재판 종결 후에도 오랜 기간 동안 파일에 기록, 보존되어야 한다.

② 범죄를 이해하기 위해(To understand the crime, affair)

범죄현장에 대한 구두진술은 항상 사진에 의한 설명보다 불명확하기 때문에 사건을 조사, 기소하는데 있어 많은 관련자들은 이에 대해 자세히 알 필요가 있다.

검사, 변호사, 경찰, PI(Private Investigator), 실험실 연구원, 피해자 가족 등 관련자들은 시간과 인력이 한정되어 있기 때문에 범죄현장을 직접 볼 수 있는 기회가 제한되어 있다. 따라서 사건현장의 촬영사진들은 범죄의 직접적인 이해와 범죄현장에 직접 가지 않고도 범죄를 이해할 수 있는데 도움을 주는 역할을 하고 있다.

③ 수사목적을 위해(For investigative purpose)

- 범죄현장을 촬영할 때 조사자는 정확한 사실 확인, 정보수집이나 기소를 뒷받침하기 위해 증명해야 할 사안들에 그 방향을 맞출 것이다. 범죄에 따라 범죄현장의 어떤 요소는

특별한 관심을 받는다. 예를 들면 절도사건에서 침입이나 진입장소의 사진, 방화사건의 발화 장소, 살인사건에서 살해수법과 원인이 이에 해당되는데 이에 대한 정확한 설명과 사진촬영은 어떠한 범죄가 발생하였는가에 대한 사실을 확립하는데 큰 도움이 된다.

- 증인과 용의자의 진술 확인
  사건에 대한 증인과 용의자들의 진술은 범죄현잔 사진에서 보이는 물체, 가구, 문 그리고 창문의 배열과 상태에 부합하는가에 따라 검증될 수 있다. 또한 심문 과정에서 용의자가 범죄현장 사진과 범죄가 어떻게 일어났는가에 대한 설명과 마주했을 때는 자백할 가능성이 높기 때문이다.
- 조사관의 기억을 새롭게 하기 위해
  사진은 조사관의 기억 속에서 범죄를 재구성하는 것을 용이하게 해 준다. 이러한 과정을 반복하는 것은 조사관으로 하여금 이 범죄를 다른 유사한 사안과 연관지울 수 있게 하거나 조사관으로 하여금 다른 수사방향을 찾을 수 있도록 해 준다.
- 물적 증거에 대한 불필요한 접촉 차단
  증인을 인터뷰할 때 그에게 살인무기와 같은 특정 물체를 인식했는지에 대한 질문은 반드시 필요하다. 이 과정에서 특정물체 대신 사진을 이용함으로써 물적증거에 대한 불필요한 접촉이나 변질의 위험에서 벗어날 수 있으며 증거를 안전하게 보존할 수 있는 효과가 있다.

④ 법정 제시를 위해(For court presentation)

범죄현장 사진은 현장에 대한 객관적인 설명을 통해 판사와 배심원등의 사건 관련자들이 증거를 이해하고, 피고인의 행동을 검토하는데 있어 가장 중요한 수단이다. 사진의 목적은 보통의 목격자들이 볼 수 있는 것처럼 범죄 장면을 재구성하는 것에 또한 있기도 하므로 사진이 법정에서 증거로서 인정될 수 있기 위해서는 그 사진들이 주된 준제에 대해 충실히 설명하고 있는가를 증명해야만 한다. 사진은 그 어떤 중요한 부분에서도 보는 이를 오도(誤導)해서는 안 된다. 물체의 크기와 길이는 눈으로 보기에 보통이어야 하고 중요한 대상물에 초점이 맞추어져 있어야 한다.

(2) 촬영사진의 증거요건(Evidence rules relating to photographs)

범죄사건 현장을 촬영한 사진이 법정에서 증거로 인정받기 위해서는 몇 가지 사항을 지켜야 한다.

① 촬영대상은 구체적이고 해당 문제에 관련된 것

사진에서 설명하고자 하는 설명대상은 구체적이고 해당 문제에 관련된 것이어야 한다. 즉 물적 증거는 사건에서 문제되는 점과 관련되어 있고 중요하다는 사실 모두를 입증하는 것이어야 한다.

② 사진은 선입견이나 동정심을 갖게 해서는 안 된다.

심한 상처나 끔직한 장면과 같은 사진은 배심원의 마음에 공포, 분노, 그리고 분개의 감정들을 자아내게 할 수 있다. 사진의 목적이 사건에 있어 타당한 사실들을 증명하는데 있고 피고인에 대해 배심원들에게 편견을 갖게 하는 것이 아니어야 판사에게 증거로서 인정받을 수 있을 것이다.

③ 사진은 왜곡되어서는 안 된다.

사진이 설명하는 장면이나 대상을 절대로 잘못 나타내서는 안 되는데 왜곡의 유형은 다음과 같다.

a. 관찰지점의 오류(Incorrect point of view)

렌즈의 초점이 특정방향을 선택케 함으로써 사진 촬영 시 필수적인 대상을 흐릿하게 하고 대신 다른 물체를 강조할 수 있다.

b. 부적절한 원근(Improper perspective)

카메라를 위아래로 기울임으로써 대상의 크기와 길이를 왜곡할 수 있다. 사진들은 대상의 크기나 길이가 보통의 관찰자에게 보통으로 보일 때 적절한 원근을 갖는 것이다. 이는 카메라 렌즈의 초점을 눈의 높이에 맞춰 반대편 벽과 90도의 각을 이룸으로써 이룰 수 있다.

c. 거짓 명암(Deceptive tones)

모호한 명암은 현상과정에서의 조작이나 필름의 노출 또는 필름이나 인화지의 부적절한 선택에서 발생하는데 이것은 현장사진에서 나타내고자하는 상황을 제대로 설명하지 못하는 경우가 많다.

(3) 범죄사건 현장의 사진촬영요령

카메라의 사진 촬영이 일반적이면서 정확한 정보를 잘 전달하기 위해서는 신중하게 배치되어야 한다. 카메라의 세로축과 가로축으로 이루어져 있는 잘못된 사진 각도의 선택은 종종 왜곡되고 잘못된 현장의 모습을 나타내게 된다. 카메라의 높이는 보통의 눈높이에 맞추는데 이는 증인이 어떤 위치에서 무엇을 보았는지를 보여주는 것이 사진의 목적임을 고려할 때 특히 중요하므로 카메라의 위치를 기록해야 하고 범죄현장 스케치에 그려야 한다.

범죄현장을 촬영하는데 있어 조사관은 어떻게 범죄가 발생하였는지에 대해 보는 사람이 이해할 수 있고, 유용한 정보를 최대한 제공할 수 있는 연속촬영이 필요하다. 따라서 현장의 사진촬영 담당자는 다양한 대상들이 사건과 서로 어떤 관계를 가지고 있는지 보일 수 있도록 하여야 하며 물건들의 위치는 인식 가능한 배경들에 대한 언급과 함께 명확하게 보여야 한다. 사진을 촬영할 당시 조사관은 각각의 증거품들이 가지는 중요성에 대해서는 알 수 없기 때문에 완벽하게 전체를 나타낼 수 있도록 여러 장의 사진을 찍어야 한다.

① 범죄현장사진은 흑백 또는 천연색으로 촬영

전통적으로 범죄현장의 사진 촬영은 흑백필름을 사용하였지만 현대에는 컬러필름이 더 자주 쓰인다. 컬러사진은 사실과 더 가까운 범죄현장의 장면을 보여준다는 장점을 가지고 있는데, 증인에게 범죄현장 사진에서 옷가지나 다른 대상을 구별해 줄 것을 요청할 때 컬러사진에서 그 물건의 식별을 더 잘 할 수 있을 것이다.

또한 컬러사진은 육체의 상처, 특히 시간경과에 따라 색이 변하는 타박상을 촬영하는 데는 최적이다. 그러나 경우에 따라서는 희생자의 상처에 애한 컬러사진의 사용은 피고에 대한 감정을 격앙시키고 편견을 갖게 할 수 있기 때문에 배심원제도가 있는 영미법계에서는 법원에 의하여 거절되기도 한다. 따라서 이상적인 범죄현장 사진촬영은 흑백과 컬러필름 모두를 이용하여 촬영하여야 한다.

② 반드시 천연색으로 촬영하여야 하는 대상물

- 혈흔이 부착되어 있는 사람, 물건, 장소
- 해부사체의 장기손상 및 일혈점, 혈액의 변색 등
- 사체의 시반, 삭구
- 중요하다고 인정되는 피해물품, 유류품

• 색칠이 떨어진 조각의 색채 및 색층 기타 입증 상 필요하다고 인정되는 "녹"의 발생 상황

③ 현장 사진의 작성은 임장시의 현장상태를 그대로 나타내도록 촬영하고 다음에 현장감식의 진행에 따라 세부에 이르기까지 촬영한다.

④ 증거물 등을 촬영함에 있어서는 그 소재와 상태가 명백히 나타나도록 촬영하여야 하며 필요에 따라서는 참여인 또는 그가 서명한 지편을 넣어 촬영한다.

⑤ 흉기, 창상, 흔적 등은 그 길이, 폭 등을 명백히 하기 위하여 측정용 방안지 또는 줄자 등을 사용하여 촬영한다.

⑥ 임장 사건의 사진기록 작성에 있어서는 그 기록의 내용을 충실하게 하기 위하여 현장도면사진, 현장사진, 감정사진 등으로 구분 작성한다.

⑦ 사진기록을 작성할 때에는 촬영위치, 방향, 각도 등을 명시하여 현장상황을 명확히 한다.

• 종합적인 사진(Overall photographs)

전체적인 시야(View)를 가지고 촬영하여야 한다. 카메라는 이러한 사진을 찍을 때까지 오른쪽으로 돌면서 적어도 네 번이상은 촬영해야 한다.

• 사망자 사진(Photographs of deceased)

시체의 중요한 부분을 보여주기 위하여 여러 시야를 모으는 것이 필요하다. 예를 들면 주변 가구들과 사체와의 관계는 죽음과 직접적으로 관련된 동작에 대해 암시할 수도 있기 때문이다.

• 증거물품 사진(Photographs of articles of evidence)

현장을 검증할 때 다양한 대상들이 살인과 직접적인 관련을 가진 것으로 밝혀 질 것이다. 무기, 혈흔, 머리카락, 섬유조직, 종이 그리고 비슷한 품목들은 그것들이 옮겨지기 전에 촬영해야 한다. 길이 6인치 이하의 중요 물체는 두 장의 사진이 필요한데, 첫 번째 사진은 물체에 대해 자세하고 큰 이미지를 얻기 위해 근거리에서 찍어야 하며 두 번째 사진은 배경을 담을 수 있고 원근 안에서 대상을 보여주기 위해 물체에서 6피트 정도 떨어져 찍어야 한다.

• 시계(視界)안의 표시(Markings in the field of view)

표시(Markers)는 시계(視界)안에 배치하여 사진이 현장을 나타내는데 도움을 주는 장치이다. 법정에서 증거물표시는 증거에 주의를 집중시키고 재판에 관계된 배심원들에게는 그 증거의 중요성과 증거와 범죄와의 관계를 이해하는데 도움을 준다. 표시를 세우는 것은 한편으로는 조사관이 증거를 조작할 수 있는 여지를 주는 것이기 때문에 대부분의 법정에서는 표시를 사용하는 경우 두 가지의 사진촬영을 요구하고 있다.

첫째는 본래 상태 그대로 범죄현장을 기록하는 것이고, 둘째는 표시를 포함하는 것이다. 표시는 증거를 잘못 설명하거나 증거의 중요한 부분을 속여서는 안 된다. 널리 쓰이는 표시에는 다음의 표와 같다.

〈자료 10-1〉 표시(Marker) 유형

자 (Rulers)	• 자, 야드 자(Yardstick) 또는 줄자를 사진에 포함시킴으로써 대상의 크기와 다른 대상과의 거리를 효과적으로 전달. • 작은 자를 배치하는 것은 범죄나 사건현장 촬영사진 연구자들로 하여금 필요한 확대 정도를 결정짓는데 도움.
위치표지 (Location markers)	• 흰색 화살표나 숫자표시는 증거의 중요한 부분에 주의를 집중시키기 위해서 사진에 배치. • 이는 증거의 크기가 작거나 간과되기 쉬운 경우에 많은 도움이 된다. 대신, 표지에 붙이는 투명필름지는 사진 위에 덧붙일 수 있다.
구별자료 (Identifying data)	• 시야에 배치한 표시는 사진을 분류하는데 사용 • 사진촬영자의 이름, 범죄현장 위치, 자료시간까지 포함. • 자료에는 조사 중인 피의자의 유형이나 범죄에 대한 어떠한 견해도 담고 있어서는 안 된다. 사건 관련 배심원들로 하여금 편견을 갖게 한다는 이유로 법정이 사진의 이용을 거절하는 경우를 피하기 위해서이다.

⑧ 특수기술(Special techniques)

광각렌즈는 실내범죄현장에서 보통의 일반렌즈로 얻는 것보다 더 많은 정보를 얻기 위해서 사용한다. 채취한 지문이나 도구사용 흔적들과 같은 증거는 특수한 기술을 사용하여 촬영한다. 물론 지문은 지문촬영 전용카메라로 촬영해야 한다. 즉 실물보다 큰 이미지의 사용인 확대사진은 카메라의 주름상자가 허용하는 한 도구사용 흔적 촬영에 사용된다.

⑨ 주변부 촬영(Photographing the environs)

범죄현장을 단순히 피해자의 시신이나 범죄의 일차적 대상을 둘러싸고 있는 제한된 지역으로 한정해서는 안 된다. 예를 들면, 살인사건이 집안에서 발생하였을 때 조사관은 시신이 발견 된 방만을 전체 범죄현장으로 생각해서는 안 된다는 것이다.

접근, 추적, 도주 또는 몸싸움에 이용된 모든 인접장소들을 범죄현장으로 여겨 적절한 주의를 기울일 필요가 있다. 범죄성질은 범죄의 발생을 이해하는데 있어 어느 범위의 주변부까지 촬영해야 하는지를 결정해 주는데 현장 조사관은 현장사진 촬영 시 다음과 같은 중요하고도 적합한 대상들을 촬영하여야 한다.

〈자료 10-2〉 범죄사건 주변부 촬영 대상

• 방의 배치 • 깨진 유리 • 핏자국 • 집과 길과의 관계 • 가로등의 위치 기타 • 총탄자국	• 통로 • 창문의 위치 • 부서진 가구 • 희생자와 가해자의 흩어진 • 옷가지 • 바닥이나 천장 또는 벽의

⑩ 운반이후의 사체 촬영(Photographing the body after removal)

사체에 대한 추가적 사진은 사체가 범죄현장에서 옮겨지고 피복이 제거된 후 촬영한 사진을 말한다.

a. 신원확인(Identification)

만약 사망자의 신원이 불확실하다면 얼굴이나 구별 가능한 흉터 또는 장애와 같은 부분의 사진이 매우 중요하다. 얼굴은 앞에서부터 양 옆까지 모두 촬영해야 하며 촬영지점은 보통의 증명사진과 같아야 한다.

b. 상처(Wounds)

피해자에 의해 생긴 상처의 특성은 사건을 기소하는데 매우 중요하다. 중요한 상처는 정확한 크기, 모양 그리고 외형을 정확히 전달하기 위해서 흑백과 컬러필름 모두를 사용하여야 한다. 이러한 사진들은 부검보고서에 첨부될 수 있다.

⑪ 사진 데이터(Photographic data)

다음의 사항은 법정의 요청이 있는 경우에 대비하여 완벽하게 기록하여야 한다.

a. 범죄사진을 확인할 수 있는 자료

b. 사진사를 확인할 수 있는 자료

c. 각 장면에서 카메라의 위치를 확인할 수 있는 자료

d. 촬영시간에 대한 자료

e. 촬영 시 날짜와 빛의 정도를 반영하는 자료

f. 카메라, 필름, 기타 촬영에 사용 된 특수 장비의 세부사항에 대한 자료

g. 렌즈의 초점거리

h. 인화, 출력, 특수한 실험기술에 대한 자료(실험기술에 대한 자료는 실험실 연구자들에 의해 준비되지만 사건조사를 담당하는 조사관은 법정에 자료를 제출하고 실험실 기술자나 연구자들의 발표에 대해 정리할 수 있는 위치에 있어야 한다)

i. 사용한 필름의 보관에 대한 자료[112]

3) 탐정의 감시 촬영기법

(1) 감시촬영 시 일반적 요령

탐정이 조사대상자를 촬영해야 하는 경우는 미행·잠복감시 및 주·야간 등 다양한 상황에서 발생할 수 있기 때문에 항상 촬영준비를 완벽하게 갖추어 두어야 신뢰성과 증거가치가 높은 사진을 촬영할 수 있다.

- 사진 촬영 시 다양한 방향과 앵글에서 촬영하면 더 포괄적이고 신뢰성 높은 증거기록을 제공해 준다.
- 탐정은 피사체를 미행하거나 움직이는 상황에서 신속히 찍어야 하므로 주변이나 당사자에게 발각되지 않도록 조심해야 한다.
- 보행 중 촬영할 경우는 포커스(Focus)가 잘 맞아야 하며, 흔들림이 없어야 한다.
- 손 떨림이나 이동 중의 흔들림을 방지하기 위하여 카메라를 잘 잡고 팔꿈치를 가슴에 대고 안정적인 보폭을 유지해야 한다.
- 외부에 설치 된 전광게시판, 시계탑, 거리의 위치를 알 수 있는 건물 등을 배경으로 촬영함으로서 의뢰인이나 제3자에게 신뢰를 높이고 확실한 증거의 능력을 갖추도록 한다.
- 조사대상자를 촬영하는 모든 동작들이 노출되지 않도록 자연스러운 상태에서의 촬영기술이 필요하므로 많은 훈련을 통하여 숙달시켜야 한다.
- 파인더를 보지 않고 촬영해야 하는 경우에는 실패를 고려하여 한 장면을 최소한 2장 이상 촬영하도록 한다.

112) 김종옥 역, 「미연방수사국(FBI) 범죄수사원칙」, 도서출판 태봉, 2006, pp.86~95.

- 촬영을 할 경우에는 고장 등의 상황에 대비하여 반드시 예비 장비를 준비해야 한다.
- 야간 촬영 시는 플래시나 소리의 사용에 주의하고, 야간 촬영 시는 어두운 곳에서도 촬영이 가능한 장비를 갖추는 것이 좋다.[113]

(2) 증거확보 촬영 필수 사항

미행 중에는 걸으면서 가는 곳 마다 촬영할 수밖에 없다.

매복하여 기다리면서 찍거나, 먼저 돌아가서 상대의 정면을 찍기도 하고, 서로 엇갈리면서 스치듯 지나가는 모습으로 찍는 등 여러 가지 상황이 있을 수 있다.

상대에게 접근하여 뒷모습을 찍을 때에는 먼저 어떤 정해진 배경이 들어오도록 해야 하기 때문에 미행 시의 사진 촬영은 탐정에게는 여러모로 매우 복잡하고 바쁘다. 미행 중 촬영을 하는 경우에도 도시나 그 지역의 거리의 모습을 바로 알 수 있도록 반드시 배경을 넣어서 사진을 찍는 것이 매우 중요하다.

인물의 묘사는 물론, 역이나 광장에 있는 시계 등이 사진 속의 배경에 들어가도록 하는 것이 좋다. 배경이나 시간, 건물의 명칭 등을 동시에 찍는 것은 증거사진을 찍어야 하는 탐정에게는 탐정기법의 기본이라 할 수 있다.

113) 손상철, 전게서, p.222~223.

〈자료 10-3〉 조사대상자 촬영 요령

- 증거사진을 찍는 탐정에겐 사진 찍는 기술은 필수.
- 사진 속에는 인물뿐만 아니라 거리를 쉽게 알 수 있도록 건물을 배경으로 넣는다.
- 역 광장의 시계 등을 함께 찍음으로서 조사 일시의 신빙성을 높이고, 확실한 증거를 위한 포인트가 된다.

머리를 긁는 척 하면서 사진을 찍거나 팔짱을 끼면서 찍는 등 보통의 동작 중 촬영이 이루어지도록 한다. 피사체의 범위·초점을 맞추기 위한 카메라의 파인더(finder)를 들여다보면서 찍을 수는 없기 때문에 정말 숙련되지 않으면 어려운 기술이다. 관광지나 축제 등의 미행에서는 대상자에게 카메라를 향하는 일도 있는데 이때는 혼잡한 틈을 타서 자연스런 행동으로 찍는 것이 좋다. 특히 불륜조사의 경우, 관광지에서 자연스럽게 찍힌 사진들이 증거가 되는 경우가 많다. 이 때 탐정은 변호사나 배우자로부터 업무를 위임 받았다 하더라도 항상 불법, 위법의 경위를 잘 살펴 실행해야 할 것이다.

카메라의 파인더를 보지 않고 자연스런 행동을 취하면서 사진을 찍기 위해선 탐정은 야구에서 배트 등을 실제로 치는 듯이 휘두르는 연습처럼 위장행동을 하면서 셔터를 누르는 동작의 반복 훈련을 해야 한다.

찍어야 할 대상자 즉, 피사체를 야구공으로 정해 놓고 공이 오는 방향에 정확하게 렌즈를 향하도록 반복하여 같은 포즈를 취해 연습하는 것이다. 야구 배트로 공을 맞히는 감각을 몸에 익히는 것과 같은 요령으로 하는 것이다.

〈자료 10-4〉 조사대상자 촬영 요령

- 팔짱을 끼면서 촬영하는 경우는 앞쪽보다는 뒤쪽 손에 카메라를 잡도록 한다.
- 탐정은 파인더를 보지 않고도 확실하게 촬영할 수 있도록 많은 훈련이 필요하다.
- 손바닥 안에 카메라를 숨기듯이 잡는다.

3. 위장형 촬영장비

1) 위장형 촬영 카메라에 대한 사회적 인식

2015년 8월, 휴대폰 케이스형 몰래카메라를 이용한 '워터파크 몰카 사건'과 화재경보기형 몰카를 이용한 절도 사건이[114] 세간을 놀라게 한 이후 인터넷에서 손쉽게 구할 수 있는 초소형 몰래카메라 범죄 악용 우려는 갈수록 커지고 있다. 몰래카메라로 촬영한 동영상 유포사건과 디지털 성범죄에 대한 사람들의 우려가 대부분 초소형 카메라(몰래카메라)를 이용해 화장실, 탈의실, 모텔 등에서 비밀리에 촬영하는 사건이 증가하고 유사범죄가 급증하면서 몰카가

114) 2명의 범인이 범행 2~3일 전 목표로 삼은 아파트를 방문해 화재경보기형 몰카 6대를 각 출입문 간격에 따라 복도 천장에 설치한 이후 이를 회수해 녹화된 영상을 토대로 출입문 비밀번호와 출근 시간 등을 확인한 뒤, 맞벌이로 낮 시간대 아무도 없는 집에 침입해 현금과 귀금속을 훔쳤다. 충청타임즈, 2015.09,08, http://www.cctimes.kr/news/articleViewAmp.html?idxno=420804.

성범죄의 도구나 사생활 침해와 공공의 안전을 위협하는 수단으로 악용되고 있다.

또한 일각에서는 이런 종류의 몰카보다 더 우려되는 것이 '휴대폰 무음촬영 애플리케이션'이라고 지적하고 있다.

2004년 정부는 '카메라폰 오남용 규제방안'을 만들어 스틸 촬영 시 "딸각", 동영상 촬영 시 "띵"하는 알람을 장착하도록 의무화했다.

그러나 앱 마켓에 들어가면 이 같은 알람을 무력화하는 앱 수십 가지를 얼마든지 무료로 다운받을 수 있다. 심지어 어떤 앱은 촬영하면서 핸드폰 화면에는 전혀 피사체의 모습을 보여주지 않는다. 이 때문에 도촬을 당하고 있다는 사실을 당사자는 물론 주변 사람도 절대로 알 수 없다.

2013년 한국정보통신기술협회가 무음 카메라 앱에도 촬영음이 들어가도록 했지만 권고사항일 뿐이다. 게다가 외국산 무음 촬영 앱은 규제할 방법 자체가 없다.

사실 몰래카메라는 엄연한 '웨어러블 카메라'라는 명칭이 있고 IT기기로 분류되지만 부정적이고 불법적인 사용으로 불법과 합법 사이 어딘가 아슬아슬한 지점에서 은밀히 쓰이는 탓에 부정적 인상이 앞선다. 그러나 몰카로 불리는 위장형 카메라들이 처음부터 나쁜 일에 쓰라고 만들어진 건 아니라 합법적인 시장이 형성돼 있고, 경찰의 공공의 안전과 치안을 위한 합법적인 필요에 의해서 찾는 수요자가 있다.

위장형 카메라 업계의 주요 고객 중에는 고시 · 입시 학원가 학생들이 있다. 이들은 강의 중 칠판에 쓴 내용까지 빠짐없이 녹화를 해야 하지만 드러내놓고 찍을 수 없어서 위장형 카메라인 몰카를 학습용으로 쓴다.

의류업체 직원들도 '시장조사용'으로 위장형 카메라를 활용한다. 경쟁사 매장을 돌며 신제품을 파악할 때 쓰기 위해서다. 두 손이 자유로우면서 눈으로 보는 걸 그대로 담을 수 있는 안경형 몰카를 주로 사용한다.

사업하는 이들에겐 거래 상대방의 '발뺌방지용' 대비책이 된다. 말로만 약속하는 구두계약 때 중요한 역할을 한다. 상대가 말을 바꾸는 상황에 대비해 거래 장면을 찍어두는 것이다.

이와 같이 몰래카메라는 탐정의 증거 수집뿐만 아니라 일반인들의 다양한 상황 속에서 '현장포착용'으로 사용되고 있다.

특히 공익제보자들에겐 우리사회의 다양한 규정 위반 증거를 확보할 때 필수품이다. 학원 · 식당 · 상점 등의 불법영업부터 건강기능식품 무허가 판매, 재료의 원산지 미 표시, 일회용 비닐봉투 무상제공까지 그 제보영역은 매우 광범위하다.

어린이집이나 유치원에 보내놓은 아이가 교사에게 폭행당하진 않는지 '자녀보호용' 감시 장비로 쓰인다. 건물 내부 CCTV 카메라는 위치가 드러나 마음만 먹으면 피할 수 있기 때문에 이러한 허점을 메우려고 자재 창고나 사무실에 고정형 몰카를 설치하는 경우가 있다.

한 건설자재 제조업자는 물건이 자꾸 없어지는데 CCTV에는 포착이 안 돼 중국 현지 공장 곳곳에 벽시계형 와이파이(무선인터넷) 몰카를 설치하여 범인을 잡은 사례도 있다.

즉 범인들이 CCTV 앞에선 정체를 숨기지만 CCTV가 없는 곳에서는 방심하기 때문에 CCTV가 범행을 막는다면 몰카는 범인과 증거를 잡는다고 할 수 있다.

〈자료 10-5〉 몰래카메라 긍정적 용도

* 출처 : 국민일보, 2015.10.01, http://news.kmib.co.kr/article/view.asp?arcid=0923262193&code=11131100&cp=zu

경찰이 몰카를 사용하는 것도 이런 장점 때문이다. 경찰은 2013년부터 불법게임장과 성매매업소 단속 때 옷에 붙이는 '보디캠'이나 적외선 촬영기능 등이 개선된 '단추형 카메라'를 증거확보용으로 사용하고 있으며 정보기관과 군부대도 몰카를 사용한다.

군에서는 감시카메라가 닿지 않는 지역에 무선 몰카를 설치해 통신망으로 영상을 관찰한다고 한다. 이렇게 몰카는 민간과 공공 영역에서 감시와 정보 수집, 증거 확보, 분쟁 예방, 불법 적발, 범인 검거 등에 널리 쓰이고 있다.

다만 몰래 사용하는 기기인 만큼 그 사실이 드러났을 땐 의심이나 비난을 피하기 어렵다.[115]

2) 위장형 카메라 종류

인터넷 포털사이트에서 '초소형 카메라' '스파이캠' '미니카메라' 등을 검색하면 판매업체 리스트와 함께 몰카로 이용할 만한 제품이 적시된다.

종류도 갖가지여서 손목시계, 야구모자, 안경, 넥타이핀, 단추, 만년필, 자동차 스마트키, 키홀더, 핸드폰 보조 배터리, 탁상시계, TV 리모컨, 텀블러, 담뱃갑, 라이터, 액자, 전등, 전등 스위치 등 고성능 초소형 카메라를 탑재한 위장형 생활제품들이다.

화질은 SD급(720*480)부터 풀HD(1920*1080)급으로 다양하다. 불빛 없이도 가능한 적외선 촬영, 동작감지 등 기능도 최첨단이다. 가격은 형태, 화질, 기능 등에 따라 천차만별인데 보통 10만원~50만원 수준이다.

115) 국민일보, http://news.kmib.co.kr/article/view.asp?arcid=0923262193&code=11131100&cp=zu, (2015.10.01)

〈자료 10-6〉 위장형 캠코더 종류

* 자료: https://univ20.com/13786.

몰래카메라는 소지해도 눈에 거슬리지 않으면서 단추를 몇 번 누르는 것만으로 조작할 수 있는 단순한 제품이 실용적이다. 디지털 카메라와 달리 촬영상태를 확인할 수 있는 화면이 없고 작은 불빛이 변하는 것만 보고 녹음·녹화 여부를 파악해야 하기 때문에 기능이 많아 복잡하면 오히려 불편할 수도 있다.

제 11 장

인간심리와 행동표출의 이해

제11장 인간심리와 행동표출의 이해

탐정의 정보 수집의 성공은 주변인과 관계자로부터 얼마나 정확한 정보를 획득하느냐에 따라 결정된다.

특히 탐문조사를 할 때 탐정은 좋은 인상과 사교적인 대화술로 무장해야 하고, 주변인에게 신뢰를 심어주고 나쁜 의도로 조사를 하지 않는다는 것을 믿도록 해야 한다.116)

따라서 탐정은 그 누구보다 더 상대방과 대화 속에서 인간심리를 읽고 무의식적, 의식적인 행동표출에 대해서도 능숙하게 대처하고 특히 상대방에게 긍정적 심리를 심어주는 것도 중요하다.

어떻게 하면 상대에게 긍정적 심리를 심어줄까? 자신이 긍정적 심리를 불러일으킬 만한 행동들을 취하면 된다.

손바닥을 펴 보이며 말하면서 신뢰를 심어주고 시선은 편안함을 주도록 상대방의 눈과 입의 중간쯤으로 맞춘다. 또한 부정적 심리의 행동들을 취하지 않도록 주의한다. 춥더라도 팔짱을 끼지 않는 것이 그 예가 될 것이다.

사실 인간의 행동은 사고와 생각을 중심으로 나타난다. 인간의 심리는 다양한 행동결과를 낳고 때론 밖으로 표출될 때도 있으며 성격과도 같은 심리형태는 습관으로 형성되기도 한다. 그중엔 무의식적인 표출도 들어있는데, 이 무의식적 표출들은 의식적인 작용으로 전부 막아낼 수 없다.

몸짓이나 표정과 같은 일정한 형태로 표출되는 심리들은 선천적인 것으로 보이지만 인간심리엔 인과가 있다.

여기서는 탐정이 탐문조사 중 대면하게 될 상대방의 여러 가지 상황에 따른 의식적, 무의식적으로 표출되는 행동 중에서 주로 신체에 관련 된 행동표출에 대해서 알아보고자 한다. 그러나 이러한 하나의 단편적인 표출행동만으로 상대의 심리를 단정 지을 수는 없기 때문에

116) 탐정신문, 2020.11.15. http://www.idtt.co.kr/1066.

행동표출이 된 그 상황과 여러 가지 신체동작들을 종합하여 연속선상에서 파악해야 한다는 것을 반드시 명심해야 할 것이다.

1. 얼굴표정과 마음

사람의 첫인상을 결정하는 것으로는 얼굴, 목소리, 말의 내용 순이다. 인간은 얼굴 중 눈을 통해 얻는 정보에 따라 감정과 행동이 크게 영향을 받고, 입과 눈썹은 표정을 짓는데 가장 중요한 역할을 한다.

사람의 얼굴을 이마와 눈썹, 눈과 눈꺼풀, 코와 뺨과 입의 세부분으로 나누어 어떤 감정이 어느 부분에 주로 나타나는지를 조사한 결과에 따르면 공포와 슬픔은 눈과 눈꺼풀을 보고 알아맞힐 수 있는 확률이 67%였고, 행복은 뺨과 입 부분을 보고 알 수 있는 확률이 98%나 되었는데, 여기에 눈과 눈꺼풀까지 더하면 확률은 99%에 이르고 있다.

공포를 알아맞힐 확률은 이마와 눈썹부분으로 79%, 눈과 눈꺼풀에서 63%, 뺨과 입에서 52%였다. 분노는 얼굴의 어느 한부분만 보고 알아맞힐 확률이 30% 밖에 되지 않았기 때문에 분노는 얼굴전체를 보지 않으면 판단하기 어렵다는 사실을 알 수 있다.117)

1) 눈과 마음

'눈은 마음의 창'이라는 말이 있을 정도로 우리 마음은 눈에 가장 잘 나타나기 때문에 상대의 눈을 살펴보면 상대의 마음을 읽을 수 있다. 좋아하는 사람을 볼 때는 눈동자가 커지지만, 싫어하는 사람을 볼 때는 작아진다.

시선 또한 인간관계에서 매우 중요한 의미를 갖는다. 사람은 누구나 호감을 갖고 있는 사람에게는 의식적이든, 무의식적이든 자꾸 쳐다보게 된다. 반대로 적의를 갖고 공격할 때도 상대를 자주 쳐다보지만 이때는 시선을 마주 친다는 것 보다는 굳은 표정으로 상대를 응시하거나 노려보게 된다. 따라서 일반적으로 시선을 마주치는 횟수가 많다면 상대는 호의를 갖고 있다는 뜻이고 횟수가 적다면 부정적인 감정을 갖고 있다. 또한 응시하거나 노려본다면 적대적 부정적 감정을 가지고 있는 것이다.

117) 최광선, 몸짓을 읽으면 사람이 재미있다, 일빛, 1999, pp.13~16.

2) 느낌의 표정

심리학자 에크만(P. Ekman)은 얼굴 표정을 만드는 안면표정근의 변화에 주목하여 특정감정에 따라 변하는 표정근을 조사하였다. 이 조사를 통해 에크만은 사람은 감정에 따라 짓는 표정은 문화의 차이에 상관없이 일치한다는 사실을 발견했다.

(1) 놀랄 때의 표정

- 눈썹이 구부러지면서 높이 올라간다.
- 눈썹 밑의 피부가 당겨져 넓게 늘어난다.
- 이마전체에 주름이 생긴다.
- 눈꺼풀이 펴지면서 위 눈꺼풀은 위로 올라가고 아래 눈꺼풀은 아래로 내려간다.
- 턱이 아래로 내려가면서 입이 벌어진다.

(2) 공포를 느낄 때의 표정

- 눈썹이 올라간다. 눈썹이 가운데로 몰려서 일직선이 된다.
- 이마 가운데 주름이 생긴다.
- 위 눈꺼풀이 올라가서 안구 위에 흰자가 보인다.
- 입이 벌어진다. 입술은 긴장되어 뒤나 옆으로 당겨진다.

(3) 혐오감을 느낄 때의 표정

- 윗입술이 올라간다.
- 아랫입술은 올라가 윗입술을 밀어 올리게 되고 반대로 아랫입술은 내려와 조금 튀어나오기도 한다.
- 코에 주름이 잡힌다.
- 얼굴의 볼이 볼록해진다.
- 아래눈꺼풀 밑에 작은 주름이 잡힌다. 눈꺼풀이 위로 밀려 올라가나 긴장되지는 않는다.
- 눈썹이 눈꺼풀 밑으로 내려온다.
- 극단적으로 혐오를 느낄 때는 혀가 입에서 나오기도 한다.

(4) 화날 때의 표정

- 눈썹이 내려가서 한가운데로 몰린다.
- 눈썹이 갈고리 모양으로 구부러지고 눈썹과 눈썹 사이에 주름이 생긴다.
- 상하눈꺼풀이 긴장되며 때로는 위 눈꺼풀은 위로, 아래눈꺼풀은 아래로 내려가기도 한다.
- 노려보듯 눈이 굳어져서 튀어나올 것처럼 보인다.
- 입술은 한일(一)자로 양끝으로 당겨져 굳게 다물어진다. 고함지르는 모양으로 입을 벌리기도 하는데, 이때 입술은 뻣뻣하게 긴장된다.
- 콧구멍이 넓어진다.
- 입술이 굳게 다물어져 턱에 주름이 생긴다.

(5) 행복할 때의 표정

- 입술 끝이 당겨 올라가서 이른바 '스마일'모양이 된다.
- 입이 열려 이가 보일 때도 있다.
- 코에서 입으로 여덟 팔(八)자 모양의 주름이 생겨 입술 끝을 지나 아래로 내려 온다.
- 볼이 부푼다.
- 아래눈꺼풀 밑에 작은 주름이 생긴다.
- 눈 꼬리에 작은 주름이 생긴다.

(6) 슬플 때의 표정

- 양 눈썹 사이가 가깝게 당겨지고 위로 올라간다.
- 눈썹 밑 부분 내각(內角)이 커져 삼각형을 이룬다.
- 위 눈꺼풀 안쪽 부분이 올라간다.
- 입술 끝이 내려오고 입술은 떨린다.
- 눈을 내려 뜬다. 너무 슬프면 표정 근육을 움직일 힘조차 없어 무표정하고 생기 없는 표정이 된다.[118]

118) 최광선, 상게서, pp.28~32.

3) 대화 때의 시선과 심리

(1) 곁눈질로 보는 사람

힐끔거리면서 보는 사람과 사람을 똑바로 보지 않고 곁눈질로 보는 사람은 경계해야 할 인물이다. 이런 사람은 부정한 마음을 품고 있으며 음탕하고 윗사람이나 아랫사람과도 화목하지 못할 인상이다. 이런 사람은 우선 정서적으로 안정되지 않은 사람이다. 종전에 그렇지 않던 사람이 갑자기 이런 태도를 보일 때는 무언가에 쫒기거나 현재의 상황이 잘 풀리고 있지 않다는 징조이다.

(2) 눈을 자주 깜박이면서 불안해 하는 사람

마음속에 무엇인가를 감추고 있거나 열등의식으로 꽉 차있는 사람이다.

이런 사람은 자신에 대한 극기심은 강한 반면에 상대방을 움직일 수 있는 처세와 힘은 부족한 사람이다. 대화중에 눈을 지그시 감거나 아래를 자꾸만 내려다보는 사람은 지금 상대의 말을 끊고 자신의 의사를 전달하고 싶다는 뜻이니 재빨리 상대방에게 기회를 주어야 한다.

(3) 눈을 똑바로 뜨고 쳐다보는 사람

남의 시선과 마주치면 좋은 적수를 만났다는 듯이 목을 곧추 세우고 당당하게 쳐다보는 사람이 있는데 이런 사람은 대체로 고집이 세다. 어떤 때는 고집이 센 정도를 넘어서 아집을 부리기도 하고 상대를 무시하기도 하는데 겉으로 보기에는 자존심이 강한 것 같지만 내면적으로 깊이 들어가 보면 자존심이 아니라 열등의식으로 가득 차 있는 사람이다. 이런 유형의 사람에게는 우회적인 화법보다는 정면대결로 약점은 꺾고 들어가는 것이 좋다.[119]

2. 몸짓의 의미

감정은 얼굴 뿐만 아니라 몸 전체에도 나타난다. 따라서 상대방의 감정을 읽으려면 얼굴표정의 변화와 아울러 몸동작도 세심한 관찰을 기울여야 한다. 이와 같이 마음을 표현하는 몸

119) 김승길, 신세대 관상법, 한마음사, 1994, pp.156~158.

동작을 미국의 심리학자 매브러비언(A. Mehbrabian)은 '신체언어'라고 정의하면서 감정 상태를 표현하는 신체언어로 다음과 같은 유형을 들고 있다.

1) 감정과 몸 동작

- 분노 : 머리를 많이 움직이는 반면 손놀림은 적다. 상대방이 아주 천천히 가깝게 다가올 때도 화가 난 상태이다.
- 공포 : 두려움을 느끼는 상대에게는 슬금슬금 뒤로 물러나면서 힐끔힐끔 시선을 맞춘다. 일정한 거리를 두고 상대의 모습을 살피기도 한다.
- 적대감 : 싫어하는 사람이 화제에 올랐을 때는 양손을 모은다든지 몸의 어느 부분을 만지거나 문지르면서 자신의 몸에 관심을 갖는 동작이 많이 나타난다.
- 우울감 : 기분이 우울할 때는 머리를 적게 움직이고, 발을 많이 움직인다.
- 스트레스 : 스트레스를 느껴서 마음의 동요가 많을 때는 손짓, 발짓 등의 몸의 움직임이 많아진다.
- 슬픔 : 슬픔에 빠지면 반대편에서 아는 사람이 걸어와도 시선을 주지 않고 빠른 걸음으로 스쳐 지나간다.

2) 성격과 좌석 위치

연수여행이나 체육대회, 창립기념일 등의 기념사진처럼 사람들끼리 미리 자리를 정해 놓지 않고 자유롭게 모여 사진을 찍는 경우가 있다. 막상 설 자리를 정하고 나면, 지위에 따라 사람들의 위치가 구분이 되는데, 이사나 부장처럼 지위가 높은 사람은 앞줄에, 평사원은 뒷줄이나 주변에 자리잡게 되는 암묵적인 규칙이 존재하고 있다. 이런 경우 어디에 자리를 잡느냐에 따라 그 사람의 성격뿐 아니라 출세욕까지 예측하게 된다.

(1) 사진 찍는 자리에 따른 성격 파악

① 상사 바로 옆에 서는 사람

권력지향이 강하며, 그 상사와 특별한 관계라는 것을 과시하고 싶어 한다.

② 암묵적인 규칙을 깨고 앞줄에 서는 사람

출세욕이 강하고 외향적인 성격이며, 자기존재를 과시하기를 좋아한다.

③ 한쪽 구석에 숨듯이 서는 사람

내성적인 성격으로 인간관계에 별로 신경쓰지 않는다.

④ 맨 뒤에 서는 사람

양보심이 강하고 자기얼굴을 드러내기 싫어하는 사람이다.

⑤ 항상 서로 붙어 서는 사람

친밀한 사이로 상대에게 서로 호감을 갖고 있다.

(2) 카페나 레스토랑 등에서 좌석에 의한 성격 파악

카페나 레스토랑 등에서 자리를 잡고 어떤 사람을 기다릴 때 앉아 있는 좌석의 위치로도 그 사람의 성격을 파악할 수가 있다.

① 벽 가까이 앉아 있는 사람

다른 사람과의 관계를 거부하고, 그 장소에 들어서는 상대의 모습을 자기 쪽에서만 관찰하고 싶어 한다.

② 한 가운데 자리 잡고 있는 사람

자기현시욕이 강하고 다른 사람에게는 관심이 없어, 자기와 가까운 자리에 낯선 사람이 있는 것을 거부한다.

③ 구석에 앉아 있는 사람

다른 사람의 눈에 띄지 않으면서 다른 사람을 엿보고 싶어 한다. 결단력이 없고 침착성이 부족하다.

④ 입구 가까이 앉아 있는 사람

급한 성격으로 사양하기를 잘한다.

⑤ 창문을 등지고 앉아 있는 사람

실제보다 자기를 과장해 보이려는 사람이며 큰소리치기를 좋아하나 실속은 별로 없다.

그러나 좌석의 위치로 판단을 내리기 전에 명심할 것이 있다. 우선 앉아 있는 자리가 자신이 직접 선택한 것인지, 종업원의 권유에 의한 것인지를 확인해야 할 것이다. 또 사람들은 일반적으로 창가자리를 좋아하고, 화장실이나 출입구 가까운 자리는 싫어하며 단체손님과 가능한 떨어진 자리에 앉으려는 경향이 있으므로 이러한 것들도 고려하여 파악을 하여야 한다.

3) 긍정과 부정의 표현

상대가 'Yes'도 'No'도 하지 않을 때 상대의 몸짓으로 알아본다.

(1) 긍정을 나타내는 동작

일반적으로 'Yes'를 나타내는 긍정적인 몸짓이다. 상대가 좀처럼 설득되지 않더라도 상대가 이러한 동작들을 하고 있다면. 더 세게 몰아붙여 설득하면 자신이 원하는 방향으로 성공할 수 있다.

- 양손을 책상 위에 넓게 편 채 앉아 있다.
- 턱을 문지른다.
- 책상 위에 놓여 있는 물건들을 치운다.
- 손을 편 채 앉아 있다.

(2) 부정을 나타내는 동작

- 주먹 쥔 손을 책상 위에 올려놓고 있다.
- 양손을 허벅지 위에 놓고, 팔꿈치를 펴고 양손의 엄지손가락을 서로 마주보게 하고 있다.
- 양손을 머리 뒤로 돌려 마주잡는다.
- 손가락으로 수를 센다.
- 이야기를 들으면서 책상 위에 놓인 물건들의 위치를 바꾼다.
- 무엇을 찾는 척 하며 책상서랍을 여닫는다.
- 손으로 이마를 문지른다.
- 양손으로 턱을 괸다.

- 손가락으로 책상을 두드린다.

이러한 동작들은 불쾌하다, 이야기를 듣고 싶지 않다, 승낙할 수 없다 등의 속마음을 나타내는 것이다. 이럴 때는 교섭이나 설득을 그대로 지속하면 역효과가 나거나 실패하게 되므로 그 정도에서 끝내고 다음에 분위기를 바꾸어 다시 시도하는 것이 좋다.

(3) 거짓말의 표현

보통의 사람들은 절대 비밀을 지킬 수 없다는 것을 우리는 명심해야 한다. 입으로 직접 말을 하지 않아도 비밀은 사람의 몸에서 흘러나오기 때문이다.

거짓말을 하는 사람은 거짓말이 탄로 나지 않도록 말과 얼굴에 세심한 주의를 기울이지만, 그러나 상대방이 관심을 갖지 않는다고 생각하는 신체부분에는 특별히 주의하지 않는다. 따라서 몸짓을 통해 거짓말을 하고 있는지를 파악할 수도 있다.

미국의 심리학자 듀크스(K. Daux)는 인간의 몸짓에서 거짓임을 알아채는 방법을 다음과 같이 말하고 있다.

- 설명을 하기 위한 동작이나 손놀림이 없고, 있어도 어색하다.
  자기의 감정이 겉으로 드러날까 두려워서 손놀림을 감추려 한다. 손을 움켜쥐거나 호주머니 속에 넣기도 한다.
- 입을 제외한 여기저기를 계속해서 만진다.
  코를 만지고, 턱을 문지르고, 볼을 쓰다듬는다. 입에서 진실이 튀나오는 것을 억제하기 위한 동작이다. 입이 아닌 다른 부분을 만지는 것은 거짓말을 하고 있는 입에 관심이 모이지 않게 하려는 위장술이다.
- 몸 전체의 움직임이 많아진다.
  머뭇거리거나, 자세를 자주 바꾸거나, 발을 계속 움직이거나, 손장난을 함으로서 현재의 상황에서 빨리 벗어나고 싶은 기분을 나타내는 것이다.
- 상대가 하는 말에 민감하게 반응하고 말을 많이 한다.
  진실이 드러나지 않을까 하는 불안감 때문에 잠자코 있지 못한다. 상대에게 추궁 당할까봐 빨리 다음 이야기로 넘어가고 싶어 하기도 한다.
- 응답에 유연성이 없다.
  거짓말을 해야 한다는 생각 때문에 상대가 하는 말에 정중하게 대답할 여유가 없다.
- 웃음이 줄어든다. 웃더라도 긴장해서 어색한 웃음이 나온다.

• 고개 끄덕임이 많아진다.
대화가 끊기면 불안하므로 상대에게 계속 말을 시키려고 고개를 많이 끄덕인다.[120)]

4) 운전과 성격

사람의 성격은 운전할 때도 아주 잘 나타난다. 물론 평상시의 성격과 자동차로 운전할 때의 성격이 반드시 일치하는 것만은 아니지만 운전을 할 때는 사람에게 아드레날린이라는 호르몬이 분비되어 흥분상태가 되어 평상시와는 다른 성격이 나타나게 된다는 심리학계의 보고가 있다. 타쿠마(摩武俊)는 '운전과 성격'이라는 논문에서 사람의 성격유형을 내폐적(內閉的), 동조성(同調性), 점착성(粘着性), 현시성(顯示性), 과민성(過敏性), 과신성(過信性)으로 분류하고, 각 운전 습성에 따른 성격 특성을 알기 쉽게 정리하였다.

• 자기만의 독특한 운전습관이 있는 사람(내폐적 성격)
사람을 좋아하고 싫어하는 것이 뚜렷하고, 첫인상만으로 사람을 평가하는 경향이 있다. 다른 사람의 입장에서 생각하는 타입이 아니므로 입에 발린 칭찬이나 애교 같은 것은 없으며, 성실한 이상주의자지만 우유부단한 면도 있다.
• 자동차의 흐름에 따라 안전하게 운전하는 사람(동조적 성격)
개방적이어서 첫 만남이라도 주위사람과 잘 어울린다. 감정을 솔직하게 밝히고 곧 태연해 진다. 일을 할 때 빨리 시작하고 빨리 끝낸다. 이해가 빠르다.
• 차를 항상 깨끗이 하고, 정지나 서행을 잘 지키는 사람(집착성 성경)
착실하고 완고하다. 의리가 있으며 노력가형이다. 그러나 이야기를 빙빙 돌려 하므로 상대편에서는 이해하기가 힘들다. 다른 사람의 말을 이해하는 것도 늦다.
• 무리한 추월이나 끼어들기 등을 자주 하는 사람(현시성 성격)
지기 싫어하고 자기 마음대로 행동한다. 화려하고 세련되게 보이지만 약한 사람에게는 강하고 강한사람에게는 약하다. 자기중심적이다.
• 브레이크를 일찍 밟는 등 지나치게 신중하게 운전하는 사람(과민한 성격)
신경질적이고 염려가 많다. 자기주장을 잘 못하는 유형이지만 일은 착실하게 해낸다.
• 추월당하면 반드시 앙갚음 하는 등 투쟁적으로 운전하는 사람(과신형 성격)
고압적이고 거만하지만 나름대로 신념이 있어 비판에 쉽게 동요하지 않고 생각을 관철

120) 최광선, 전게서, pp.62~68.

한다. 실행력이 있고 활동적이어서 일 처리가 빠르다. 그러나 다른 사람을 잘 신용하지 않는다.121)

5) 걸음걸이와 사람의 성격

(1) 지나치게 양반걸음을 하는 사람

의타심이 강하고 지나치게 자만심이 강한 사람이다. 그리고 자신이 알고 있는 것 보다 더 많이 아는 척하는 현시욕과 허세가 강한 사람이다. 또한 권위의식이 강하여 무엇이나 아랫사람에게 시키기를 좋아한다. 관상학적인 통계를 보면 이런 사람은 귀한 집에서 태어난 독자나 장남에 많다. 이들은 어렸을 때부터 시중과 지나친 편애를 받고 자랐기 때문에 남을 부려먹는 것이 자기도 모르는 사이에 습관화 된 사람이다.

(2) 앞만 바라보며 걷는 사람

자기마음을 좀처럼 쉽게 열지 않으면서도 매사를 여유있게 잘 처리해 가는 타입이다. 그러면서도 한번 마음의 문을 열면 숨김없이 열어 보이기도 한다. 그리고 책임감이 강하여 자기가 책임질 일은 끝까지 책임을 지는 의리파이기도 하다. 따라서 남을 통솔할 수 있는 잠재력을 가지고 있는 사람이다. 이런 사람은 남을 지배하거나 다룰 때에 합리적인 방법이나 덕으로 다스리기 때문에 큰 무리가 따르지 않는 타입이다.

(3) 걸음걸이가 어딘가 불안해 보이는 사람

매사에 자신이 없는 사람이다. 현재 하고 있는 일에도 자신이 없으며 직업이 없는 경우가 많다. 또한 마음이나 생각이 좁아 스케일이 작은 사람이라는 평가를 자주 듣는 사람으로 지도자나 남의 윗사람이 되기에는 역량이 부족한 타입이다.

(4) 위를 쳐다보고 한눈을 팔며 걷는 사람

완전히 마음에 들어도 좋지 않은 인상을 하며 무엇을 해도 안전성이 없는 사람이다. 이런 사람은 하는 일마다 성사시키지 못하고 매사에 불상사를 초래하기도 한다. 만약에 평소에 그렇지 않던 사람이 이런 걸음을 걷는다면 마음에 죄의식이나 좋지 않은 일이 긴박하게 일어

121) 이상철, 경호심리학, 도서출판 홍경, 2003, pp.208~217.

나고 있다는 표현이나 잘 살펴 볼 필요가 있는 사람이다.

(5) 조금 아래를 보는 듯이 의젓하게 걷는 사람

마음이 안정 된 사람으로 매우 좋은 인상을 준다. 자기 분수에 맞는 생활을 하며 지금 당장 생활의 궁핍함이 있더라도 마음의 여유를 가지고 인생을 여유있게 개척할 수 있는 기질이 있는 사람이다. 이런 사람은 경제관도 건전해서 낭비를 한다거나 분에 넘치는 사치를 하는 경우가 드물다. 아랫사람에게는 냉정하고 인정없는 사람으로 잘못 판단되는 경우도 있지만 어려움에 처하면 곧잘 해결해 준다.

(6) 다른 곳에 신경을 쓰면서 걷는 사람

이런 걸음을 걷는 사람은 지금 무엇인가를 하려고 마음먹고 있거나, 나쁜 짓을 하고 있는 진행형이라 볼 수 있다. 이런 사람의 대인관계는 폭넓지 못하고 협소하다. 이런 사람을 대하기가 어려울 것 같지만 의외로 칭찬에 약한 면이 있고 자기 속마음을 이해해 주면 쉽게 감동을 받는 사람이어서 단점만 탓하지 말고 잘 이용하면 오히려 이익이 되는 점도 많다.

(7) 고개를 푹 숙인 채 땅만 보며 걷는 사람

매우 이기적이며 좀처럼 마음을 열지 않는 성격으로 속마음을 헤아리기 어려운 타입이다. 이런 사람과 동업을 한다거나 마음을 먼저 주었을 땐 큰 어려움이나 손해를 보는 경우가 많다. 이런 사람일수록 이익일 될 일이면 양보 없이 덤벼들어서 자기욕심을 채우려고 하기 때문에 늘 주의하는 것이 현명하다.

(8) 안짱걸음이나 발을 질질 끌며 걷는 사람

이런 사람은 몸이 허약하거나 균형이 맞지 않는 결함을 가지고 있는 경우가 많다. 성격도 무방비 상태인 경우가 많고 매사를 일찍 자포자기하는 형으로 악착같이 덤벼서 어려움을 뚫고 나가고자 하는 의지력은 약하다. 이런 사람은 남 앞에 나서기를 꺼려하고 남과 잘 어울리지 않으며 이기적인 것 같으면서도 반면에 인정도 있다.

(9) 팔을 전혀 흔들지 않고 웅크리고 걷는 사람

걸을 때 팔을 흔들지 않으면 어깨가 상대적으로 쳐지는 걸음걸이가 된다. 이러한 걸음걸이는 매사에 자신감이 없어 움츠리는 데서 습관화 된 걸음걸이이다. 이런 사람은 매사에 적극적인 도전은 없고 항상 방어적 상태의 성격으로 굳어진 사람이기 때문에 좀처럼 남을 믿으려고 하지 않는다. 주로 혼자 있는 것을 좋아하고 남의 일에는 관심을 두지 않는 성격의 소유자이다.

그러나 개인적으로 친숙해 지면 자신의 몸을 아끼지 않고 일을 봐주는 경향이 있으므로 이런 사람들은 자신의 사업을 하는 것 보다는 직장생활을 하는 편이 더 좋다.

(10) 성공한 사람들의 걸음걸이의 공통점

당당하고 활기차고 곧은 자세의 걸음걸이로 건강미가 넘쳐 보여 옆에서 걷고 있는 모습만 봐도 자신감이 금방 전염될 것 같다. 힘이 있으면서도 이런 사람은 마음 역시 건전한 사람이다. 어떤 사람은 당당한 점을 거만한 점으로 착각하지만 당당하다는 것은 거만한 것과는 다르다. 성공한 사람의 걸음걸이는 어딘지 모르게 위엄이 풍기면서 경솔하지도 않고 거만하지 않은 그런 품위를 유지한다.[122)]

6) 악수의 상태로 보는 성격파악

(1) 체격은 약한데 매우 세게 손을 잡는 사람

이런 사람은 자신의 마음속의 나약함을 감추기 위해서 반대루 강하게 쥐는 경향이 있는데 악수를 할 때 언제나 상대가 나보다 강한 사람인가를 먼저 살피는 습관이 있다. 그렇기 때문에 악수 자체에 친밀감이 있거나 인간미가 배어 있지는 않다. 이런 사람을 만나면 조심스럽게 이야기 하는 것이 좋다.

(2) 상대방의 손가락 끝만 잡는 사람

이런 악수는 성의없이 상대방을 무시하는 느낌을 주며, 매사에 자신감이 없고 정서가 불안정한 사람이 습관적으로 이런 태도를 보이곤 한다. 그러나 초면의 남성과 여성이 이런 식을

122) 김승길, 전게서, pp.92~98.

악수 할 때는 오히려 정상일 수 있다. 그러나 평소에는 이렇게 하지 않다가 갑자기 이런 태도를 보이면 일단 그 사람은 상대를 싫어하는 것이다. 이런 사람일수록 윗사람이나 직위가 높은 사람을 만나면 두 손으로 마주 잡는 것도 모자라서 허리까지 구부려가며 과잉액션을 취한다.

(3) 남성처럼 대담하게 악수하는 여성

이렇게 힘찬 악수를 하는 스타일의 여성은 매우 적극적이며 활동적인 사람이다. 조금만 신경을 쓰고 관찰한다면 주변에서 이런 여성을 종종 볼 수 있다. 여성적인 멋은 조금 적지만 오히려 남성들과 잘 어울리면서 주로 남성들이 하는 일에 관심을 가지고 도전하기는 진취적인 여성이다.

(4) 두 손으로 잡거나 허리를 굽히는 등 과잉제스처로 악수하는 사람

윗사람에게는 아부를 잘하며 아랫사람에게는 군림하려 하는 성격이다. 이런 사람일수록 자기보다 못한 사람은 무시하고 강한 사람에게는 어떤 수단을 쓰더라도 자기이익을 챙기려는 사람이다.

(5) 은근하게 적당한 힘으로 꼭 쥐면서 따뜻하게 악수하는 사람

성실한 성격으로 언제 어디서나 믿음을 주는 사람이다. 이런 사람은 아랫사람을 잘 다스리면서도 윗사람에게는 약간 반항기질을 가지고 있으므로 이런 사람을 아랫사람으로 둘 경우에는 항상 인정해 주고 매사에 사리가 분명하게 대해주어야 한다.

(6) 손을 잡고 계속 흔들며 손을 잘 놓지 않는 사람

위선에 가득 차 있거나 항상 자기 위주로 생각하는 사람이다. 이런 악수는 상대에게 의지하고 싶거나 뭔가를 부탁하고 싶어 하는 것으로도 볼 수 있지만, 처음부터 냉정하게 대하는 것이 좋으며 잘못하다가는 오히려 얕잡혀 기선을 회복하기 어렵다.[123]

---

123) 김승길, 전게서, pp.138~140.

6) 각 신체를 통한 성격과 심리

(1) 배와 등을 통한 상대의 심리

- 의식적으로 배를 내민다.
  상대를 위압하거나 자신이 우위에 서려는 지배욕의 표시이다. 배는 부와 권력의 상징이다. 배를 내민 자세는 나약하면서도 중요한 부위를 상대에게 드러냄으로써 무방비의 여유를 내보이는 것이다.
- 배를 구부려 안쪽으로 감추려고 한다.
  불안하거나 불만을 품고 있다는 뜻이다. 또한 소심하거나 낙심한 심리의 표출로 해석할 수도 있다.
- 허리띠를 고쳐 조인다.
  자신의 의지를 다시 추스르려고 하는 의도이다. 세일즈맨이 고객의 사무실을 방문할 때나 직장인이 상사의 방에 들어가기 직전에 허리춤을 다시 조이는 것은 나약해지려는 자신에게 기압을 넣으려는 의도이다. 담력이나 의지력의 근원인 배를 다시 조임으로써 비장한 각오를 다지는 것이다.
- 마주 앉아 이야기할 때 윗도리의 단추를 풀고 배를 내보인다.
  상대에 대해 경계심을 풀었다는 증거이다. 대개의 남자들은 퇴근하여 집에 들어가면 먼저 상의를 벗고 옷을 갈아입는다. 이것은 하루의 긴장에서 해방되려는 심리에서 비롯된 것이다. 마찬가지로 비즈니스 상담 중에 윗도리의 단추를 풀면 상대에 대해 편안하게 생각하고 있다는 뜻이다.
- 대립관계로 서로 팽팽히 맞서다가 상대의 배를 툭 친다.
  이러한 행동은 합의의 표시이다. 긴장관계에 있다가 상대의 배를 툭 치는 것은 '네 배짱도 어지간하군!'하는 기분으로 적당한 선에서 타협하겠다는 뜻이다.
- 등줄기를 곧추세운다.
  이런 자세를 자주 취하는 사람은 자기규정이 명확한 성격이다. 동시에 원리 원칙을 고수하면서 정신적으로 유연성이 부족하다.
- 마주 앉은 사람을 향해 등을 곧추세우고 부동의 자세를 취한다.
  상대에 대해 방어의 벽을 쌓은 상태이다. 서로 마주 앉아 대화를 나눌 때 이런 자세를 취하는 것은 상대와 인격적인 교제를 거부하는 것이다.

• 전화를 하면서 불특정 다수인에게 등을 돌린다.
비밀스런 대화를 나눈다는 뜻이다. 그렇지 않으면 곤란한 입장을 전화로 변명하고 있다는 뜻이다. 등을 진다는 행위는 '다른 사람이 거기에 개입하지나 않을까'하는 불안의 표출이다.

• 동성끼리의 가족이나 친구가 등을 툭툭 친다.
공감의 확인이나 격려 또는 재촉의 메시지이다. 아버지와 아들, 혹은 친구를 사이에서 상대의 어깨를 쳐 주는 것과 같은 뜻을 담고 있다.

• 여성이 남성에게 등을 보인다.
남자의 적극적인 행동을 바라는 경우이다. 일반적으로 등을 돌리는 것은 거절의 자세이지만, 남녀관계에서 여성의 이런 행동은 남성의 적극적인 행동을 바라는 역표현이다. 이런 행동은 노골적인 표현보다 더 남자의 적극성을 자극시킨다.

(2) 팔을 통한 상대의 심리

• 심장부나 가슴 위로 팔짱을 낀다.
상대에 대한 거절이나 방어의 표현이다. 팔짱을 끼는 것은 자기 앞쪽에 울타리를 침으로써 타인을 자기의 영역 안으로 들여놓지 않으려는 뜻이다.
특히 여자들이 팔짱을 끼는 것은 자기의 중요한 부분을 불의의 기습으로부터 보호하려는 자세이다. 극장 앞 같은 데서 애인을 기다리는 동안 여자들은 팔짱을 끼고 있다가 기다리던 애인이 나타나면 팔짱을 푼다. 그것은 방어에서 환영으로 자세를 바꾸는 것이다.

• 비스듬히 팔짱을 낀다.
상대의 말을 비판적으로 듣고 있다는 뜻이다. 구차한 설명을 늘어놓는 세일즈맨이나 치근덕거리는 남자를 물리칠 때 이런 자세를 보이면 된다. 이러한 행동은 상대의 말을 예사로 듣거나 상대를 비꼬고 있다는 심리의 표현이다.

• 대화 도중 웃으면서 팔짱을 낀다.
상대의 이야기를 경청하고 있다는 뜻이다. 웃으면서 팔짱을 낀다는 것은 거절이나 대립의식의 표현이라기보다는 상대의 이야기에 흥미를 느끼기 때문이다. 즉, 상대의 이야기에서 정보를 하나라도 놓치지 않겠다는 속셈이다.

• 여성이 가슴 밑으로 팔짱을 낀다.
남성의 눈길을 끌려는 속셈이다. 이런 여성은 남자 친구를 원한다고 해석해도 좋다.

• 남자가 소매를 걷어 올린다.
힘의 과시인 동시에 적극성의 표현이다. 남자들은 언쟁이 치열해지면 대개 소매를 걷어 붙이는 것은 자신의 힘을 과시하고 적극적으로 대들겠다는 의사 표시이다.

(3) 가슴을 통한 상대의 심리

• 가슴을 항상 당당히 펴고 지낸다.
모든 일에 자신만만한 성격의 소유자이다. 가슴은 곧 심장을 의미한다. 가장 보호해야 할 심장을 당당히 내보인다는 것은 정신적으로나 육체적으로 그만큼 자신이 있기 때문이다.

• 양복의 옷깃을 잡고 가슴을 펴서 뒤로 젖힌다.
자신의 직업에 자신감과 긍지를 지니고 있는 사람이다. 영화에 등장하는 암흑가의 두목은 대개 이런 행동을 자주 보여 주는데, 그들도 자신의 직업에 긍지를 지니기 때문일까. 조끼 주머니에 손을 넣는 행동도 마찬가지 심리에서 나온다.

• 상대에게 가슴을 들이대듯이 내민다.
상대보다 절대적 우위에 있다는 사실을 과시하려는 행동이다. 프로레슬링이나 씨름에서도 선수들이 가슴을 내밀면서 기선을 제압하려고 하는 행동을 볼 수 있다. 어떤 정치가가 골목 저편에 암살범이 숨어 있는 것을 발견하고 '이봐! 심장은 여기야. 자, 쏴 보라구!'라고 소리치면서 당당히 가슴을 내밀자 암살범이 질려서 도망을 쳐 버렸다는 이야기도 있다.

• 오른손을 자신의 심장 위에 댄다.
상대에 대해 성실하겠다는 표현이다. 이것은 아주 오래된 인사법인데, 오늘날에도 국기에 대해 경의를 표할 때는 이렇게 하고 있다.

• 여성이 가슴을 강조하듯이 내민다.
남성보다는 동성인 여성을 의식하는 행동이다. 남녀 혼성의 모임에서 이런 행동을 하는 여성이 종종 눈에 띄는데, 이것은 남성을 유혹하기 위해서가 아니라 동성인 여성들을 의식하고 뽐내는 행동이다. '나는 육체적으로 너희들보다 낫단 말이야.'라는 의도를 담고 있다.

(4) 얼굴을 통한 상대의 심리

- 눈이나 코, 턱 등의 얼굴의 일부분을 만진다.

  자기의 허약함을 감추려는 의사 표시다. 가축이 병들었을 때는 자기의 몸을 핥는 버릇이 있듯이 인간도 나약해졌을 때는 자기의 얼굴을 만지는 버릇이 있다. 예를 들면, 미국의 닐슨 대통령이 워터게이트 사건에 휘말려 기자회견을 할 때 턱을 받치거나 코를 쥐는 행동을 많이 보여 주었는데, 이것은 기자들의 질문 공세로부터 자신의 허약함을 감추기 위한 태도였다고 볼 수 있다.

- 맞장구를 치지 않고 가벼운 미소를 짓는다.

  완곡한 거부나 난처함의 표시이다. 귀찮은 상대나 보기 싫은 손님을 내쫓는 데는 맞장구를 치지 않고 그저 가벼운 미소만 짓는 것이 상책이다. 이러한 미소는 상대를 혹독하게 거절하지도 않으면서 스스로 물러나게 하는 효과를 지닌다.

- 생면부지의 사람과 부딪쳤을 때 미소를 짓는다.

  상대에 대해 적의가 없음을 나타낸다. 엘리베이터나 지하철 등에서 다른 사람과 부딪치면 그 사람을 향해 고개를 살짝 숙이면서 미소를 짓는다. 이것은 상대에 대해 악의나 공격적인 의사가 없다는 무언의 변명이다.

- 얼굴에 잠시 웃음을 지었다가 곧 웃음을 거둔다.

  이런 사람은 지금 속으로 계산을 하고 있으므로 조심해야 한다. 비즈니스로 만난 사람이 만면에 웃음을 짓다가 갑자기 싸늘한 표정을 보이면 만만치 않은 상대임을 간파해야 한다. 왜냐하면, 보통 사람이면 웃고 나서도 그 여운이 잠시 동안은 표정에 남아 있기 때문이다 .

- 갑자기 미소를 멈춘다.

  쓸데없는 행위에 대한 무언의 경고이다. 이야기 도중에 갑자기 상대의 얼굴에서 미소가 사라지면 이쪽의 말이 흥미가 없거나 뭔가 실수를 했다는 뜻이다. 또, 상대가 결례되는 장난을 걸어 올 때도 마찬가지로 미소를 중단하고 경어를 쓰면 눈치 빠른 상대라면 곧 알아차릴 것이다.

- 설득하기 위해 애쓰는데 상대의 얼굴에 표정이 없다.

  부탁을 거부하거나, 난처한 입장이거나, 혹은 혐오감의 표시이다. 표정이 없다는 것은 어떤 감정을 얼굴에 나타내지 않는 것을 말한다. 따라서, 단수 높은 거절은 무표정한 얼굴로 하는 것이 좋다.

- 여성이 특정한 남성에게 무관심한 표정을 짓는다.

  그 남성에게 호의를 가지고 있다는 의사 표시이다. 알다가도 모를 여자의 마음은 바로 이 역표현에서 비롯된다. 여성에게서 무관심의 표정을 읽을 줄 알아야 한다.
- 공연히 불쾌한 표정을 짓는다.

  마음속에 간직하고 있는 혼자만의 기쁨을 남에게 알리지 않으려는 속셈이다. 화투나 포커를 칠 때 좋은 패가 들어오면 일부러 불쾌한 표정을 짓지 않는가. 별다른 이유 없이 불쾌한 표정을 짓고 있다면 그것은 속으로 기쁜 일을 간직하고 있다는 뜻이다.

(5) 코를 통한 상대의 심리

- 턱을 조금 치켜들고 코를 내민다.

  거만한 마음의 표시이다. 코는 얼굴의 중심부로서 지성의 심벌이라고 한다. 또한 코는 그 사람의 성격을 나타내는 척도가 되기도 한다. 따라서 코를 내미는 행위는 자신의 영역을 넓히려는 마음의 표시이며, 그것이 타인에게는 건방지거나 거만하게 비치는 것이다.
- 머리를 뒤로 젖히면서 코를 상대로부터 멀리한다.

  혐오와 거부의 표시이다. 가령 한 남자가 여자에게 사랑을 고백하는데 그녀가 이런 동작을 하고 있다면 그것은 거절의 표시이다.
- 이야기 도중에 코를 만지작거린다.

  부정적인 의사 표시이다. 가령 무슨 부탁을 하고 있을 때 상대가 코를 만지작거린다면 그것은 거절의 표시이다. 이것은 손으로 머리를 긁거나 귀를 만지는 것과 마찬가지로 못마땅함을 나타내는 메시지이다.
- 코에 손을 대고 앞으로 숙인다.

  당신의 말이 의심스럽다는 불신의 표시이다. 당신이 뭔가를 열심히 변명하는데 상대가 코에 손을 대고 머리를 숙이고 있다면 그 변명은 상대에게 통하지 않을 것이다.
- 콧날을 잡고 눈을 지그시 감는다.

  마음의 갈등을 전달하려는 행위이다. 의견을 물었을 때 이런 행동을 취한다면 뭔가 망설이고 있다는 뜻이다. 상대의 시선을 끌어들이기 위한 제스처이다. 회의석상에서 발언이 순조롭게 진행되지 못했을 경우, 콧날을 잡고 뭔가 골똘히 생각하고 있으면 다른 참석자들이 눈길을 보낸다. 코는 얼굴의 중심부이기 때문에 손을 대면 자연히 시선을 끌게 마련이다 .

(6) 목을 통한 상대의 심리

- 기계적으로 고개를 끄덕인다.

  상대의 말을 제대로 듣지 않거나 상대의 말에 이의를 제기하려는 마음의 발로이다. 고개를 끄덕이는 맞장구는 본래 상대의 말에 동조한다는 긍정적 의사 표현이다. 그러나 기계적으로 단순히 끄덕이는 것은 상대의 이야기에 형식적으로 동조한다는 표현에 불과하다. 또 상황에 따라서는 '뭐 이런 시시한 이야기를 하고 있지?', '빨리 본론으로 들어가는 게 어때?'하는 부정적인 의사 표현이다.

- 이야기를 하면서 자주 고개를 끄덕인다.

  상대의 말을 감정적이나 정서적으로 듣고 있다는 뜻이다. 고개를 끄덕이며 맞장구를 치는 것은 이야기의 이해도를 재는 척도이지만, 잦은 끄덕임은 상대의 적극성이나 인격에 감각적으로 공감하고 있다는 뜻이다.

- 데이트 신청을 받은 여자가 고개를 갸웃한다.

  어떻게 하면 좋은지 망설이고 있다는 증거이다. 그녀의 속마음은 지금 데이트에 응할지, 어떨지 저울질하고 있는 중이다. 당신이 그녀에게 데이트 신청을 했는데 그녀가 이런 행동을 하고 있다면 재빨리 그 고개를 끄덕이도록 유도해야 한다.

- 목을 늘어뜨린다.

  자신의 패배를 인정하는 동작이다. 사람이 활동을 할 때는 필사적으로 목을 지탱한다. 그러나 기력과 체력이 소모되면 자연히 고개를 숙이게 된다. 따라서 고개를 숙이고 목을 늘어뜨리는 동작은 패배의 인정이라고 해석해도 좋다. ·

- 상체를 뒤로 젖힌 채 잠자코 이야기를 듣고만 있다.

  상대의 말이 엉뚱한 곳으로 흘렀을 때 그것을 지적하기 위한 행위이다. 특히 말이 많은 사람, 어려운 손윗사람 등을 만났을 때 이야기가 엉뚱하게 흐르면 이런 행동을 보여 상대의 주의를 환기시킬 수 있다. 말하자면 상체를 될 수 있는 한 상대에게서 멀리한 채 잠자코 듣고만 있으면 상대도 곧 눈치 채게 된다.

(7) 입을 통한 상대의 심리

- 말을 하면서 손으로 입을 가린다.

  상대를 경계하면서 본심을 감추려는 행위이다. 즉, 말하는 기관인 입을 상대가 보지 못하도록 함으로써 자신을 은폐시키면서 방어 자세를 취하는 것이다.

• 손을 입에 대고 묵묵히 있다.
더 이상 상대와 대화하고 싶지 않다는 의사 표시이다. 입을 가리는 동작에는 숨긴다는 의미 외에 거절의 뜻도 있다. 큰소리로 계속 떠드는 상대에 대해 고개를 돌리면서 입을 가리는 동작은 '빨리 끝내라'는 무언의 신호이다.
• 말을 할 때 주먹을 갖다 대면서 자꾸 헛기침을 한다.
근심이 있다는 뜻이다. 불안이나 근심 때문에 목구멍에 점막이 생긴 경우이다. 설령 실제로 점막이 생기지 않더라도 자꾸 그런 기분이 들어 나타나는 버릇이다.
• 이야기를 듣는 동안 입술 양끝을 약간 뒤로 당긴다.
상대의 이야기를 경청하고 있다는 뜻이다. 입술의 움직임에는 여러 가지 의미가 있다. 강한 결의를 나타낼 때는 한일자로 꼭 다물고, 실패를 했을 때는 깨물며, 공격심이 생길 때는 삐죽거리게 된다. 또한 이야기를 듣는 동안 입술 양끝이 올라가는 것은 현재의 심리 상태가 부드럽다는 뜻이다.
• 상품을 살펴보다가 입을 다물고 굳은 표정을 짓는다.
살까 말까 망설이는 행위이다. 어느 세일즈맨의 말에 의하면 상품을 보여 주고 난 후 고객이 입을 다물고 그것을 찬찬히 살펴볼 때가 바로 승부의 시간이라고 한다. 그것은 마음속에서 살까 혹은 말까 하는 두 마음이 갈등을 빚고 있기 때문이다.

(8) 눈을 통한 상대의 심리

• 대화할 때 상대를 보지 않는다.
뭔가 숨기려는 마음이 있는 경우이다. 상대에게 시선을 던지는 시간이 30퍼센트 이하이면 그 사람은 무언가 감추고 있다.
• 대화할 때 시선을 이리저리 불안정하게 돌린다.
심리적으로 불안정하고 불성실한 성격의 소유자이다. 어떤 민완 형사의 말에 의하면 범죄를 저지른 사람은 자백을 하기 전에 눈동자를 이리저리 돌리면서 가능한 한 시선이 마주치는 것을 피한다고 한다. 이것은 심리적으로 안정되지 않고 떳떳하지 못하기 때문이다.
• 상대를 곁눈질로 쳐다본다.
이야기의 내용에 불만이나 의문을 품고 있다는 증거이다. 시선의 움직임뿐만 아니라 시선의 방향도 그 사람의 심리 상태를 나타낸다. 남이 부당한 소리를 할 때 대다수의 사람들은 곁눈질을 하는데, 그것은 정면으로 맞서지는 못하지만 못마땅하다든가 석연치 않다는 마음의 표시이다.

- 대화를 나눌 때 눈살을 찌푸린다.

  상대의 의견에 찬성하지 않는다는 뜻이다. 누가 기분 나쁜 소리나 부당한 억지를 부리면 당신도 양미간의 눈살을 찌푸릴 것이다.

- 상대를 관찰하면서 발을 먼저 보고 그 다음에 얼굴을 본다.

  상대를 불신하거나 경멸하고 있다는 증거이다. 사람을 볼 때 얼굴을 먼저 보는 것이 정상적이다. 그러나 형사나 불량배 같은 사람들은 상대를 아래서 위로 훑어본다. 그건 상대를 불신하고 있기 때문이다.

- 눈을 크게 뜨고 상대를 바라본다.

  상대에 대해서 강한 흥미를 느낀다는 뜻이다. 보통 우리는 놀라거나 강한 흥미를 가졌을 때 눈을 크게 뜨는데, 이것은 자율 신경이 눈동자의 개폐에 관여하기 때문이다. 어떤 연구에 의하면 일반적으로 남자가 여자의 누드 사진을 볼 때는 눈동자가 두 배로 커진다고 한다.

- 대화를 할 때 상대를 오래도록 주시한다.

  말의 내용보다 그 사람에게 관심을 갖고 있다는 뜻이다. 보통 우리가 일대일로 대화를 나눌 때 상대의 얼굴에 시선을 집중하는 시간은 대화 전체 시간의 30~60%라고 한다. 이 평균치를 넘어서 상대를 계속 주시한다는 것은 말의 내용보다 그 사람 자체에 관심이 있다는 뜻이다.

- 이성인 상대를 똑바로 쳐다본다.

  상대에게서 성적인 매력을 느낀 경우이다. 똑바로 쳐다보는 것은 성적으로 야기되는 무언의 신호이며, 특히 여성에게서 이런 현상이 더 자주 일어난다. 성적인 욕구를 억제하려는 심층 심리가 오히려 눈을 통해 노출되는 것이다.

(9) 턱을 통한 상대의 심리

- 턱을 만지작거린다.

  불안이나 고독한 기분을 전환시키려는 욕구의 발로이다. 철학자가 사색에 잠길 때는 대개 턱을 만진다. 또 배우들이 생각하는 것을 표현하는 연기를 할 때도 턱을 만진다. 인간은 심리적으로 나약해 있을 때 자기의 몸을 만지는 버릇이 있다. 이것을 동물행동학자들은 '자기의 친밀성'이라고 한다. 즉, 불안하거나 고독한 마음을 달래려는 의사 표시인 것이다.

- 턱을 안으로 당긴다.
  절대 복종의 의사를 나타내는 무언의 메시지이다. 턱의 움직임은 내밀거나 당기는 것으로 나타난다. 턱을 내미는 동작은 공격의 표시이고, 턱을 당기는 것은 방어의 표시이자 절대 복종의 의사 표시이다.
- 뭔가를 지시할 때 턱을 든다.
  이러한 사람은 자기주장이 강한 사람으로서, 자신의 주장이 깨끗이 통과될 것을 믿고 있다. 턱을 앞으로 내미는 것은 자기주장의 확대이며 공격의 표현이기도 하다. '턱으로 사람을 부린다'는 말도 있는데, 이것은 자기가 손위이거나 우위에 있을 때 취하는 행동이다.
- 이야기할 때 두 손바닥으로 턱을 고인다.
  누군가에게 위안을 받고 싶어 하는 욕구의 표현이다. 가령 당신과 마주앉은 여성이 머리를 한쪽으로 갸웃하고 턱을 손바닥으로 고이고 있다면 그녀는 분명 마음속으로 위로받고 싶고 쓸쓸해 한다는 것을 눈치 채야 한다.
- 턱수염을 기르고 있다.
  턱수염은 턱을 한층 더 드러내어 나약함을 감추는 동시에 말이나 태도를 대신한 자기주장의 도구로 활용된다. 즉, 자기를 변모시키고 자기주장의 굳셈과 인격을 대변하는 것이다.

(10) 다리와 발을 통한 상대의 심리

- 다리를 꼬고 앉는다.
  상대를 받아들이지 않겠다는 거부의 메시지이다. 당신이 뭔가를 열심히 설명하고 있는데 상대가 다리를 꼬고 있다면 그것은 그 일에 상대가 흥미를 느끼지 못한다는 뜻이다.
- 여성이 다리를 꼬고 앉는다.
  자신의 용모나 각선미에 자신이 있으며, 그것을 과시하려는 욕구의 표출이다. 일반적으로 다리를 꼬는 것은 상대를 거부하는 뜻을 담고 있지만, 용모에 자신이 있는 여자가 그런 행동을 취하는 것은 자기를 과시하기 위해서 이다.
- 여성이 다리를 자주 바꾸어 꼰다.
  남성에 대해 관심이 많다는 증거이다. 흔히들 조바심이 날 때 다리를 바꾸어 꼬는데, 여성의 경우에 때로는 그런 행동이 성적인 욕구 불만 때문에 나타나기도 한다. 이러한 점을 알아차리지 못하고 상대가 조바심이 나거나 피곤하겠거니 하고 생각했다가는 여자의 마음을 영원히 파악할 수 없을 것이다.

- 나란히 앉아있는 남녀가 서로 닫혀있는 원처럼 다리를 꼬고 있는다.

 이런 자세로 두 남녀가 벤치에 앉아 있다면 그들 두 사람은 매우 친한 사이이다. 남자가 오른쪽 다리를 왼쪽다리 위에 꼬고, 그 왼편에 앉은 여자가 왼쪽다리를 오른쪽다리 위에 꼬고 있다면, 그들은 닫혀 있는 둘만의 공간을 만듦으로써 제삼자의 틈입을 경계하고 있는 것이다.

- 남자가 다리를 벌리고 앉는다.

 성에 자신감이 있고 지배적인 성격의 소유자이다. 다리는 성적언어라고 한다. 즉, 다리를 벌리는 동작은 성기를 내보이는 것과 같은 동작이다. 그래서 성에 자신있는 남자는 다리를 벌리고 앉는다.

- 눈에 띄지 않을 정도로 다리를 흔든다.

 마음이 불안하거나 조바심이 나 있는 상태이다. 다리를 흔드는 행위는 궁상맞은 짓이라 하여 금기시하고 있는데, 특히 누구를 기다린다든가 하면서 불안하고 초조할 때 다리를 흔드는 사람이 간혹 있다.

- 책상 위에 다리를 올려놓는다.

 지배욕이나 소유욕이 강한 사람이며, 자신의 세력범위를 넓히고 싶은 욕망을 가지고 있다.

- 의자에 앉은 채로 발바닥으로 바닥을 토닥토닥 두드린다.

 불안하고 초조하며 안달이 난 상태이다. 다른 사람이 필요이상으로 가까이 접근하면 자기의 프라이드를 침해받을까 봐 그것을 거부하는 몸짓으로 발바닥으로 바닥을 두드린다. 결국 '네가 가까이 다가오니 안달이 난다'는 뜻이다. 또한, 약속장소에서 한쪽 발을 토닥거리는 사람은 약속 상대를 기다리면서 조바심이 나 있다는 뜻이다. 조바심을 나타내기에는 남의 눈에 잘 띄지 않는 발이 적당하기 때문이다. 그리고 몸의 한 부분을 움직임으로써 긴장을 가라앉힐 수도 있기 때문이다.

- 꼬고 앉은 다리의 위쪽 발을 흔들거린다.

 상대에 대해 긴장을 풀고 있다는 증거이다. 비즈니스에서 첫 대면인 상대가 이런 포즈를 취하면, '자, 딱딱하게 굴지 말고 편안하게 합시다'라는 뜻으로 받아들여야 한다.

- 무릎과 발끝

의자에 앉았을 때 다리를 벌리고 앉아 있는지, 붙이고 앉아 있는지의 상태에 따라 상대의 마음을 파악해 본다.
다리를 벌리고 앉아 있으면 편안한 마음으로 상대를 받아들이겠다는 뜻이고, 다리를 꼭 붙이고 있으면 마음을 닫은 채 거부하겠다는 뜻이다.
다리를 포개고 앉는 것은 다리를 붙이고 앉는 것과 같은 뜻을 갖지만, 남녀사이라면 성적 뉘앙스가 담겨있기도 한다. 특히 여성이 남성 앞에서 다리를 포개고 앉는다든지, 포갠 다리를 자주 바꾼다면 상대에게 성적으로 관심이 있음을 나타내는 것을 알 수 있다. 또한 무릎이나 발끝이 관심이 있거나 호의를 갖고 있는 사람 쪽으로 향하는 것은 아주 자연스러운 일이다. 이때 상대에게 향한 발끝이 서로 닿을 만큼 가깝게 있으면, 다른 사람이 자기들 사이에 끼어드는 것을 막는 행위라고 볼 수 있다. 반대로 무릎이 서로 반대 방향으로 행하고 있다면, 겉으로는 좋은 관계처럼 보여도 마음은 상대로부터 멀어지고 싶거나 상대에게 적극적인 관심이 없음을 나타내는 것이다.

(11) 손을 통한 상대의 심리

- 이야기 도중에 손가락이나 연필 끝으로 톡톡 소리를 낸다.
  상대의 말에 동의할 수 없다는 뜻이다. 상대의 말이 지루할 때 잡음을 내거나 낙서로 딴전을 피우는 것이다. 손가락을 자주 놀림으로써 무료함에서 벗어나고자 하는 행동이다.
- 주먹을 쥐거나 주먹으로 손바닥을 내리친다.
  이러한 동작은 상대에 대한 무언의 위협이다. 악수를 하거나 손바닥을 내보이는 동작이 무장 해체의 의사를 전달하는 신호라면, 주먹을 쥔 손은 공격이나 긴장을 나타내는 신호이다.
- 손톱을 깨문다.
  이야기를 하면서 손톱을 깨무는 사람이 있는데, 이것은 유아성격이 아직도 남아 있기 때문이다. 이런 사람 앞에서 공격의 자세를 취하면 그 버릇은 더욱 심해진다.
- 손을 호주머니에 넣은 채 이야기를 듣는다.
  상대를 믿지 못한다는 뜻이다. 이런 태도는 정치가나 권위주의자에게서 흔히 볼 수 있다. 손을 감춘다는 것은 상대에게 자신의 본심을 드러내고 싶지 않다는 경계심의 표현인 동시에 상대를 신용하지 않는 증거이다.
- 주변의 물건을 만지작거린다.

긴장하고 있다는 뜻이다. 첫 대면인 상대를 만났을 때 사람들은 대개 성냥이나 볼펜 등 주변에 있는 물건을 만지작거린다. 그것은 긴장을 해소하기 위한 무의식적인 행동이다. 식당 같은 곳에서 냅킨을 접었다 폈다 하는 행동도 마찬가지의 의미를 가지고 있다.

- 턱 밑에다 양손 끝을 모은다.
  자신감을 나타낸다. 자신에 넘치거나 자만심이 강한 사람은 상대의 이야기를 들으면서도 턱 밑에다 양손의 손가락 끝을 갖다 댄다.
- 여자가 남자의 손가락을 깍지 끼어 쥔다.
  보다 깊은 관계를 바란다는 메시지이다. 손가락은 사모나 간절한 마음 등을 전해 준다. 따라서 애인의 손을 잡고 걸을 때 그녀가 손가락을 깍지 끼어 쥔다면 당신과의 관계가 더 깊어지기를 바라는 것이라고 해석해도 좋다.
- 테이블 위에 있는 물건을 상대 쪽으로 밀어 놓는다.
  상대보다 우위에 서고자 하는 마음을 갖고 있다. 바꾸어 말하면 이해관계를 놓고 교섭하는 자리에서 마주앉은 상대보다 우월한 입장에 서고 싶으면 테이블 위에 놓인 물건들을 상대 쪽으로 밀어붙이면 된다.
- 꺼내 놓은 물건에 손을 대지 않는다.
  상대와 친밀해지지 않으려는 뜻이다. 그러므로 시장이나 백화점에 갔을 때 물건을 살 계획이 없으면 점원이 꺼내 놓은 상품에 되도록 손을 대지 않는 게 좋다. 일단 손에 닿으면 그 물건을 통해 상대와 접촉하는 셈이 되어, 꼭 필요하지 않은 물건이라도 사게 될 확률이 높다.

(12) 허리를 통한 상대의 심리

- 손을 허리에 얹은 채 상체를 구부리고 걷는다.
  목표에 빨리 도달하려는 의지의 표현이다. 윈스턴 처칠의 걸음걸이도 이런 타입이었는데, 단거리 달리기 선수처럼 가장 빠른 경로를 통해 목표에 도달하고자 하는 사람들이 이렇게 걷는다.
- 허리를 구부린다.
  상대에 대해 겸허한 마음과 존경의 뜻을 나타낸다. 우리나라 사람들은 인사를 할 때 허리를 굽히는 게 보통이다. 이것은 상대에 대해 저자세를 취하겠다는 의도이다.
- 손을 허리에 대고 있다.

어떤 일을 하기 위한 만반의 준비가 마음속으로 갖춰져 있다는 뜻이다. 자기 타순을 기다리는 야구 선수에게서 이런 자세를 자주 볼 수 있다. 이것은 자신의 다음 행동에 대해 육체적으로나 정신적으로 준비가 되어 있다는 증거이다.

- 남성이 바지 벨트에 양쪽 엄지손가락을 걸고 있다.
  성적으로 자신이 있음을 과시하는 포즈이다. 여자에게 프로포즈를 할 때 이런 자세를 하는 남자를 볼 수 있는데, 여덟 개의 손가락이 자신의 남성 심벌을 가리킴으로써 무언의 과시를 하는 것이다.
- 웅크리고 앉은 채로 상대를 올려다본다.
  상대에 대해 복종하지 않는다는 증거이다. 허리를 굽히는 자세가 복종심의 표현이라면, 웅크리고 앉은 자세는 그 반대이다. 특히 밑에서 치켜보는 자세는 '지금까지는 복종했지만 앞으로는 그렇게 고분고분하지 않겠다'는 의사표현이다.
- 의자에 앉을 때 허리를 의자 깊숙이 대고 앉는다.
  상대보다 심리적으로 우위에 서고 싶다는 의도이다. 사람들이 의자에 앉는 자세는 크게 두 가지로 나눌 수 있는데, 여유 있게 의자 깊숙이 앉는 '사자형'과 의자 끝에 살짝 걸터앉는 '얼룩말형'이 그것이다. 그 중에서도 특히 사자형은 상대보다 우월한 지위에 있거나 우위에 서고 싶을 때 취하는 자세이다.

(13) 어깨를 통한 상대의 심리

- 남자가 어깨를 으쓱거린다.
  위엄을 보이기 위한 행동이다. 남성의 어깨는 존엄의 상징이다. 타인과 어깨가 부딪치면 불쾌한 표정을 짓거나 시비를 거는 것도 어깨를 남성의 상징으로 여기기 때문이다. 양복 어깨에 심을 넣은 것도 같은 이유에서이다.
- 어깨에 양복 윗도리를 걸치고 다닌다.
  젊은 남자들 가운데 윗도리를 어깨에 걸치는 사람이 많은데, 이것은 바로 남자다움을 내세우기 위한 행동이다.
- 어깨를 움츠린다.
  불쾌, 당황, 의혹 등 상대에 대한 방어적 심리의 표출이다. 어깨를 으쓱거리는 것이 자기 존재의 과시라면, 어깨를 움츠리는 것은 공격을 피하려는 방어적인 의미를 지닌다.
- 남자끼리 상대의 어깨에 손을 짚는다.

동료 의식의 표현이다. 아버지가 자식에게, 상사가 부하에게, 그리고 친구 사이에서 이런 행동을 볼 수 있다. 이것은 '수고했어!', '고마워!', '잘해봐!' 하는 등 친밀감의 표시로서 촉각 커뮤니케이션이라고도 한다.

- 여자가 남자의 어깨에 손을 얹는다.
  상대를 남성으로 보지 않고 단순한 동료나 친구로 생각하고 있다는 뜻이다.[124]

(14) 사기꾼 식별요령

- 신분이 확실하지 않은 사람을 주의하라!
  대체로 사기꾼들은 나중에 잡히지 않기 위해 자기 이름, 출생지, 생일, 주소, 전화번호 등을 숨기는 경향이 있다.
- 지나치게 호의적이고 우호적인 사람을 주의하라!
  원래 사기꾼은 노리던 사람에게 사기를 치는 목적이 달성되기 전까지는 매우 친절하다. '사나운 범은 덮치기 전까지 발톱을 숨긴다'는 속담이 괜히 나온 게 아니라는 사실을 명심하라.
- 너무 말이 없고 남의 얘기를 옳다고만 하며 자기 주관이 없는 자를 조심하라.
  사기꾼은 절대로 대놓고 화내지 않는다. 설령 노리던 상대에게 인격적 모욕을 당해도 굳건히 참는다. 또한, 사기꾼은 언중에 자신의 본색이 드러날까 주의한다. 그래서 가능한 말을 하지 않고, 다른 사람의 말을 긍정적으로만 듣는 척 한다.
  차라리 말이 많고, 자신의 주관이 뚜렷하여 자주 발끈대는 사람은 나중에 당할 염려가 없다. 이런 사람은 대체로 감정에 솔직하기 때문에, 정직한 사람이기 때문이다.
- 자기가 돈이나 배경이 있다고 남 앞에 과시하는 자는 극히 위험하다.
  정 반대로, 무슨 일을 하려는 데 남들 앞에서 실력이 없다고 겸손을 떠는 자도 위험하다. 돈이나 배경은 있어도 없는 체, 실력은 없어도 있는 체 하는 것이 성공한 자의 기본이기 때문이다. 정말 돈이 있고 배경이 있는 자는, 절대 남들에게 자기 입으로 떠들고 다니지 않는다. 왜냐하면, 돈이나 배경은 남에게 있다고 밝혀봐야 세무서나 사회단체, 혹은 친분관계 있는 자들로부터 연줄이나 돈 뜯어내려는 쉬파리들이나 모여들지, 절대 있다고 밝혀봐야 좋을 일이 없기 때문이다. 그와 반대로, 실력은 없어도 있다고 하는 것이 인간 노하우의 기본이다. 실력은 없어도 있는 체 해야만 자기가 좋은 일에 참여할 가능성이

124) http://ksea.paran.com/swisdom/queview

그만큼 높아지니까 말이다. 그런데, 일을 하기도 전에 실력이 없다고 하는 이유는 겸허해서 그렇다기보다는, 나중에 문제가 생겼을 때 뒤로 뺄 발뺌할 핑계 만 들려는 목적이기 때문이다.

- 사회적으로 아직 별로 알려지지 않은 사업을 들고 와서 동업하자면 주의하라.
  원래 수익성이 쉽게 드러나는 사업을 가지고 사기 치기는 힘들다. 금방 거짓임이 밝혀지기 때문에 이런 데서는 사기꾼이 생길 소지가 적다.
- 어떤 모임이든지 이상하게 모임에 너무 자주 나오고, 다른 사람들과 잦은 커뮤니케이션을 가지는 사람을 조심하라.
  이런 자들은 대개 머리하고 말주변만 좋으면서, 할 일도 별로 없고 가난한 사람들이다. 사기란, 대체로 이런 조건을 갖춘 사람들이 남에게 치기가 쉬운 법이다. 누가 요즘같이 시간이 돈인 세상에 생업에 종사할 시간도 부족할 텐데, 그런 시간을 미루고 모임 같은 데에나 자주 출석하겠는가? 사업차 없는 시간 쪼개서 사람들과 잦은 커뮤니케이션을 가지는 사람들도 있지만, 사실 따지고 보면 이것 역시 사기를 치기 위해서이다.
  즉, 자신들의 제물이 될 사람들을 선별하기 위해 나오는 전력 탐색장이 바로 사업상의 모임인 것이다. 라이벌의 인간관계를 알아놔야만, 자기가 나중에 그 약점을 비집고 들어와 경쟁에서 이겨 등칠 여지가 아주 높으니까! 적을 알고 자신을 알면 백전백승이라고 하지 않던가? 따라서, 사업하는 사람들도 너무 잦은 커뮤니케이션은 가지지 않는 것이 좋다. 그런 데서 자기도 모르는 새, 자신의 약점이 남에게 드러날 소지가 제일 높기 때문이다.
- 투기사업에서 승산이 있다고 밝히는 자를 주의하라. 특히 부동산의 실제가치가 투명해진 요즘 시대는 부동산투기는 위험하다. 가령, 증권시장에서 돈을 버는 방법이 있다고 한다거나 경마나 경륜에서 돈을 따는 방법이 있다고 사람들을 꼬이는 사람을 주의하라. 이런 사람은 90% 사기꾼이다. 아마추어가 아닌 프로 사기꾼들은 대개 이런 유형이 제일 많다. 많은 돈이 몰려있어서 아주 매력적으로 보이기는 하지만, 따지고 보면 그 돈은 다 주최 측의 돈이 될 수밖에 없는 이런 곳을 무대로 사기를 친다.
  자신들의 밥이 될 소지가 아주 많은 인간들, 즉 별 능력도 없으면서 부모 잘 만나 선천적으로 선택받아 돈과 시간만 많은 어수룩한 사람들이 대개 이런 장소로 몰리기 때문이다. 더구나, 이런 곳에서는 설혹 사기에 걸려 크게 밑져도 법적으로 그 사기꾼에게 책임을 물을 수가 없다. 손해 볼 것을 염두에 두고 하는 무대이기 때문이다. 즉, 투기판은 사기가 기본인 사회니까 절대 믿으면 안 된다.

거기서는 속는 사람이 바보고, 당하는 사람이 나쁜 인간이 되는 것으로 이러한 인간사회의 생리 때문에 사기꾼이 없다면 오히려 그것이 이상하지 않겠는가? 예를 들면 증권시장에서 돈 버는 유망한 주식이 있다고 찾아오는 증권 세일즈맨이나, 경마장에서 돈 따는 비법이 있다고 다가오는 정보장사를 주의하라. 이런 사람들은 100% 완전무결한 합법적 사기꾼들이다. 생각해 보라. 그렇게 확실히 돈 버는 방법이 있다면 자기들이 다 해먹지 왜 남에게 그걸 팔겠는가? 증권회사 직원들은, 절대 돈 버는 주식은 일반투자가들에게 가르쳐주지 않는다. 그런 건 고객이 알아서 사겠다고 해도, 있어도 안 판다.

본래 주식이나 경마 등 판돈에서 세금이나 수수료를 떼는 사업은, 궁극적으론 절대 참가자는 딸 수가 없게 되어 있다. 횡재한 돈은 결코 본인에게 오래 붙어 있는 법이 없다. 쉽게 번 돈 쉽게 나간다고, 약간의 유예기간을 거칠 뿐 그 돈은 어김없이 증권회사나 마사회 측으로 돌아올 운명인 것이다. 물론 그 사람의 다른 돈까지 몽땅 이자로 붙여서 잃게 된다. 따라서 주식투자나 경마 등 투기성이 있어 결국 주최 측만 따게 되어 있는 장사에 대해 승산이 있다고 선전하는 사람은 아예 상대조차 해주지 마라! 정말 투기를 하고 싶으면, 절대 남의 의견에 의지하지 말고 자신이 오랜 시간 탐구하고 연구한 끝에 자신의 소견으로 고르고 고른 주식이나 마권을 사라! 아무리 당신이 멍청하고 이런 데 취미가 없다 해도, 적어도 그게 잃을 확률이 남에게 의지하는 것보단 훨씬 낫다.

• 자기가 궁지에 빠졌을 때, 이상하게 절묘한 타이밍으로 나타나서 도와주겠다는 자를 절대 주의하라.

사람이란, 제일 경계심이 느슨해지고 건전한 이성이 마비되는 때는 사업에서든 도박에서든 취직에서건 인간관계에서건 가장 파국에 몰렸을 때일 수밖에 없다.

앞에서 밝힌 대로, 증권이나 경마로 잃을 수밖에 없다는 사실을 대개의 사람들이 다 알면서도 사기꾼들에게 걸려드는 이유는 자기가 너무 많이 잃어서 파국에 몰려 있기 때문이다. 파국에 몰린 사람들은, 어차피 뒤로 돌아서도 파멸이니까 대부분 이성을 잃고 지푸라기라도 잡는 심정으로 남의 말에 잘 걸려든다. 따라서 프로 사기꾼은 대개 이런 때를 노려서 우연을 가장하여 구세주처럼 그 사람 앞에 나타난다. 가령, 실연당하고서 슬퍼하고 있는 데 누가 나타나서 위로해주고 자신이 대신 사랑해준다고 그러면서 나중에 꽃뱀사기로 등을 친다든가, 혹은 큰돈을 잃거나 사업이 망하기 일보 직전인데 갑자기 웬 사람이 나타나서 사업자금이나 도박자금을 대출해준다고 했다가 어음이나 수표를 털어

달아난다든가 하는 경우 말이다. 아무리 자신이 처지가 어렵고 위급해도 절대 함부로 경솔히 판단하지 마라! 손해를 보거나 급박한 상황에 몰렸을 때 위로 올라가려고 허우적대면 더 빠져든다.[125)]

125) http://kbg0505.co.kr/board/bbs/board.php?bo_table=communi2&wr_id=6.

부록 : 일본의 탐정법(탐정업 업무의 적정화에 관한 법률)

제1조(목적)

이 법률은 탐정업에 대하여 필요한 규제를 정함으로서, 그 업무운영의 적정을 도모하고, 나아가서 개인의 권리이익의 보호에 기여하는 것을 목적으로 한다.

제2조(정의)

① 법률에 있어서 「탐정업무」란 타인의 의뢰를 받아 특정인의 소재 또는 행동에 대한 정보로서 해당 의뢰에 관계되는 것을 수집하는 것을 목적으로 면접에 의한 탐문, 미행, 잠복 기타 이들과 유사한 방법에 의해 실제 조사를 행하고 그 조사의 결과를 해당 의뢰인에게 보고하는 업무를 말한다.

② 이 법률에 있어서 「탐정업」이란 탐정업무를 행하는 영업을 말한다.

단 방송기관, 신문사, 통신사, 기타 보도기관(보도(報道: 불특정 혹은 다수의 사람에게 객관적 사실을 알리는 것을 말하며, 이와 관련된 의견 혹은 견해를 기술하는 것을 포함한다)를 업으로 하는 개인을 포함한다)의 의뢰를 받아 그 보도용으로 제공하기 위한 목적으로 행해지는 것을 제외한다.

③ 이 법률에 있어서 「탐정업자」란 제4조제1항의 규정에 의한 신고를 하여 탐정업을 운영하는 자를 말한다.

제3조(결격사유)

다음 각호의 어느 하나에 해당하는 자는 탐정업을 운영해서는 아니 된다.

1. 성년피후견인 또는 피보좌인 또는 파산자로 복권되지 아니한 자
2. 금고이상의 형에 처해지거나 혹은 이 법률의 규정에 위반하여 벌금형에 처해져 그 집행이 종료 혹은 집행을 받지 아니하기로 한 날부터 기산해서 5년을 경과하지 않은 자
3. 최근 5년간에 제15조의 규정에 의한 처분을 위반한 자
4. 폭력단원에 의한 부당한 행위의 방지 등에 관한 법률(平成3년 법률 제77호)제2조제6호에서 규정하는 폭력단원(이하 「폭력단원」이라 한다.) 또는 폭력단원이 아닌 날부터

5년을 경과하지 않은 자

5. 영업에 관하여 성년자와 동일한 능력을 보유하지 않은 미성년자로 그 법정대리인이 전(前)항 각 호의 어느 하나에 해당할 때
6. 법인의 종업원 중에 제1호에서 제4호의 어느 하나에 해당하는 자가 있을 때

제4조(탐정업의 신고)

① 탐정업을 운영하려고 하는 자는 내각부령으로 정하는 바에 의하여 영업소마다 해당 영업소의 소재지를 관할하는 도도부현공안위원회(이하 「공안위원회」라고 한다)에 다음에 해당하는 사항을 기재한 신고서를 제출하여야 한다. 이 경우에 있어서 해당 신고서에는 내각부령에서 정하는 서류를 첨부하여야 한다.

1. 상호, 명칭 또는 성명 및 주소
2. 영업소의 명칭 및 소재지와 함께 해당 영업소가 주된 영업소인 경우에는 그 취지
3. 제1호에 표시한 상호, 명칭 또는 성명 외에 해당영업소의 광고 또는 선전을 하는 경우에 사용하는 명칭이 있는 때에는 해당명칭
4. 법인에 있어서는 그 임원의 성명 및 주소

② 전항의 규정에 의한 신고를 한 자는 해당 탐정업을 폐지한 때, 또는 동항(同項) 각호(各号)에 표시한 사항에 변경이 있는 때에는 내각부령에서 정하는 바에 따라 공안위원회에 그 취지를 기재한 신고서를 제출하여야 한다. 이 경우, 해당 신고서에는 내각부령에서 정하는 서류를 첨부하여야 한다.

③ 공안위원회는 제1항 또는 전항의 규정에 의한 신고(동항의 규정에 의한 신고에 있어서 폐업에 관한 것을 제외한다.)가 있는 때에는 내각부령에서 정하는 바에 의하여 해당 신고를 한 자에 대하여 신고가 접수되었다는 것을 증명하는 서면을 교부하여야 한다.

제5조(명의대여 금지)

전조 제1항의 규정에 의한 탐정업의 신고를 한 자는 자기의 명의로 타인에게 탐정업을 운영하게 하여서는 아니 된다.

제6조(탐정업무 실시의 원칙)

탐정업자 및 탐정업자의 업무에 종사하는 자(이하 「탐정업자 등」이라 한다.)는 탐정업무를 행함에 있어서 이 법률에 의해 다른 법령에 금지 또는 제한되어 있는 행위를 할 수 없음에

유의함과 동시에 다른 사람의 생활의 평온을 해하는 등 개인의 권리이익을 침해하는 일이 없도록 하여야 한다.

제7조(서면의 교부 의무)

탐정업자는 의뢰인과 탐정업무를 행하는 계약을 체결하려고 하는 때에는 해당 의뢰인으로부터 해당 탐정업무에 관한 조사 결과를 범죄행위, 위법으로 인정한 차별목적의 조사 기타 위법한 행위를 위해서 사용하지 않는다는 취지를 표시한 서면을 교부받아야 한다.

제8조(중요사항의 설명 등)

① 탐정업자는 의뢰인과 탐정업무 수행 계약을 체결하려고 하는 때에는 미리 해당의뢰인에 대하여 다음 사항에 대하여 서면을 교부하여 설명하여야 한다.

1. 탐정업자의 상호, 명칭 또는 성명 및 주소와 함께 법인 대표자의 성명
2. 제4조제3항의 서면에 표시되어 있는 사항
3. 탐정업무를 행함에 있어서는 개인정보의 보호에 관한 법률(平成15년 법률 제57호)과 기타의 법령의 준수에 관한 사항
4. 제10조의 규정 사항
5. 제공 가능한 탐정업무의 내용
6. 탐정업무의 위탁에 관한 사항
7. 탐정업무의 대가 기타 해당 탐정업무의 의뢰인이 지불하여야 하는 금전의 개괄산출액 및 지불시기
8. 계약의 해제에 관한 사항
9. 탐정업무에 관하여 작성하거나 취득한 자료의 처분에 관한 사항

② 탐정업자는 의뢰인과 탐정업무를 행하는 계약을 체결한 때에는 지체 없이 다음 사항에 관하여 해당 계약의 내용을 명확히 표시한 서면을 해당 의뢰인에게 교부하여야 한다.

1. 탐정업자의 상호·명칭, 성명 및 주소, 법인의 경우 대표자의 성명
2. 탐정업무 수행의 계약체결을 담당한 자의 성명 및 계약 연월일
3. 탐정업무에 관한 조사 내용, 기간 및 방법
4. 탐정업무에 관한 조사 결과의 보고 방법 및 기한
5. 탐정업무의 위탁에 관하여 정한 것이 있는 때에는 그 내용

6. 탐정업무의 대가 기타 해당 탐정업무의 의뢰인이 지불하여야 하는 금전의 액수와 지불시기 및 방법
7. 계약 해제에 관하여 정한 것이 있는 때에는 그 내용
8. 탐정업무에 관하여 작성하거나 취득한 자료의 처분에 관하여 정한 것이 있는 때에는 그 내용

제9조(탐정업무의 실시에 관한 규제)

① 탐정업자는 해당 탐정업무에 관한 조사 결과가 범죄행위, 위법으로 인정한 차별목적의 조사 기타 위법한 행위에 사용될 것을 안 때에는 해당 탐정업무를 행하여서는 아니 된다.

② 탐정업자는 탐정업무를 탐정업자 이외의 자에게 위탁해서는 아니 된다.

제10조(비밀의 준수 등)

① 탐정업자의 업무에 종사하는 자는 정당한 이유 없이 그 업무상 알게 된 다른 사람의 비밀을 누설해서는 아니 된다. 탐정업자의 업무에 종사하는 자가 탐정업무를 그만둔 후에도 이와 같다.

② 탐정업자는 탐정업무에 관하여 작성하거나 취득한 문서, 사진 기타 자료(전자적 기록(전자적 방식, 자기적 방식 기타, 다른 사람의 지각에 의해서는 인식할 수 없는 방식으로 작성된 기록을 말한다.)을 포함한다.)에 대하여 그 부정 또는 부당한 이용을 방지하기 위하여 필요한 조치를 취하여야 한다.

제11조(교육)

탐정업자는 그 사용인 기타 종사자에 대하여 탐정업무를 적정하게 실시하게 하기 위해 필요한 교육을 행하여야 한다.

제12조(명부의 비치 등)

① 탐정업자는 내각부령으로 정하는 바에 따라 영업소마다 사용인 기타 종사자의 명부를 비치하고, 필요한 사항을 기재하여야 한다.

② 탐정업자는 제4조제3항의 서면을 영업소 내의 잘 보이는 장소에 게시하여야 한다.

제13조(보고 및 현장검사)

① 공안위원회는 이 법률의 시행에 필요한 한도 내에서 탐정업자에 대하여 그 업무 상황에 관하여 보고 또는 자료의 제출을 요구할 수 있으며, 또는 경찰 직원에게 탐정업자의 영업소에 출입하여 업무상황 또는 장부, 서류 기타 물건을 검사하거나 관계자에게 질문할 수 있다.

② 전항의 규정에 의하여 경찰직원이 현장에 출입하여 검사하는 때에는 그 신분을 보이는 증명서를 휴대하고 관계자에게 제시하여야 한다.

③ 제1항의 규정에 의한 현장검사의 권한은 범죄수사를 위하여 인정되는 것으로 해석해서는 아니 된다.

제14조(지시)

공안위원회는 탐정업자 등이 이 법률 또는 탐정업무에 관하여 다른 법령의 규정에 위반한 경우에 있어서 탐정업의 업무의 적정한 운영이 저해될 우려가 있다고 인정되는 때에는 당해 탐정업자에 대하여 필요한 조치를 취하여야 할 것을 지시할 수 있다.

제15조(영업의 정지 등)

① 공안위원회는 탐정업자 등이 이 법률 또는 탐정업무에 관하여 다른 법령의 규정에 위반한 경우, 탐정업 업무의 적정한 운영이 현저히 저해될 우려가 있다고 인정되는 때 또는 전조의 규정에 의한 지시에 위반한 때에는 해당 탐정업자에 대하여 해당 영업소의 영업에 대하여 6개월 이내의 기간을 정해서 그 전부 또는 일부의 중지를 명할 수 있다.

② 공안위원회는 제3조 각호에 해당하는 자가 탐정업을 운영하고 있는 때에는 그 자에 대하여 영업의 폐지를 명할 수 있다.

제16조(지역공안위원회에 권한 위임)

이 법률의 규정에 의하여 도(道)공안위원회의 권한에 속하는 사무는 정령으로 정하는 바에 의하여 지역공안위원회에 위임하여 수행할 수 있다.

제17조(벌칙)

제15조의 규정에 의한 처분에 위반한 자는 1년 이하의 징역 또는 100만 엔 이하의 벌금에 처한다.

제18조 다음 각호에 해당하는 자는 6개월 이하의 징역 또는 30만 엔 이하의 벌금에 처한다.

1. 제4조 제1항의 규정에 의한 신고를 하지 않고 탐정업을 운영한 자
2. 제5조의 규정에 위반하여 타인에게 탐정업을 운영하게 한 자
3. 제14조의 규정에 의한 지시에 위반한 자

제19조 다음 각 호에 해당하는 자는 30만 엔 이하의 벌금에 처한다.

1. 제4조 제1항의 신고서 또는 첨부서류에 허위기재하여 제출한 자
2. 제4조 제2항의 규정에 위반하여 신고서 또는 첨부서류를 제출하지 않거나 동항의 신고서 또는 첨부서류에 허위기재하여 제출한 자
3. 제8조 제1항 또는 제2항의 규정에 위반하여 서면을 교부하지 않거나 이들 규정에서 규정하는 사항을 기재하지 않은 서면 또는 허위의 기재한 서면을 교부한 자
4. 제12조 제1항에서 규정하는 명부를 비치하지 않거나 명부에 필요한 사항을 기재하지 않거나 또는 허위기재 한 자
5. 제13조 제1항의 규정에 위반하여 보고를 하지 않거나 자료의 제출을 하지 않거나 동항의 보고 또는 자료의 제출에 대하여 허위의 보고를 하거나 허위의 자료를 제출한 자 또는 동항의 규정에 의한 현장검사를 거부, 방해 또는 기피한 자

제20조(벌칙)

법인의 대표자 또는 법인 또는 대리인, 사용인 기타 종사자가 그 법인 또는 다른 사람의 업무에 관하여 전(前)3조의 위반행위를 한 때에는 행위자를 벌하는 외에 그 법인 또는 다른 사람에 대해서도 본 법률 각조의 벌금형을 부과한다.

부 칙

제1조(시행시기) 이 법률은 공포한 날로부터 기산하여 1년을 초과하지 않는 범위 내에 있어서 정령으로 정하는 날부터 시행하기로 한다.

제2조(경과조치) 이 법률의 시행에 있어 현재 탐정업을 운영하고 있는 자는 이 법률 시행일로부터 1개월간은 제4조제1항의 규정에 의한 신고를 하지 않고 탐정업을 운영할 수 있다.

제3조(검토) 이 법률의 규정에 대해서는 이 법률의 시행 후 3년을 목표로서 이 법률의 시행 상황, 탐정업자의 업무실태 등을 감안하여 검토하도록 하며, 필요하다고 인정되는 때에는 필요조치를 강구하도록 한다.

참 고 문 헌

1. 국내자료

1) 단행본

강영숙, 「탐정학개론」, 도서출판 진영사, 2015.

강영숙, 「탐정학실무」, 도서출판 진영사, 2016.

강동욱 · 윤현종, 「탐정과 부동산거래」, 박영사, 2020.

김태환 · 강영숙, 「프로탐정의 테크닉(번역본)」, 백산출판사, 2004.

강효흔. 「탐정은 벤처보다 낫다」. 동아일보사. 2001.

강기욱, 「정보아카데미」, 한국생산성본부, 1997.

국가정보원. 「산업스파이사건 재조명」. 국가정보원 산업기밀보호센터. 2004.

김두현 · 김정현. 「민간경비론」, 백산출판사, 2002.

김두현 · 최선태. 「안전관리론」. 백산출판사, 2002.

김승길, 「신세대 관상법」, 한마음사, 1994.

김종옥, 「미연방수사국(FBI) 범죄수사원칙(제1권)」, 도서출판 태봉, 2007.

김철수, 「헌법학개론」, 박영사, 2001.

손상철, 「민간조사학개론」, 백산출판사, 2005.

이동영, 「21세기 공인탐정이 뛴다」. 굿 인포메이션, 1999.

안태영, 「경찰수사」, 박문각, 2018.

이상원 · 이승철, 「탐정학」, 도서출판 진영사, 2020.

이상철, 「경호심리학」, 도서출판 홍경, 2003.

이윤근 · 배철호, 「민간경비론」, 엑스퍼트, 2005.

찰스 네메스 원저, 임윤태 · 송영남(역), 「탐정학(조사방법과 실무기법)」, 도서출판 그린, 2020.

임경아 역, 「스파이가이드」, 루비박스, 2004.

정진환, 「경비업법개론」, 백산출판사, 2004.

최상규,「대한민국 과학수사파일」, 해바라기, 2004.
허 영,「한국헌법론」, 박영사, 2005.
NCS직업기초능력교육매뉴얼(교수자용), 직업윤리, 한국기술교육대학교 능력개발교육원, 2021.

2) 논 문

강영숙, "한국의 공인탐정제도 도입에 관한 연구", 박사학위논문, 용인대학교 대학원, 2007.
강효흔, "외국의 사설탐정제도의 활용사례와 법적 고찰", 수사연구(4월호), 2001.
권창국, "범죄자 프로파일링 증거(Crime linking evidence)의 활용과 문제점에 관한 검토", 형사정책연구 제13권 제4호, 한국형사정책연구원, 2002.
공도환, "한국에서의 탐정제도의 필요성과 탐정의 역할 및 업무범위에 관한연구", 연세대학교 법무대학원 석사학위논문, 2009.
김두현, "공인 민간조사제도의 입법화 방안", 한국체육대학교논문집 제24집, 2001.
김두현, "민간조사업법을 위한 제언", 민간조사업법제도 정착을 위한 공청회 자료집, 2005.
김봉수, "공인탐정제도 도입에 관한 연구"- 21대 국회 '탐정업 관리에 관한 법률안'을 중점으로-, 비교법연구, 제20권 3호(2020.12).
김상균, "민간조사원의 교육훈련 전문화 방안", 대한민간조사학회 학술세미나, 대한민간조사학회. 2006.
김성언. "민간경비의 성장과 함의 : 치안활동의 신자유주의적 재편과 계약적 통치의 등장", 박사학위논문, 서울대학교 대학원, 2004.
김원태. "공인탐정제도의 도입과 사경비제도의 발전 방안에 관한 연구." 석사학위논문. 한국체육대학교. 2004.
김원태, "민간조사원의 권한남용 방지 및 전문화 방안." 대한민간조사학회 학술세미나. 대한민간조사학회. 2006.12.
김우룡, 전문직과 직업윤리, 관훈클럽 2002년 봄호(통권 82호).
김일곤, "일본 탐정업의 현황과 시사점", 융합보안논문지 제12권 5호, pp.3~13, 2012.
나영민, "탐정제의 도입방안에 관한 연구", 석사학위논문, 연세대학교 대학원, 2005.

나영민, “민간조사업의 도입전망과 대응.” 한국경호경비학회 제16회 학술세미나, 한국경호경비학회. 2006.

나영민 · 김원중, “민간조사제도의 정착 및 수사기관과의 관계에 관한 연구”, 제16회 한국경호경비학회 세미나, 한국경호경비학회, 2006.

박종득 · 심재권, “공기업 민영화의 제 이론과 그 한계”, 사회과학연구 제18집, 배재대학교 사회과학연구소, 2002.

백봉현, “한국 민간경비산업의 발전방안에 관한 연구”, 박사학위논문, 동국대학교 대학원, 2002.

서진석, “治安環境 變化에 따른 警察과 民間警備의 役割分擔에 관한 硏究”, 博士學位論文, 暻園大學校 大學院, 1999.

서진석, “민간경비의 개념정의와 새로운 경향에 대한 이론적 고찰”, 한국민간경비학회보 제2호, 한국민간경비학회, 2003.

안황권, “민간경비 자격제도에 관한 연구” 경호경비연구 제11호, 한국경호경비학회, 2005.

이동영, “공인탐정제도의 필요성”, 捜査硏究, 수사연구사, 2001.

이동영, “공인탐정(공인조사)제도 도입 및 공인탐정법안 제정의 필요성”, 시민을 위한 경찰발전연구회 제5회 학술회의, 2000.

이명재, “법률조력자로서의 민간조사제도의 필요성”, 민간조사업법 제정을 위한 공청회 자료집, 2005.

이기호, “현행 경비업법의 문제점과 개정방향”, 민간경비산업의 경쟁력 제고방안, The 17th CEO Seminar, 한국경비협회, 2005.

이상원, “호주의 민간경비 교육훈련과 자격제도에 관한 연구.” 경호경비연구 제7호. 한국경호경비학회. 2004.

이상원 · 이승철, “한국의 민간경비산업의 활성화방안에 관한 연구.” 한국민간경비학회보 제4호. 한국민간경비학회. 2004.

이상원 · 김상균, “공인탐정 교육훈련 모형에 관한 기초연구.” 한국민간경비학회 제8회 춘계학술세미나. 한국민간경비학회. 2006.

이상원 · 박주현, “특수경비제도의 발전 방안에 관한 연구”, 한국경호경비학회 제13호, 한국경호경비학회, 2007.

이승주, “한국형 탐정제도 도입에 따른 규범학적 고찰”, 한국민간경비학회 제8회 춘계학술 세미나. 한국민간경비학회, 2006.

이윤근, “범죄예방을 위한 공경비 섹터의 민영화 방안에 관한 연구”, 동국대학교 경찰행정학과 창립40주년 기념 국제학술세미나, 2003.

이점인, “공인탐정법(안)의 주요쟁점에 대한 고찰”, 동아법학 제78권, 동아대학교 법학연구소, 2018.

전대양, “민간조사원법안의 주요 쟁점에 관한 연구”, 제8회 한국민간경비학회 춘계학술세미나, 2006.

정일석, “민간경비 영역확장을 위한 민간조사제도 도입방안”, 박사학위논문, 용인대학교 대학원, 2008.

조용철, “공인탐정 인력의 전문화 방안에 관한 연구”, 한국민간경비학회 제9회 학술세미나, 한국민간경비학회, 2006.

조현빈, “주요 국가의 공인탐정 현황 및 정책적 시사점”, 한국민간경비학회 제8회 춘계세미나, 2006.

최선우, “치안서비스의 공동생산론적 접근”, 한국공안행정학회보 제11호, 한국공안행정학회, 2001.

한국산업보안연구소, “IT기술 해외유출현황과 방지대책”, 2003.

황운하, "공인탐정제도의 도입에 관하여", 搜査硏究, 2001.4월호, 搜査硏究社, 2001.

황윤경, “신용정보체계의 이해 및 현황”, 증권법학회 71회 세미나발표자료, 2001.

황정익 · 김윤철 · 백창현, “공인조사(공인탐정)제도의 도입에 관한 연구”, 치안연구소, 2005.

황정익, “공인탐정제도의 사회적 필요성과 향후 발전과제”, 제8회 한국민간경비학회 춘계학술세미나, 한국민간경비학회, 2006.

유우종, “PI제도 도입 더 이상 미룰 수 없는 이 시대의 요청”, 시큐리티월드, 2001.

3) 기 타

변호사법

형법

경비업법

신용정보의 이용 및 보호에 관한 법률.

공공기관의 정보공개에 관한 법률
공인탐정입법안(1999년 하순봉 의원 입법안)
민간조사입법안(2005년 이상배 의원 입법안, 최재천 의원 입법안)
행정권한의 위임 및 위탁에 관한 규정.
경찰청. 경찰백서. 2004. 2005. 2006.
문화일보. 2005. 8. 9.
조선일보. 2006. 5. 19.
중앙일보. 2005. 2. 28.
중앙일보. 2004. 8. 1.
중앙일보. 2004. 3. 2.
연합뉴스. 2004. 11. 29.
일요시사. 2004. 8. 17.
일요시사. 2002. 6. 18.
KBS, VJ특공대. "불법 심부름센터실태." 2006. 12. 10.
KBS 2TV. 아침뉴스타임. "뭐든지 한다"…불법 천지 심부름센터. 2006. 03. 24.
SBS TV. "일부 심부름센터 돈만 주면 무슨 짓도…." 2005. 01. 24.
YTN TV. "국내이동통신사 또 개인정보 유출 적발." 2005. 03. 03.
탐정신문, [이상수 칼럼] 한국형 탐정제도의 최적 도입방식, 어떻게 할 것인가?,

2. 외국자료

Charles P. Nemeth, JD, LIM, Private Security and the Investigation Process, Second Edition, Butterworth-Heinemann(USA), 2001.

Flavel, Research Into Sociology of The Police, April, 1973, quated in William C.Cuningham and Todd H. Taylor, Private Securoty and Police in America, "The Hallcrest Report"(Portland, OR: Chancellor Press), 1985.

Harvey Bustein, Introduction to Security, Prentice Hall Career & Technology (USA), 1994.

IIAS(International Institute of Administrative Sciences), "Governance and

Administration in the 21st Century : new trends and new techniques", 2001.

Laster C. Thurow, The Zero-Sum Society(New York : Basic Books), 1982.

Karen M. Hess · Henry M. Wrobleski, Introduction to Private Security, Fourth edition, West Publishing Company, 1992.

John P. Kenny · Harry W. More, Principles of Investigation, West Publishing Company, 1994.

James S. Kakalik & Sorrel Wildhom, The Private Police(New York : Crane Russak and Company, Inc), 1977.

Robert D. McCrie, Security Operations Management, Butterworth-Heinemann, 2001.

Robert J. Fisher & Gion Green, Introduction to Security. 5th ed, Butterworth-Heinemann(USA), 1992.

Private Security Task Force to the National Committee on Criminaljustice Standards and Goals, "American Society For Industrial Survey Result", Report of the Task Force on Private Security Oct, 1997.

William C. Cunningham, John J. Strauchs, Clifford W. Van Meter, Private Security Trends 1970 to 2000 : The Hallcrest ReportⅡ, Butterworth-Heinemann, USA, 1990.

Western Australia Department of Training and Employment, Asset Security Training Package Implementation kit, 1999.

The Private Detective Act of 1939, New Jersey State.

'The Private Security Industry Act 2001'

渡邊文男, 「民間警察 : 弟2の警察」, 東京 : ブーマー, 2001.

大榮出版 編集部 編, 「なりたい 探偵」, 東京:大榮出版部, 1999.

杉山博, 「日本の歴史〈11〉戰國大名」, 東京:中央公論新社, 2005.

大阪府 '部落差別事象に係る調査等の規制等に關する條例', 1985.

3. 인터넷 자료

http://www.accident.co.kr

http://www.allim.go.kr.

http://www.bll.gr.jp/news2006/news

http://www.boannews.com/media/view.

http://cafe220.daum.net.

http://www.cpi.or.kr.

http://datafile.kokusen.go.jp/wadai/kousinjo.html.

http://k.daum.net/qna/kin/home/qdetail_view.html.

http://www.donga.com/fbin/output.

http://www.encyber.com/search.

http://ggpolice.go.kr/admin/kukjung1/files.

http://www.hospitallaw.or.kr

http://www.icic.sppo.go.kr

http://www.investigateway.com/resources/licensing.html.

http://ja.wikipedia.org/wiki.

http://www.joseilbo.com/news.

http://www.ipiu.org/forums/showthread.

www.kaihouhiroshima.org/kyuugyouseisyosi.htm.

http://www.klaw.go.kr.

http://kojison.com/board/view.

http://www.kotsa.or.kr/instruct/traffic.

http://www.kyongbuk.co.kr/news.html.

http://www.lawtimes.co.kr/LawNews.

http://www.legislature.mi.gov.

http://licgweb.doacs.state.fl.us/investigations/reciprocity.html.

https://i-minwon.spo.go.kr/petition/user.

http://www.njsp.org/about/

http://www.nis.go.kr/docs/terror/indus/type.html.
www.nishinippon.co.jp/news/wordbox/index.html.
http://www.npa.go.kr.
http://www.sdi.re.kr.
http://www.bls.gov/oco/oco20016.htm.
http://licgweb.doacs.state.fl.us/investigations/types.html.
http://www.edaily.co.kr.
http://www.tanteisha.net/ml.html.
http://www.theabi.org.uk/visitor/ethics.htm.
http://www.tochoukyou.jp/chousa02.html
http://www.oecd.org/about.
http://www.psiact.org.uk/act.htm.
http://www.state.nj.us/lps/njsp.
http://www.ukpin.com/licensing.html.
http://www.investigateway.com/resources/licensing.html.
http://www.intersearch.co.kr
http://www.bok.or.kr.
http://enc.daum.net/dic100.
http://news.itimes.co.kr.
http://100.naver.com/100.nhn.
http://wj.jbpolice.go.kr/introuser/file.
http://www.hani.co.kr.
http://blog.ohmynews.com.
http://www.psiact.org.uk/act.htm.
http://www.nittyokyo.or.jp/gaiyou/index.htm.
http://www.state.ct.us/dps.
http://www.ukpin.com/licensing.html.
http://www.i-k-d.com/index.htm.
http://www.mec.es/educa/jsp/

http://www.wad.net/

http://www.csic.es/

http://noticias.juridicas.com/base_datos/Admin/lo2-1986.t1.html

http://www.lexureditorial.com/leyes/

http://www.usal.es/~segurida/

http://koreandetective.com/security10.htm

http://www.idtt.co.kr/1934

https://www.breaknews.com/804380, 2021.05.06.

https://www.breaknews.com/804380

http://www.wsnews.co.kr/sub_read.html?uid=12529, 2016.06.02.

저 자 소 개

강 영 숙(Kang, Young sook) : 경호학박사

(주요 경력)

- 용인대학교 대학원 경호학 박사졸업(경호학 박사)
- 검도4단, 합기도3단
- 한국테러학회, 한국경호경비학회, 한국치안행정학회 이사 등 학회 활동
- 여성부장관 사이버멘토링 대표 멘토 위촉, 여성인재데이터베이스 등록(2008)
- 경비지도사(일반경비, 기계경비)
- 용인대학교, 중앙경찰학교 외래교수
- 경운대학교 경호학부 연구교수 등

(주요 저서 및 논문)

- 탐정학, 탐정실무론, 탐정의 테크닉
- 안전관리학, 안전교육론
- 테러의 이해, 생물테러, 테러학
- 한국인의 해외 인질납치테러에 관한 연구
- 한국의 공인탐정제도 도입에 관한 연구
- 미국의 탐정제도에 관한 연구
- 일본의 탐정제도에 관한 연구 外 다수

박 승 현(park, Seung hyeon) : 경찰학박사

(주요경력)

- 한세대학교 일반대학원 졸업 : 경찰학박사
- 중앙경찰학교 경비 · 교통학과 교수
- 충북경찰청 진천경찰서 생활안전교통과장

(연구활동)

- 테러학(공저)
- 동남아시아 국가 신임경찰교육제도에 관한 연구
- 고령운전자 교통사고 감소방안에 관한 연구 등

조 동 운(Cho, Dong woon) : 법학박사

(주요 약력)

- 대전대학교 대학원 법학과(법학박사)
- 한국경찰연구원 원장
- 경찰청 경찰전직지원센터 대외협력관
- 서울디지털대학교 법무경찰학부 교수
- (전)경찰청 국가수사본부 경정
- (전)경찰대학교 경찰학과 교수
- (전)경찰인재개발원 정보보안학과 교수
- (전)중앙경찰학교 생활안전학과 교수
- 대한민국탐정협회 자문위원
- 한국테러학회, 국가위기관리학회, 한국경호경비학회 이사 및 감사
- 경비지도사, 행정사, 탐정사, 자살예방지도사, 인성지도사 등

(연구 활동)

- 테러학(공저)
- 경찰교육훈련의 효율성제고방안에 관한 연구
- 과학수사에 대한 형사절차법적 통제
- 북한이탈주민 신변보호에 관한 연구
- 국군부대의 아프가니스탄 재 파병에 따른 테러위험 증가에 관한 고찰 등